国家社会科学基金教育学青年项目（CJA120157）

江苏省教育科学规划一般项目（D/2015/01/43）

江苏省杰出青年教师培育项目（01）

江苏师范大学社会科学基金项目（12XWR014）研究成果

江苏师范大学哲学社会科学文库

澄明与借鉴

——人本主义视角的美国职业教育研究

陈 鹏 著

中国社会科学出版社

图书在版编目（CIP）数据

澄明与借鉴：人本主义视角的美国职业教育研究/陈鹏著.
—北京：中国社会科学出版社，2016.4
（江苏师范大学哲学社会科学文库）
ISBN 978 - 7 - 5161 - 7971 - 0

Ⅰ.①澄…　Ⅱ.①陈…　Ⅲ.①职业教育—研究—美国
Ⅳ.①G719.712

中国版本图书馆 CIP 数据核字（2016）第 074852 号

出　版　人	赵剑英
责任编辑	卢小生
特约编辑	林　木
责任校对	周晓东
责任印制	王　超

出　　版	中国社会科学出版社
社　　址	北京鼓楼西大街甲 158 号
邮　　编	100720
网　　址	http://www.csspw.cn
发 行 部	010 - 84083635
门 市 部	010 - 84029450
经　　销	新华书店及其他书店

印刷装订	北京君升印刷有限公司
版　　次	2016 年 4 月第 1 版
印　　次	2016 年 4 月第 1 次印刷

开　　本	710×1000　1/16
印　　张	13.25
插　　页	2
字　　数	232 千字
定　　价	50.00 元

在创新语境中努力引领先锋学术
（总序）

任　平[*]

2013 年江苏师范大学文库即将问世，校社科处的同志建议以原序为基础略做修改，我欣然同意。文库虽三年，但她作为江苏师大学术的创新之声，已名播于世。任何真正的创新学术都是时代精神的精华、文明的活的灵魂。大学是传承文明、创新思想、引领社会的文化先锋，江苏师大更肩负着培育大批"学高身正"的师德精英的重责，因此，植根于逾两千年悠久历史的两汉文化沃土，在全球化思想撞击、文明对话的语境中，与科学发展的创新时代同行，我们的人文学科应当是高端的，我们的学者应当是优秀的，我们的学术视阈应当是先锋的，我们的研究成果应当是创新的。作为这一切综合结果的文化表达，本书库每年择精品力作数种而成集出版，更应当具有独特的学术风格和高雅的学术品位，有用理论穿透时代、思想表达人生的大境界和大情怀。

我真诚地希望本书库能够成为江苏师大底蕴深厚、学养深沉的人文传统的学术象征。江苏师大是苏北大地上第一所本科大学，文理兼容，犹文见长。学校 1956 年创始于江苏无锡，1958 年迁址徐州，1959 年招收本科生，为苏北大地最高学府。60 年代初，全国高校布局调整，敬爱的周恩来总理指示："徐州地区地域辽阔，要有大学。"学校不仅因此得以保留，而且以此为强大的精神动力得到迅速发展。在 50 多年办学历史上，学校人才辈出，群星灿烂，先后涌现出著名的汉语言学家廖序东教授，著名诗

---

*　任平，江苏师范大学校长。

人、中国现代文学研究专家吴奔星教授，戏剧家、中国古代文学史家王进珊教授，中国古代文学研究专家吴汝煜教授，教育家刘百川教授，心理学家张焕庭教授，历史学家臧云浦教授等一批国内外知名人文学者。50 多年来，全校师生秉承先辈们创立的"崇德厚学、励志敏行"的校训，发扬"厚重笃实，艰苦创业"的校园精神，经过不懈努力，江苏师大成为省重点建设的高水平大学。2012 年，经过教育部批准，学校更名并开启了江苏师范大学的新征程。作为全国首批硕士学位授予单位、全国首批有资格接收外国留学生的高校，目前有 87 个本科专业，覆盖十大学科门类。有 26 个一级学科硕士点和 150 多个二级学科硕士点，并具有教育、体育、对外汉语、翻译等 5 个专业学位授予权和以同等学力申请硕士学位授予权，以优异建设水平通过江苏省博士学位立项建设单位验收。学校拥有一期 4 个省优势学科和 9 个重点学科。语言研究所、淮海发展研究院、汉文化研究院等成为省人文社会科学重点研究基地；以文化创意为特色的省级大学科技园通过省级验收并积极申报国家大学科技园；包括国家社科基金重大、重点项目在内的一批国家级项目数量大幅度增长，获得教育部和江苏省哲学社会科学优秀成果一等奖多项。拥有院士、长江学者、千人计划、杰出青年基金获得者等一批高端人才。现有在校研究生近 3000 人，普通全日制本科生 26000 余人。学校与美国、英国、日本、韩国、澳大利亚、俄罗斯、白俄罗斯、乌兹别克斯坦等国的 20 余所高校建立了校际友好合作关系，以举办国际课程实验班和互认学分等方式开展中外合作办学，接收 17 个国家和地区的留学生来校学习。学校在美国、澳大利亚建立了两个孔子学院。半个世纪以来，学校已向社会输送了十万余名毕业生，一大批做出突出成就的江苏师范大学校友活跃在政治、经济、文化、科技、教育等各个领域。今日江苏师大呈现人文学科、社会学科交相辉映，基础研究、文化产业双向繁荣的良好格局。扎根于这一文化沃土，本着推出理论精品、塑造学术品牌的精神，文库将在多层次、多向度上集中表现和反映学校的人文精神与学术成就，展示师大学者风采。本书库的宗旨之一：既是我校学者研究成果自然表达的平台，更是读者理解我校学科和学术状况的一个重要窗口。

努力与时代同行、穿透时代问题、表征时代情感、成为时代精神的精华，是本书库选编的基本努力方向。大学不仅需要文化传承，更需要创新学术，用心灵感悟现实，用思想击中时代。任何思想都应当成为时代的思想，任何学术都应当寻找自己时代的出场语境。我们的时代是全球资本、科技、经济和文化激烈竞争的时代，是我国大力实施科学发展、创新发展、走向中国新现代化的时代，更是中华民族走向伟大复兴、推动更加公正、生态和安全的全球秩序建立和完善的时代。从以工业资本为主导走向以知识资本为主导，新旧全球化时代历史图景的大转换需要我们去深度描述和理论反思；在全球化背景下，中国遭遇时空倒错，前现代、现代和后现代共时出场，因而中国现代性命运既不同于欧美和本土"五四"时期的经典现代性，也不同于后现代，甚至不同于吉登斯、贝克和哈贝马斯所说的西方（反思）的新现代性，而是中国新现代性。在这一阶段，中国模式的新阶段新特征就不同于"华盛顿共识"、"欧洲共识"甚至"圣地亚哥共识"，而是以科学发展、创新发展、生态发展、和谐发展、和平发展为主要特征的新发展道路。深度阐释这一道路、这一模式的世界意义，需要整个世界学界共同努力，当然，需要本土大学的学者的加倍努力。中国正站在历史的大转折点上，向前追溯，五千年中国史、百余年近现代史、六十余年共和国史和三十余年改革开放史的无数经验教训需要再总结、再反思；深析社会，多元利益、差异社会、种种矛盾需要我们去科学把握；未来展望，有众多前景和蓝图需要我们有选择地绘就。历史、当代、未来将多维地展开我们的研究思绪、批判地反思各种问题，建设性地提出若干创新理论和方案，文库无疑应当成为当代人的文化智库、未来人的精神家园。

我也希望：文库在全球文明对话、思想撞击的开放语境中努力成为创新学术的平台。开放的中国不仅让物象的世界走进中国、物象的中国走向世界，而且也以"海纳百川、有容乃大"的宽阔胸襟让文化的世界走进中国，让中国精神走向世界。今天，在新全球化时代，在新科技革命和知识经济强力推动下，全球核心竞争领域已经逐步从物质生产力的角逐渐次转向文化力的比拼。民族的文化精神与核心价值从竞争的边缘走向中心。发现、培育和完善一个民族、一个国家、一个地区的优秀的思想观念、文化精神和价值体系，成为各个民族、国家和地区自立、自强、自为于世界民族之林的重要路径和精神保障。文化力是一种软实力，更是一种持久影响世界的力量或权力（power）。本书库弘扬的中国汉代精神与文化，就是培育、弘扬这种有深厚民族文化底蕴、对世界有巨大穿透力和影响力的本土文化。

新全球化具有"全球结构的本土化"（glaocalization）效应。就全球来看，发展模式、道路始终与一种精神文化内在关联。昨天的发展模式必然在今天展现出它的文化价值维度，而今天的文化价值体系必然成为明天的发展模式。因此，发展模式的博弈和比拼，说到底就必然包含着价值取向的对话和思想的撞击。20世纪90年代以来，世界上出现了三种发展模式，分别发生在拉美国家、俄罗斯与中国，具体的道路均不相同，结果也大不一样。以新自由主义为理论基础的"华盛顿共识"是新自由主义价值观支撑下的发展模式，它给拉美和俄罗斯的改革带来了严重后果，替代性发展价值观层出不穷。2008年爆发的全球金融危机更证明了这一模式的破产。1998年4月，在智利首都圣地亚哥举行的美洲国家首脑会议，明确提出了以"圣地亚哥共识"替代"华盛顿共识"的主张。但是，"拉美社会主义"至今依然还没有把南美洲从"拉美陷阱"中完全拔出。从欧洲社会民主主义价值理论出发的"欧洲价值观"，在强调经济增长的同时，倡导人权、环保、社会保障和公平分配；但是，这一价值并没有成为抵御全球金融危机的有效防火墙。改革开放以来，中国是世界上经济增长最快的国家。因此，约瑟夫·斯蒂格利茨指出，中国经济发展形成"中国模式"，堪称很好的经济学教材。① 美国高盛公司高级顾问、清华大学兼职教授乔舒亚·库珀·拉莫（Joshua Cooper Ramo）在2004年5月发表的论文中，把中国改革开放的经验概括为"北京共识"。通过这种发展模式，人们看到了中国崛起的力量源泉②。不管后金融危机时代作为"G2"之一的中国如何，人们不可否认"中国经验"实质上就是中国作为一个发展中国家在新全球化背景下实现现代化的一种战略选择，它必然包含着中华民族自主的社会主义核心价值——和合发展的共同体主义。而它的文化脉络和源泉，就是"中国精神"这一理想境界和精神价值，与努力创造自己风范的汉文化精神有着不解之缘。文库陆续推出的相关著作，将在认真挖掘中华民族文化精神、与世界各种文化对话中努力秉持一种影响全球的文化力，为中国文化走向世界增添一个窗口。

文库也是扶持青年学者成长的阶梯。出版专著是一个青年人文学者学术思想出场的主要方式之一，也是他学问人生的主要符码。学者与著作，

---

① 《香港商报》2003年9月18日。
② 《参考消息》2004年6月10日。

不仅是作者与作品、思想与文本的关系，而且是有机互动、相互造就的关系。学者不是天生的，都有一个学术思想成长的过程。而在成长过程中，都得到过来自许许多多资助出版作品机构的支持、鼓励、帮助甚至提携和推崇，"一举成名天下知"。大学培育自己的青年理论团队，打造学术创新平台，需要有这样一种文库。从我的学术人生经历可以体会：每个青年深铭于心、没齿难忘的，肯定是当年那些敢于提携后学、热荐新人，出版作为一个稚嫩学子无名小辈处女作的著作的出版社和文库；慧眼识才，资助出版奠定青年学者一生学术路向的成名作，以及具有前沿学术眼光、发表能够影响甚至引领学界学术发展的创新之作。我相信，文库应当热情地帮助那些读书种子破土发芽，细心地呵护他们苗壮成长，极力地推崇他们长成参天大树。文库不断发力助威，在他们的学问人生中，成为学术成长的人梯，学人贴心的圣坛，学者心中的精神家园。

　　是为序。

2011 年 2 月 28 日原序

2013 年 11 月 5 日修改

序　言

得知陈鹏在其博士学位论文《澄明与借鉴——人本主义视角的美国职业教育研究》基础上修改而成的学术专著即将出版，我作为他的导师，由衷的高兴。在我看来，一方面，这本专著确已达到了出版的水平；另一方面，这本专著也确实提出了一些对于我国职业教育改革与发展颇有见地的思路与建议。

对于任何一个社会领域或社会问题的研究，倘若研究者虽然有话可说但只是说一些基本常识，那么，这种研究就没有多少意义了。对于职业教育研究来说，当然也不能例外。因此，我们应该极力倡导和鼓励职业教育学者及职业教育学科的博士生们既高度关注职业教育现实，又不仅仅满足于对职业教育现实的现象描述，而是以自己的思想影响和引导职业教育现实。如果大家无力以自己的思想影响、引导职业教育现实，那么，即使关注职业教育现实，也只能是形式上的、表面化的关注，实际上只能是依附于职业教育现实，并因此而有丧失知识分子预测、批判职业教育现实的能力之虞。

要想对职业教育的改革与发展说出有力量的话语，职业教育学者就不能不从哲学的高度探究职业教育问题。客观地说，我国学者在哲学层面的职业教育研究成果还不够多。至少可以说，对于职业教育存在的"合法性"、职业教育的价值及其选择、职业教育理想的培养目标、课程设置与实施方式等问题，至今仍缺少站在哲学高度上的有力度、有深度、有广度的思想成果。也许正因如此，当陈鹏告诉我，他将选择以职业教育哲学作为其研究方向时，我当即兴奋不已。

在攻读博士学位期间，陈鹏对20世纪上半叶的中国职业教育哲学研究成果进行了系统的梳理，并对我国"职业教育的工具性僭越与人本性追求"问题进行了系统的探讨。这些研究工作，为他确定以"人本主义视角下的美国职业教育"为博士学位论文的选题，从而为这本专著的形成打下了坚实的基础。

众所周知，自 20 世纪初现代职业教育产生以来，我国的职业教育就一直深受实用主义、社会效率主义、重建主义等哲学思潮的影响，过多地关注社会经济的发展和集体利益的追求，较少关照和维护个体的需求。目前，我国的职业教育正在从规模发展向质量提高转型。在这个特殊而重要的历史时段，如何在职业教育改革与发展中渗透和彰显人本主义的要素，就成了一个兼具理论性和实践性的重要课题。解答这一课题，离不开对人类已有经验的合理吸收与科学借鉴。尽管我们不能仅仅用西方国家的办法来解决我们的职业教育问题，但是，我们也不能不承认，在美国职业教育发展史上，一直存在着关照个体的人本主义理念；在当代美国的职业教育实践中，更是充溢着人本主义意蕴。其中，一定有可资借鉴之处。基于对此种情形的清醒认识，陈鹏把研究视角投注到"人本主义视角的美国职业教育"上。在研究过程中，他沿着历史纵向考察与现实横向研究有机结合、现实总体考察与现实个案调查密切配合的技术路线，全面、系统而又具体地揭示了美国职业教育人本主义蕴意的历史演变与现实经验。在此基础上，他又以我国特殊的国情为背景，深入地探讨了美国职业教育人本主义蕴意对于我国职业教育改革与发展之启迪的应然措施。所有这一切，都在《澄明与借鉴——人本主义视角的美国职业教育研究》一书中有着清晰的展示。

陈鹏好学善思，拥有很强的理论思维能力。本书无论是对美国职业教育人本主义蕴意的历史与现实考察，还是对我国职业教育启迪之应然措施的探讨，他都是站在哲学的高度予以展开的。这一方面使得本书的表达具有了很高的"理论度"，另一方面也使他得以在教育权利的人人性与特殊群体权利的保护、培养目标的全面性与个体能力的综合发展、课程内容的完整性与课程结构的合理建构、教学实践的主体性与教学过程的人本关怀等方面，为我国职业教育改革与发展提供了一些有一定思想力量的思路。

陈鹏还很年轻，未来的学术研究之路还很长。他学术思维敏捷，理论功底厚实，具有从事职业教育哲学研究的良好基础。更为值得称道的是，在当下功利主义和浮躁之气盛行的世风下，他仍能保持严谨、踏实的学术研究作风。我相信，只要他以"板凳要坐十年冷"的精神一路走下去，就一定会在职业教育哲学研究上收获丰硕的成果，为我国职业教育的理论建设和职业教育的改革与发展做出新的更大的贡献！

庞学光

2014 年 12 月于天津

前　言

　　职业教育的发展是与特定的社会生产力水平相适应，并随着社会生产力的发展而逐步发展和完善的。在新的时期面对新的形势，我国职业教育面临许多新的问题和挑战，同时也迎来大好的发展机遇。长期以来，我国职业教育一直把规模扩张作为发展的重要战略，将适应经济社会发展作为人才培养的主要目标，造成了职业教育的非均衡发展。随着全球竞争化的愈演愈烈以及第三次科技革命的持续推进，国家要实现综合实力的提升，不仅要注重经济效益的提高，还应关注广大人民的福祉与个体的深度需求。这就要求现代职业教育要坚持"以人为本"的基本理念，关注更广泛人民群众接受职业教育的需求和个体综合职业素养的提高，提升他们的职业幸福感。为此，《国家中长期教育改革和发展规划纲要》（2010—2020年）指出，职业教育要面向人人、面向社会，到2020年要建立满足人民群众需要和经济发展需求的现代职业教育体系。2014年6月，《国务院关于加快发展现代职业教育的决定》的出台进一步吹响了我国现代职业教育体系构建的号角，为个人的成长与成才规划了更加多元的职业教育发展路径。

　　在国家宏观政策引领下，我国职业教育正处于从规模扩张向质量提升的内涵式发展时期，而在这一过程如何在职业教育实践中渗透人本主义要素，成为改革与发展的关键。人本主义作为一个广义而抽象的哲学理论，在本质上维护人的尊严与权威、发展完整的人、推动人的自我价值的实现，并尊重人的独立自主性与自由。在不同的历史时期，美国职业教育关照个体的人本主义理念一直存在着。无论是早期殖民地时期的学徒制和公共学校，还是工业革命时期的机械学院、讲习所以及行业学校，以及20世纪初以来建立的综合中学，都蕴意了不同程度的人本主义要素，关注了个体的全面性和主体性发展需求。与此同时，不同时期的法律也对职业教育的改革与发展给予了相关规定，尤其对广大弱势群体的关注和个体综合能力的达成成为 20 世纪 90 年代以来美国职业教育法律关注的重中之重。凡此种种，都为我国职业教育内涵式发展目标的实现提供了一定程度的借鉴。本书研究的目的旨在通过对美国职业教育人本主义实践的历史考察和现实分析，从中梳理出美国职业教育人本主义蕴意的基本经验，从而为我国职业教育的人本主义实践提供借鉴与启示。

本书使用文献法、文档法、访谈法、观察法和比较法等研究方法。通过文献法，对人本主义的理论内涵进行归纳与诠释；基于历史纵向考察与现实横向研究相结合、现实总体考察与现实个案调查相结合的技术路线，使用文献法、访谈法、观察法和文档法对美国职业教育人本主义实践的历史与现实状况进行系统考察与梳理；最后通过比较法，以美国职业教育人本主义的实践为借鉴，为中国职业教育人本主义的未来发展提出相应措施。

全书分为六章：第一章简要地介绍研究的背景与目的、国内外研究现状、研究方法、思路和创新点、核心概念等；第二章为人本主义理论诠释，详细解读了人本主义理论的三维度，即人本主义维护的主体之人之本体、人本主义追寻的个体状态之完整的个体和人本主义的践行场域之和谐的关系体；第三章为美国职业教育人本主义蕴意的历史考察，分别从 1800 年前的宗教人本主义、19 世纪的科学人本主义、20 世纪初的实用主义、六七十年代第三思潮和 80 年代以来的后现代主义与批判教育理论五个阶段纵向梳理美国职业教育人本主义蕴意的历史发展脉络；第四章和第五章分别从总体和个案两个层面，从教育权、培养目标、课程设置和教学实践四个维度对美国职业教育人本主义的实践状况分别进行总结梳理与具体调查；第六章为美国职业教育人本主义蕴意对中国职业教育发展的借鉴，分别从职业教育权利的人人性、培养目标的全面发展性、课程设置的完整性和教学实践的主体性四个方面就我国职业教育人本主义的蕴意提出应然措施。

研究的创新点主要有：其一，对人本主义哲学理论进行系统梳理和深度剖析，详细解读了人本主义理论的三维度，进一步丰富了人本主义理论的研究成果。其二，基于人本主义理论，分别从历史和现实的层面，系统梳理与总结出美国这一代表性的世界发达国家职业教育人本主义实践的基本经验，为他国尤其是中国职业教育的人本主义实践提供借鉴。其三，以美国职业教育人本主义实践经验为借鉴，以中美职业教育发展的契合点为逻辑基础，勾画中国职业教育人本主义实践的理想框架，为我国职业教育的改革与发展提供理论指导。

　　由于时间和精力所限，从整个篇幅来看，研究在某种程度上尚处于认识问题与提出问题阶段，在对我国职业教育人本主义未来路径的勾画上仅仅是点到为止。要促进我国职业教育的健康、可持续发展，必须在借鉴别国经验的基础上，根据我国的实际，提出一系列切实可行的发展策略和措施，这都需要今后作进一步的深入探讨。

目　　录

第一章　绪论

美国著名未来学家约翰·奈斯比特（John Naisbitt）指出："我们正处在人类历史罕见的时期，对改革具有决定性的两个因素，即新的价值观和新的经济需要已经出现。"[1] 这种新的价值观就是人本主义价值观。乘世界人本主义价值观之东风，中国社会人本主义价值观的发展让人充满期待，中国职业教育对人本主义理念的蕴意同样如此。

第一节　研究背景、目的与意义

一　问题的提出

人本主义宣称"对个体、人类内在尊严、人性权利和价值、具有自主性自我的自我导向发展等神圣的不可侵犯性"[2]，它强调人类本质的善性、自由与自主性、个体与潜在性、自我概念与自我、自我实现、领悟、责任与仁爱等基本原则。[3] 因此，人本主义首先关注的对象是具有主体性的人，它为了维护和捍卫人的尊严与权威，在历史上不同时期向宗教和科学等外在因素不断提出挑战。在争得人的基本权利基础上，它主张个体的完满发展与自由价值的实现，认为简单生存技能的获得不足以维系个体的完满生活，个体要达成自我实现必须具备多方面的能力。而完整性个体的塑造必然要求社会要尊重个体的主体性与自主性，从而有必要建立充满人性关怀和主体性关照的民主与和谐的社会关系体。

---

① 转引自么子国《留住人才》，中国时代经济出版社 2002 年版，第 122 页。

② Lucas C. Humanism, In J. Chabliss（ed.）*Philosophy of Education：An Encyclopedia*, Oxford, UK：Elsevier Sience Ltd., 1994, p. 285.

③ Elias, J. and Merrian, S., *Philosophical Foundations of Adult Education*, Malabar, FL: Krieger Publishing Company, 2005, pp. 117－123.

以人本主义哲学为理论范式，职业教育实践也应彰显对人的各种需要的关怀，保障个体接受职业教育的基本权利，追寻个体的完满发展，建立维护个体主体性的教学关系体。然而在中国，自 20 世纪初现代职业教育建立以来，职业教育尚未充分尽到服务个体需求的责任。在过去近一百年的时间里，职业教育受到诸如实用主义、社会主义、重建主义甚至行为主义等哲学思潮的影响，更多地关注于国家的改革、集体利益的追求以及社会经济的发展，而较少从人本主义视角去关照社会个体的需求。虽然 20 世纪 90 年代末以来，随着我国中等教育普及化和高等教育大众化的到来，个体接受职业教育的权利得到一定程度的保障，但是，职业教育的实践过程仍不尽如人意，尤其是随着市场经济体制的逐步建立，政府不断将职业教育作为促进经济社会发展的重要手段，使职业教育在相对单一培养目标的导向下，以机械化的方式培养技能型人才，人本主义哲学的蕴意严重缺失。

类似情况也存在于美国职业教育的发展过程中。随着 19 世纪末 20 世纪初美国社会经济快速发展对技术工人需求的急剧增加，建立在行为主义哲学和社会效率理论基础之上的、以斯奈登（Snedden）和普罗瑟（Prosser）为代表人物的职业主义（Vocationalism）教育思想得以问世，并促成 1917 年《史密斯—休斯法》（Smith-Hughes Act）的通过。从而在联邦政府支持下，一批与普通学校相分离的职业学校得以建立。然而，在同一时代，职业主义的实践却受到具有人本主义取向的杜威实用主义哲学导向下的综合职业教育思想的攻击，并最终促成兼具职业教育与普通教育功能的综合中学的产生。而后随着时间的推移，从 20 世纪 60 年代尤其是八九十年代以来，行为主义哲学取向的职业主义模式的缺点日益暴露，进而遭到人本主义哲学理念的不断挑战，从而使得职业教育越来越关注个体的需求，包括对社会弱势群体教育权的维护、全面发展人才培养目标的制定、完整课程的设置和民主性教学实践的实施。

当代中国职业教育人本主义蕴意的缺失与美国职业教育人本主义蕴意的充溢，使得我们自然而然地把研究视角投注到这一问题上：如何以人本主义理论为哲学范式，从教育权的维护、培养目标的制定、课程的设置和教学实践的构建四个方面考察与分析美国职业教育人本主义蕴意的历史轨迹与现实状况，从中提取人本主义实践的基本经验，进而为我国职业教育人本主义的未来发展提供启示与借鉴。

二 研究目的与意义

纵观美国职业教育发展史，虽然不同时期发展的侧重点不同，但是，关照个体的人本主义理念却一直存在。因此，本书旨在通过对美国职业教育人本主义实践的历史考察和现实分析，从中梳理出美国职业教育人本主义蕴意的基本经验，从而为中国职业教育的人本主义实践提供借鉴与启示。

当前，对美国职业教育人本主义蕴意的研究既具有重要的理论意义，又具有深远的现实意义。在理论方面，21 世纪以来中国学者对于职业教育的研究彰显出多元哲学的价值取向。[①] 其中一个重要的方面就是，研究越来越注重对个体人性的关怀，以理解人、尊重人、发展人为显著特点。但是，功利主义取向的职业教育研究也被部分研究者所推崇，从而为人本主义职业教育的发展带来一定的阻力。因此，对美国职业教育人本主义研究有助于在理论层面丰富人本主义视角的职业教育理论内容，进而推动职业教育研究的多元化哲学取向，规避理论范式研究的不均衡现象。在实践层面，近年来，中国职业教育发展的政策导向体现出越来越强烈的人本主义理念。2010 年颁布的《国家中长期教育改革和发展规划纲要》（2010—2020 年）强调，职业教育要面向人人、面向社会，着力培养学生的职业道德、职业技能和就业创业能力，并规划到 2020 年建立满足人民群众需要和经济发展需求的现代职业教育体系。2014 年 6 月通过的《国务院关于加快发展现代职业教育的决定》和《现代职业教育体系建设规划（2014—2020 年）》对个体的发展与需求提供了更为可操作性的多元路径。因此，对美国职业教育人本主义蕴意的研究将以此为背景，进一步为我国职业教育的改革与发展提供人本主义实践经验的指导，从而推动我国职业教育健康、可持续发展。

第二节 国内外人本主义职业教育相关研究现状

一 国内人本主义职业教育相关研究

随着我国职业教育实践逐步由规模发展向内涵提升的过渡，近年来，

---

① 陈鹏：《20 世纪以来中国职业教育哲学研究综述》，《中国职业技术教育》2011 年第 3 期。

关于职业教育人本主义取向的研究成果不断增加，主要体现为教育权利的公平维护、教育价值的人性关照、教育内容的人文渗透和教育过程的人本关怀四个基本范畴。①

（一）教育权利的公平维护

职业教育公平研究是近年来职业教育人本主义取向研究的热门话题之一。在职业教育公平内涵方面，有学者指出，职业教育分为"内部公平"和"外部公平"。其中，"内部公平体现教育公平的基本原则，是实质上的公平，指职业教育满足个体在人生发展的不同阶段不断接受职业教育和培训需求的基本平等和对差异发展的尊重，以保障个体的生存权和发展权的实现和自由幸福的生活"。② 另有学者从胡森（Husen）的教育公平原理推导出职业教育公平的内涵，包括三个层次，即"尊重和保护每个人接受职业教育起点的公平；学校和教师能公平对待接受职业教育的学生；每个人都能有效利用所提供的职业教育机会，取得符合他们个性智力、能力的学业成绩，从而为其未来就业和发展创造条件，最终体现学业成就和教育质量平等的教育结果的公平"。③ 总之，职业教育的公平应包括职业教育机会或起点的公平、职业教育过程的公平和职业教育结果的公平三个方面。职业教育公平内涵的三层次体现了对职业教育个体的深度关怀，彰显着对弱势群体接受职业教育、发展自我并成就自我的尊重。

社会公平问题的解决特别需要政府干预和相关政策的维护，职业教育公平同样如此。相关研究者分别从立法、制度、财政保障等层面对职业教育的公平问题加以探究。在立法层面，有学者认为立法应定位于"结果公平"和"弱势群体补偿"原则④，其中前者是为应对教育机会和教育过程两方面的客观不平等而提出的，后者是指向对弱势群体的适度倾斜；在制度层面，有学者提出应准确定位政府、企业与学校在职业教育制度创新中的角色，强化"政府"的"领导地位"、发挥"企业"的"基础作用"和改变"学校"的"传统形象"⑤；在财政层面，有学者提出促进中等职

① 陈鹏：《中美比较视野中的职业教育个体取向研究述评》，《职教通讯》2011 年第 7 期。
② 李延平：《论职业教育公平》，《教育研究》2009 年第 11 期。
③ 方光罗：《试论职业教育公平》，《高等教育研究》2008 年第 2 期。
④ 周翠彬：《论职业培训教育公平的立法保障》，《长沙理工大学学报》（社会科学版）2010 年第 1 期。
⑤ 魏明、郝理想：《论我国职业教育投资公平性的缺失及制度创新》，《中国职业技术教育》2009 年第 9 期。

业教育公平的财政政策建议，即要建立"'分地区、分级负责'的财政管理体制"、"中央和地方分项目、按比例分担的教育经费保障制度"、"以'省级财政收支缺口'为标准的一般转移支付制度"。① 无论是对立法和制度保障方面的研究，还是对财政支持层面的研究，都凸显出当今学者对职业教育公平的研究热情和现实期待，这都源于职业教育公平是实现职业教育个体关照、人人平等的重要途径。

（二）教育价值的人性关照

教育的价值体现的是教育满足外部个体或社会需求的关系问题，其中个体需求是教育价值追求的原点。职业教育是教育的子系统，理应具有教育的价值因素。为此，部分学者从教育价值视角出发，推导出职业教育价值取向的"为人性"。有学者指出，"职业教育的价值是教育价值的具体体现，有什么样的教育价值，就有什么样的职业教育价值"，"自有人生，便有教育，教育的产生与人性密切相连"，因此，"作为教育学的分支学科，职业教育在其源流上同样少不了一般教育的共同属性"②，职业教育要"把人当人看，尊重人的生命与尊严，倡导个性发展与思想自由"。③"教育的目的是人的幸福生活，能够拨动灵魂之琴弦的教育"才是"本真的教育"，因此，要竭力规避"训练性职业教育"，努力追求"教育性职业教育"，将"陶冶教养、启迪灵性和发展个性贯穿于'教育性职业教育'的始终"。④ 有学者还从雅斯贝尔斯"什么是教育"的理论思路出发指出，"在着手改革职业教育时，也必须要追溯到教育的目标上去，特别是'人的回归'问题，即个体发展的终极目标问题"。⑤"职业教育之作为教育，就应始终追寻培训自由的、卓越的、具有创造精神的人，守望教育意义渊源和价值"。⑥ 职业教育作为"教育事业"，它的功能应体现为"适应个性发展，遵循教育发展规律"，"满足个性需求"。⑦ 可见，众多

---

① 邱小健：《构建促进教育公平的中等职业教育财政体制》，《教育科学》2010年第2期。

② 汤广全：《职业教育的人性分析》，《教育学术月刊》2010年第8期。

③ 汤广全、赵清良：《试论教育价值视野下的职业教育》，《教育学术月刊》2009年第10期。

④ 徐平利：《教育性还是训练性：职业教育的哲学思考》，《教育发展研究》2007年第17期。

⑤ 陈新文、周志艳：《论高等职业教育的目的》，《职业技术教育》2001年第4期。

⑥ 李军：《追寻人的价值：当代中国职业教育的哲学反思》，《河北大学成人教育学院学报》2009年第4期。

⑦ 姜大源：《职业教育学研究新论》，教育科学出版社2007年版，第29页。

研究者普遍认为，职业教育的本真追求是指向个体价值而非社会价值的，即职业人的完满生活，这也将成为当今职业教育内涵发展的根本价值取向。

人作为个体的重要意义之一在于生存的意义，生存的意义更多的是人性价值的彰显和生活质量的提高，而职业教育是实现职业人之个体生存意义的重要场所。有关学者从生存论视角对职业教育的个体价值取向进行论述，认为"职业教育应从人之本真生存构建其价值观"，应关注"人的生存意义"，诉求"人之本真生存"，使职业教育真正做到"生存彰显"。① "人是意义、价值世界的根本，意义和价值因人而存在"，因此，"职业教育的本质属性之核"是"人人性"。② "人不仅是一个现实的存在，更是一个价值性的存在"，职业教育要"超越被动的工具化存在状态"，"追寻和彰显人存在的无限可能的价值和意义"。③ "人性提升"应是"高等职业教育的终极追求"，只有"以'现实的个人'、'有生命的个人'为前提和出发点来关注人，职业教育才具有现实意义"。④ 由于职业教育与人的生活以及个体的成长最密切，因此有学者认为，只有职业教育才能使个体"卸下社会在普通教育弊端中的枷锁"，并"依从自己的个性选择适合自己的教育"，从而实现个体的"自由发展"。⑤ 以此可以看出，对人性价值的追寻不仅成为职业教育的终极目标，而且具有实现的现实可能。

（三）教育内容的人文渗透

职业教育价值取向的人性追求必然要求教育内容的个体关照。个体生存质量的提高依赖个体发展完善的程度，而个体人文素质的养成则是个体完满发展的重要方面。为此，部分学者围绕"职业人文教育"来探讨职业教育的人文渗透问题。例如，有学者指出，职业教育人文教育与普通教育人文教育的区别在于前者的"职业性"特点，主要包括职业价值观、职业道德、职业能力和职业生涯规划等方面，要在专业教育、课程整合、

---

① 卢洁莹：《生存论视角的职业教育价值观研究》，博士学位论文，华中师范大学，2008年，第 I 页。

② 刘晓：《论职业教育的本质属性》，《教育与职业》2010 年第 20 期。

③ 李军：《追寻人的价值：当代中国职业教育的哲学反思》，《河北大学成人教育学院学报》2009 年第 4 期。

④ 张建：《人性提升：高职教育人才培养目标的思考》，《职业技术教育》2003 年第 19 期。

⑤ 黄碧珠：《职业教育与人的个性自由发展》，硕士学位论文，福建师范大学，2009 年，第Ⅲ页。

校园文化建设等过程中渗透职业人文素养的教育。① "职业人文" 教育因其 "以职业性和人文性为根本"，因此，有学者认为，它是迎合当前职业教育由 "能力本位" 到 "人格本位" 转向的有效路径。② 同时，也有学者指出，人文主义视野下的职业教育应当 "立足于学生专业成长与和谐发展的双重价值角度"，"技术教育的训练不仅是一个技能的习得训练，更是一个充满精神体验和道德生成的训练"。③ 更有学者从 "生态人文主义" 视角提出，职业人文教育的定位应指向 "成人" 教育，"回归到职业人文精神"，注重 "人的主体性、情感意志等价值内涵"，通过诸如 "语言学、文学、历史学、文化人类学、哲学" 等领域的人文学科来培养 "职业人文精神"④，"培养具有多元个性、创新精神、尊重生命、重视自我实现等人文精神的'全人'"。⑤ 因此，无论是 "成人" 教育，还是 "全人" 教育，都是实现职业 "人格本位" 教育的重要路径，在培养职业人文素养方面可谓殊途同归。

　　职业教育中的人文教育研究还体现为横向的 "全面发展" 研究和纵向的 "生涯发展" 研究两个视角，二者都是建立在批判当前职业教育以技术为主导所引致的个体 "单向" 发展结果基础上而强调职业教育人文内容的。其中在横向层面，有学者试图借鉴德国 "全面职业教育" 思想的四个能力维度，即 "内容专业的学习能力" "问题解决的方法能力" "沟通交流能力" 以及 "情感道德发展" 来解决我国职业教育内容的失调发展问题⑥，其中的后三种能力都属于人文教育内容。而这种 "人文" 性 "能力" 的养成一般要通过所谓的 "通识教育" 加以实施。有研究者进一步构想出高职通识教育的内涵，包括 "价值观教育" "经典名著导读" "人的存在问题" "生涯规划教育" 以及 "人际关系教育"，而具体实施途径可通过校园文化建设、课外辅导和生涯咨询等方式加以实现。⑦ 在纵

---

①　高宝立：《高等职业院校人文教育问题研究》，博士学位论文，厦门大学，2007 年。

②　孙晓玲、郑宏：《高职 "人格本位" 教育的 "职业人文" 路径初探》，《职教论坛》2010 年第 4 期。

③　沈小勇：《反思与超越：人文主义视野下的技术教育》，《职业技术教育》2010 年第 13 期。

④　张少兰：《生态人文主义：职业人文教育新论》，《教育理论与实践》2009 年第 3 期。

⑤　万恒：《社会分层视野中职业教育价值的再审视》，博士学位论文，华东师范大学，2009 年，第 8 页。

⑥　王嵩：《德国全面职业教育研究》，硕士学位论文，天津大学，2009 年，第 3 页。

⑦　吴地花：《高职通识教育的可行性研究》，硕士学位论文，华东师范大学，2007 年。

向层面，终身教育思想的提出为职业教育学者开始关注个体的职业生涯发展提供了一定理论指导。例如，有学者在分析后指出，终身教育视野下的职业教育"不再是单纯的特定阶段的技能性教育，它和人的生命和生活紧紧联系在一起"，"是一种充满理性和人文关怀的教育，它追求人性的完美和人生价值的实现"。① 可见，人文教育是职业生涯发展的重要途径和内容，而职业生涯发展是人文教育的实践拓展。此外，还有学者综合构想了职业教育实现人的全面发展和生涯发展的基本模式，包括"综合高中"模式和"职普互通"模式。② 这些研究及其结论，都非常有利于职业教育之人文教育实践的开展。

（四）教育过程的人本关怀

职业教育价值的"人性关照"是从价值观视角考察职业教育对"个体人性"的终极追求，职业教育内容的"人文渗透"是从教育内容的全面性来透视职业教育指向个体发展的完整性，而职业教育过程的"人本关怀"则更着重于职业教育实践应坚持"以人为本"的基本理念。"以人为本"是"职业教育追求平等的起点"，"是职业教育价值理性的回归"。③ "以人为本"内涵丰富，正如有的学者所言，"要真正做到以人为本，发展高等职业教育，并非一个'人'字就能解决问题"，而必须"着力于人品、人格、人伦、人和、人文、人事、人居等多个主元素的熔铸与建设"。④ 多元"人"性要素的提出，彰显出研究者对职业教育过程之"人本关怀"的全面考察与深度解读。

建构主义学习理论由于其契合职业教育教学情境性特点要求而成为职业教育教学过程"人本关怀"的重要理论。有学者在系统总结的基础上指出，与行为主义相比，建构主义视野下的职业教育教学观主要表现为"以学习者为中心的师生关系""学术课程与职业课程的整合""问题解决文本和情境化的教学模式"以及"真实性的教学评价"的核心理念。⑤ 建构主义教学实践中的学生是"意义的主动建构者，而不是外部刺激的被

① 桑宁霞：《终身教育理念下职业教育的人文走向》，《教育理论与实践》2006 年第 10 期。
② 曹迪：《高中阶段职业教育与普通教育沟通模式研究》，硕士学位论文，辽宁师范大学，2003 年。
③ 王清连、张社字：《职业教育社会学》，教育科学出版社 2008 年版，第 186—188 页。
④ 林升乐：《以人为本发展高等职业教育的主元素》，《职业技术教育》2010 年第 21 期。
⑤ 米靖：《建构主义与当代职业教育教学观的转变》，《天津大学学报》（社会科学版）2007 年第 1 期。

动接受者和被灌输的对象"，而教师则是"学习的辅导者，'真实'学习环境的设计者，学习过程的理解者、促进者和学生学习的合作者"。① 另有学者从激进建构主义理论出发，指出职业教育的课程与教学应"把个人、经验的知识纳入课程当中"，应"强调学生对知识、技能的主动建构"，教学应"尽可能地在真实的环境中进行"，教师应"鼓励对学习内容的多重观点和表征"等。② 上述观点都充分体现了建构主义导向下的职业教育教学对学生个体之"人本关怀"的彰显。而后现代主义因其崇尚价值的多元、尊重个体的差异、强调主体间的平等等优势性要素而同样成为部分研究者对职业教育"人本关怀"研究的重要理论范式。有学者在总结分析的基础上指出，后现代主义导向下的职业教育与传统的职业教育相比，应实现"从单一向多元"、"从统一向差异"、"从封闭向开放"、"从静态向动态"以及"从权威向平等"等几个方面的转向③，以实现学生个体对开放、平等、动态学习需求的满足。可见，无论是建构主义学习理论还是后现代主义理论，都因关注学习者的深度需求而成为现代职业教育教学实践的重要理论指导。

二　国外人本主义职业教育相关研究

由于国际职业教育模式的复杂性与历史的长期性，致使职业教育理论研究有着多元的取向，而近二十年来对于职业教育人本主义取向的研究则主要集中于对特殊群体的关照、人本价值的追寻、学术课程与职业课程的整合和教学设计的个体化四个方面。

（一）特殊群体的关照

特殊群体是在种族、民族、阶级、阶层、性别、身心等背景角色中处于社会边缘文化中的弱势群体，如少数民族、外来移民、贫困者、女性、身心残疾者等，虽然他们的主客观条件与主流群体有别，但是在职业追求、自我发展方面仍存在与正常个体一样的需求，甚至这种需求更为强烈。因此，当他们成为职业教育的接受者时，职业教育应特别维护这一群体的相关权益，而这也成为国际职业教育人本主义研究的一个重要主题。

---

① 谢文静：《建构主义学习理论对职业教育教学改革的启示》，《中国高教研究》2005 年第6 期。

② 徐国庆：《激进建构主义与职业教育的课程与教学改革》，《全球教育展望》2002 年第8 期。

③ 李向东：《后现代主义思潮与职业教育变革》，《中国职业技术教育》2005 年第 23 期。

　　为摆脱不利社会地位的束缚，特殊群体有着职位升迁、向上层社会流动的迫切需要，他们需要通过教育机会的公平供给来达到自我实现和自我超越。对此，美国批判教育学者金奇洛（J. L. Kincheloe）指出，当面对广大少数民族、贫困阶层和女性存在向上层社会流动的严重障碍时，职业教育不是无能为力的，职业教育教师对此必须有着特殊的理解，应积极指导学生获得参与民主社会的理念和意识。① 面对学校学生种族、民族的多元化，拉登（Laden）认为，职业教育机构应善于吸纳不同种族和民族的文化与传统，将其融入项目、课程、教学与服务当中，并提高少数民族教师和职员的比例，以促进和提高学生完成生涯目标的能力。② 为提高女性在职业教育中的参与率和完成率，斯塔罗宾（Starobin）和拉阿南（Laanan）认为，职业学院的教师、咨询者必须为女性学生在整个学习过程中提供必要指导、支持和鼓励，以使他们顺利获得技能和树立成功转移的信心。与此同时，学校还要为学生们提供自主建立学习型社区的支持和机会，以使他们在团队激励中获得成功。③ 可见，对于本身就处于弱势文化境遇中的弱势群体，职业教育必须通过民主理念的渗透增强人们参与社会的能力和信心，以获得达到自我实现的知识和能力。

　　与此同时，身心残疾者往往由于先天或后天因素而造成的身体或心理障碍遭受不同程度的学习困难，且在未来职业选择中面临巨大的挑战。为此，相关研究者有意加强对残疾人职业指导和职业康复的研究工作。有学者认为，学校必须打破常规的教育模式，更加灵活地调整课程内容，使之融合更加广泛的职业生涯目标，提供在日常生活技能、社会交往技能、职业认知和就业技能的教育和培训，以满足学生们参与社会职业的多元需要④；残疾人的职业康复与指导要综合考虑个人的身体、年龄因素，以及

　　① Kincheloe, L., *How do We Tell the Workers? The Socioeconomic Foundations of Work and Vocational Education*, Boulder, CO. Westview Press, 1999, pp. 217 – 319.

　　② Laden, B., Serving Emerging Majority Students, *New Directions for Community Colleges*, No. 127, 2004.

　　③ Starobin, S. S. and Laanan, F., Broadening Female Participation in Science, Technology, Engineering, and Mathematics: Experiences at Community Colleges, *New Directions for Community Colleges*, No. 142, 2008.

　　④ Brolin, D. E. and Gysbers, N. C., Career Education for Students with Disabilities, *Journal of Counseling & Development*, Vol. 68, No. 2, 1989.

真实工作世界的特点来进行。^①另有学者从发展心理学和认知心理学理论出发，提出游戏基础的学习和现场基础的服务相匹配的教学模式，以有效促进智障者和官能症患者对相关知识和职业技能的掌握。^②这些研究都体现了研究者对残疾人群体的深度人本关照，为职业教育实施残疾人的职业指导工作提供了理论依据。

（二）人本价值的追寻

早期职业主义和社会效率范式的出现，促使职业教育的社会经济发展功能日渐凸显，并且至今仍在世界许多国家职业教育实践中占据重要地位。为此，相关学者分别从实用主义、后现代主义、重建主义、自由主义和后实证主义等蕴意人本主义要素的哲学范式展开对职业教育人本价值的研究，进而挑战社会效率和行为主义范式下的职业教育理论与实践。

针对单纯技能培训范式的职业教育，从杜威实用主义哲学范式的综合职业教育思想出发，美国教育哲学教授舍夫勒（I. Scheffle）认为，一般而言，职业教育"很难被理解为一种与其他教育形式区别开来的一种教育形式"，而是"一个具有十分丰富内涵的概念"，"它可以给任何教育类型中的学生施以职业因素的影响"，"个体生计固然重要，但这对生活而言却是微不足道的"，因此，职业教育的任务"不仅仅限于帮助学生获得工作"，而是要满足"学习者在个体发展和潜力开发等方面对智力、技能以及文化等重要资源的需求"。^③杜威实用主义曾在20世纪初期的美国与当时盛行的社会效率哲学展开激烈的论争，虽然随后一直处于劣势地位，但随着个体发展需求的日益增长，这种广义职业教育范式如今似乎又重新回到人们的视野。而针对当前受经济利益驱使下的科学管理模式下的生产方式对劳动者压制并使他们成为"人类的碎片和经济体"进而使其失去劳动尊严、没有机会真正了解自身所从事工作的状况，美国宾州大学教育

---

① Yonghong, Jade X. and Martz, E., Predictors of Employment among Individuals with Disabilities: A Bayesian Analysis of the Longitudinal Study of the Vocational Rehabilitation Services Program, *Journal of Vocational Rehabilitation*, Vol. 32, No. 1, 2010.

② Brown, D. J., McHugh, D., Standen, P., Evett, L., Shopland, N. and Battersby, S., Designing Location-based Learning Experiences for People With Intellectual Disabilities and Additional Sensory Impairments, *Computers & Education*, Vol. 56, No. 1, 2011.

③ Scheffler, I., Reflections on Vocational Education. In Howard & Scheffler (ed.), *Work, Education & Leadership Essays in the Philosophy of Education*, New York, NY: Peter Lang Publishing, Inc., 1995, pp. 45 – 57.

学者金奇洛从后现代主义批判教育学的视角指出，在当前的后工业主义、后现代主义和后福特主义社会背景下，职业教育应该为劳动者"体面工作"的达成和"智慧劳动"的实现承担义不容辞的责任。[①] 对此，国际劳工组织（ILO）也进一步强调，实现所有劳动者体面劳动是它实施教育、培训与终身学习工作的首要目标。[②] 体面劳动与尊严劳动是现代社会中劳动者作为一个真正的独立性与自主性个体所必须拥有的权利，作为培养劳动者的职业教育要为劳动者实现更好的工作并朝向个体的自我实现而努力。

随着知识经济的不断演进、技术革新速度的逐步加快以及社会文化的日趋多元，未来工作世界时刻处于变化当中。针对这种情况，就职业教育如何培养学生参与未来民主社会的能力，美国塔斯基吉大学芬德利（H. J. Findlay）教授从重建主义范式出发认为，"教育的过程应该与现存的社会发展保持一致"，"当前的职业教育哲学不仅仅要关注教给学生通识的和技能的知识，还要发展正确的工作态度以及使用技能的方法"，以应付"一个电子化和文化多元性的工作环境"。[③] 工作环境的成功应付除需要正确的工作态度和工作方法以外，还需要基本的智能要素、社会交流能力等，为此，英国著名教育哲学学者温奇（C. Winch）教授从自由主义教育哲学出发认为，职业教育与自由主义教育关系紧密，在职业教育的实践中需要渗透丰富的自由主义教育的要素，体现自由主义教育所追求的智能的培养、代际对话以及道德教育、自主性的发展等要素。[④] 此外，面对当前职业教育研究的实证主义范式的严重偏颇，美国弗吉尼亚理工学院暨州立大学职业教育学者加里森（G. W. Garrison）教授主张职业教育研究者应该更多地从更为体现人类本质与真实生活意义等人类要素的后实证主

---

① Kincheloe, L. , *Toil and Trouble: Good Work, Smart Workers, and the Integration of Academic and Vocational Education*, New York, NY: Peter Lang Publishing, Inc. , 1995, pp. 7 – 9.

② ILO, R195, *Recommendation Concerning Human Resources Development: Education, Training and Life Learning*, Hugo Barretto Ghione, 2004, p. 136.

③ Findlay, J. , Philosophy and Principles of Today's Vocational Education. In Anderson, C. & Rampp, L. C. (ed.), *Vocational Education in the 1990s*, Ⅱ: *A Sourcebook for Strategies, Methods, and Materials*, Ann Arbor, MI: Prakken Publications, Inc. , 1993, p. 21.

④ Winch, C. , Vocational Education-A Liberal Interpretation, *Studies in Philosophy and Education*, No. 14, 1995.

义范式加强对职业教育的研究①，以体现职业教育研究的人文性。

（三）学术课程与职业课程的整合

人本主义哲学取向的职业教育价值观所追寻的共有特点就是倡导个体综合职业能力的提高，主张个体的全面发展。正如有学者指出的那样，人本主义课程的目的在于帮助个体实现人类潜力的最大化，评价课程设计的主要标准乃是个体化以及对个体带来好处的程度。② 而这一教育目标达成的重要路径之一，就是在教育实践中通过学术课程与职业课程整合来实现。

首先，美国弗吉尼亚理工学院暨州立大学教授芬奇（C. R. Finch）和克伦基尔顿（J. R. Crunkilton）从教育的总体目标出发论述了职业与学术教育相融合的基本原理。他认为，无论是正式教育还是非正式教育都具有两种功能，即为个体生存做准备和为个体生活做准备。③ 而职业教育作为一种教育形式，理应具有教育的这两种功能，而实现这种职责的形式则是进行学术与职业教育课程的整合。他进一步指出，学术与职业教育的整合指的是学术和职业课程的教师协同工作，以确保两个领域的课程内容更具有相关性和对学生更有意义，这种整合需要通过在职业课程教育中渗透学术的内容或在学术课程教育中渗透职业的内容的方式来实现；整合有利于学生同时获得相关的学术和职业能力，以便将来毕业后能够更好进入职业并在工作世界中获得成功。④ 这就意味着，学术与职业课程的整合使得职业教育在实现它为个体提供生存技能职责的基础上，又使其具有更为广泛的含义。通过学术课程内容的融入，职业教育增强了它作为教育应具有的个体发展职能，且这种职能有利于促进个体生活质量的提高。

基于实用主义和社会重建主义哲学理论，宾夕法尼亚州立大学教授格雷（H. C. Gray）与赫尔（E. L. Herr）从提升个体生涯机会和发展国家劳动力的目的出发，提出课程内容设计的三个层次：第一层次培养基本的工作伦理能力，包括合作、独立、诚实、友好、积极、耐心等基本的工作态度；

---

① Garrison, J., The Role of Postpositivistic Philosophy of Science in the Renewal of Vocational Research, *Journal of Vocational Education Research*, Vol. 14, No. 3, 1989.

② McNeil, J., *Curriculum: A Comprehensive Introduction*, New York, NY: Harper Collins, 1996.

③ Finch, R. and Crunkilton, R., *Curriculum Development in Vocational and Technical Education: Planning, Content, and Implementation*, Boston, M. A.: Allyn and Bacon, 1999, p. 10.

④ Ibid. .

第二层次培养基本的学术能力，包括阅读理解、数学、科学、书面和口头交流等传统的学术能力；第三层次培养职业能力和高水平的工作通识能力，其中前者是一个特定职业岗位所需要的独特的心理运动、分析以及在某种情况下的专业行为技能；后者是指一个具有全球化视野的劳动者所应该具有的认知和情感技能，包括自我学习和情感团队参与的能力。① 该理论虽然具有某种程度的社会重建主义取向，但它在个体基本的工作伦理发展、学术能力的达成以及全球化视野的提升中却体现出较强的人本主义取向，通过在职业教育课程中渗透充分的学术内容来提高个体参与变化中的社会的能力。

金奇洛则从批判的后现代主义出发提出了"以问题为中心的课程组合"方式，他试图从一个多元的视角整合多种学科内容以使个体面对一个特殊的畸形社会。他认为，这种职业教育的课程应该围绕一些诸如环境、公正、民主、贫困和经济发展、和平、技术问题、流放、饥饿与营养、城市腐败、暴力等与个体息息相关的普通的社会问题来建设。在具体的课程整合中，他以社会暴力问题为例指出，可以在社会学或心理学课程中渗透暴力事件形成的理论和原因，在数学中对暴力数据进行统计分析，在科学中研究暴力行为的生物学原理，在语言和文学中渗透有关暴力小说或纪实性的文章，也可以通过物理学教给学生在面对可能的袭击时如何进行自我防御，而在职业课程如"儿童保护与法律实施"中，学生可以将相关的工作技术与一系列的学术理解相联系，等等。② 诸多社会问题的解决需要一个完整的个体去应对，而以问题为中心的课程模式则是将某一社会问题的不同方面渗透到不同的学科内容当中，有利于个体应付同一社会问题之不同侧面能力水平的提高。

（四）教学设计的个体化

教学设计是为了更好推进课程的实施。在人本主义基本范式下的职业教育价值理念基础上，职业教育的教学过程也应体现人的本性关照，以使个体获得更加适合自身发展的教育内容和职业能力。当前，国际职业教育教学的人本主义研究主要是基于教学过程个体化展开的。

---

① Gray, C. and Herr, L., *Workforce Education: The Basics*, Boston, M. A.: Allyn and Bacon, 1998, pp. 177 – 185.

② Kincheloe, L., *Toil and Trouble: Good Work, Smart Workers, and the Integration of Academic and Vocational Education*, New York, NY: Peter Lang Publishing, Inc., 1995, p. 286.

对于指导职业教育教学设计的基本范式，库珀（P. Cooper）认为，主要有行为主义、认知主义和建构主义三种学习理论：行为主义认为，学习行为是个体反应外部环境刺激的结果，主张教学设计采用导致行为目标的任务分析的方法，如能力本位教育模式（Competency-based Education，CBE）；认知学习理论认为，个体由于认知方式的不同存在有不同的学习方法，强调的是学习者而不是外部环境，主张教学设计采用不同风格类型的个体化的教学方式；建构主义学习理论认为，学习行为发生在个体对所呈现内容的自我意义建构或发现过程中，主张采用为学习者提供从学习内容中创造与发现自我意义机会的方法，如苏格拉底的发现法。[①] 从人本主义视角考察后，笔者发现后两种学习理论体现了个体化与自主性的人本主义要素。格雷与赫尔指出，基于行为主义理论的能力本位的教育模式仍不失为一种个体化的教学方式，因为它能够根据学生学习的进度进行个别化的教学设计，如为实现学生个体化学习和教师个体化监控而设计的学习活动包（Learning Activity Packets，LAPS）或模块经常被应用于教学实践。[②] 因此，三种教学设计理论都体现了个体化设计特点，不同之处在于教学内容组合的知识基础是源于外在的客观工作任务还是内部主体认知结构，能力本位教育的内容组合虽然源于外部工作任务的分析，但也可以满足学习者学习特定岗位技能的个别化需求。

学习者个体是影响职业教育教学设计的一个重要因素，格雷与赫尔从学习时间、学习风格和认知类型三方面论述了影响职业教育教学设计的个体性因素。第一，学生可驾驭学习任务的时间是教学设计应该考虑的一个因素。当学生学习所需要的时间超过了可获得的时间时，教学设计者就应该研究学习任务是否适合个体可接受的时间需要并加以修正。第二，从认知学习理论出发，不同的学习者具有不同的学习风格，如偏好于观察、阅读、行动、直觉等不同的学习方式，在理想的教育环境下，每个个体应该使用各自独特的学习风格，但现实中往往是不可能的，这就要求教学设计的结果应该包括所有学习风格在内。第三，认知类型。认知类型不同于个

---

① Cooper, P., *Paradigm Shifts in Designed Instruction: From Behaviorism to Cognitivism to Constructivism. In Emerging Issues in HRD Source Book*, Amherst, M. A.: Human Resource Development Press, 1993, pp. 231–239.

② Gray, C. and Herr, L., *Workforce Education: The Basics*, Boston, M. A.: Allyn and Bacon, 1998, p. 151.

体学习风格的偏好，它是指个体心理组织学习信息的不同模式，其中在职业教育实践中最为重要的一组类型是序列型与整体型，前者是以线性序列方式组合信息、分步骤学习的认知方式；后者是以整体性、主题性的方式来实现更为广泛的解释的认知方式，匹配个体认知类型的教学设计可以实现个体学习效果的最大化。① 三种教学设计因素充分考虑了个体在学习接受时间、学习方式和认知方式等个体化的学习需求，为实现个别化的教学设计提供了可能的理论基础。

在个体化教学具体实施方面，芬奇和克伦基尔顿勾画了一个更为广义的个体化教学框架，包括学生、教学内容、教学媒体、教学策略和教学环境五个组成要素。其中，学生处于中心位置，在其他要素的支撑下实现个体学习行为的最大化。要实现教学过程的真正个体化，必须将这五部分协调地组织在一起，将影响学生学习的所有要素都考虑在内。这种个体化的教学模式将成为提高个体从学校到工作转换的一个重要手段，以确保更好地满足学生个体的需求，提供与个体能力相一致的学习经验。最终通过学生获得个体所需的最有价值的东西，实现教育目标的达成。② 在这种以学生主体为核心、各种教育客体要素皆具有个体化特点的教学设计实施模式中，学生成为教学实施的真正主体，充分体现了教学设计的人本主义思路。

三　对已有研究的评价与反思

从以上论述中可以做出如下概括：国内外相关学者从不同层面对职业教育的人本主义发展问题进行了相应研究和探讨。有的从教育公平视野出发，强调职业教育的起点、过程以及结果的人人平等；有的从教育本体的个体发展价值出发，进而演绎为职业教育的个体发展价值；有的从生存论视角出发，主张职业教育价值的人性关照；有的从人文素养培养出发，强调职业教育课程内容的人文渗透；有的从"以人为本"的理念出发，强调职业教育过程的人本关怀；有的从社会文化视域出发，强调职业教育对弱势群体的关注；有的从哲学范式出发，强调职业教育对个体发展的终极关照；有的从全面发展视角出发，强调职业教育学术课程与职业课程的整合；有的

---

① Gray, C. and Herr, L., *Workforce Education: The Basics*, Boston, M. A.: Allyn and Bacon, 1998, pp. 160 - 162.

② Finch, R. and Crunkilton, R., *Curriculum Development in Vocational and Technical Education: Planning, Content, and Implementation*, Boston, M. A.: Allyn and Bacon, 1999, pp. 253 - 254.

从个体需求层面出发，主张教学设计的个体化。所有这一切，都充分体现出职业教育研究的人本主义取向，为本书研究的开展提供了丰富的理论基础。

经过笔者仔细分析，关于职业教育的人本主义范式研究仍存在以下亟待解决的问题：其一，虽然已有的研究成果体现出广义的人本主义范式，渗透有人本主义哲学的重要元素，但是很少有研究者将自己的研究明确、直接地与人本主义理论相联系；其二，虽有少数研究者有针对性地探索人本主义视角的职业教育问题，但缺乏系统的维度分析，没有搞清人本主义的实践范畴有哪些；其三，已有研究成果尚未有系统的国别研究，有待于深入某一国家的历史与现实，详细考察该国职业教育人本主义蕴意情况。基于这些问题，本书明确地以人本主义哲学范式为研究视角，在系统解析人本主义理论的内涵与维度的基础上，以发达国家的代表美国为研究国别，通过纵向梳理美国职业教育人本主义实践的历史脉络与横向考察美国职业教育人本主义实践的现实状况相结合，从中分析出职业教育人本主义蕴意的践行方式与基本经验。研究旨在一方面丰富职业教育人本主义研究的理论成果，另一方面为我国职业教育人本主义的实践提供指导与借鉴。

第三节 研究方法、思路与创新

一 研究方法

主要使用了文献法、文档法、个案法、访谈法、观察法、比较法等质的研究方法。在理论诠释中，通过查阅大量研究文献，总结、梳理出人本主义理论的基本维度。在历史考察中，通过对已有研究文献和相关法律法规、政策文件等文档资料的分析，总结出美国职业教育人本主义蕴意历史发展的不同阶段及其特点；在现实总体研究中，通过与已有文献资料的对话，并且结合研究者的亲身感受，总结出近年来美国职业教育人本主义实践的总体概况；在个案实地调查中，选择一所职业技术学院作为一级样本，抽取两个有代表性的系科作为二级样本，并从两个系科以及一个基础系科分层抽取 14 名教师作为三级样本，并对其教育实践分别进行半结构化访谈、课堂观察和教学文档分析，进而从研究数据中归纳出该校人本主义实践的基本经验。最后，使用国际比较研究方法，以美国职业教育人本主义实践的经验为借鉴，并结合中国本土特点，勾画出未来中国职业教育人本主义实践的理想路径。

二 研究思路

研究以人本主义哲学为基本范式，以人本主义理论的三维度即人之本体的维护、完整个体的追寻和民主关系体的构建为逻辑基础展开研究。在对美国职业教育人本主义蕴意的研究中，使用历史考察与现实调查相结合的研究思路，分别从教育权的维护、培养目标的设计、课程的建设和教学实践的运行四个维度总结出美国职业教育人本主义蕴意的历史与现实经验。在历史考察中，分别从 1800 年前的宗教人本主义、19 世纪的科学人本主义、20 世纪初的实用主义、六七十年代第三思潮与 80 年代以来的后现代主义和批判理论五个阶段，纵向梳理美国职业教育人本主义蕴意的历史发展脉络，并从四个维度加以归纳总结。在现实研究中，采用总体考察与个案调查相结合的技术路线，分别从教育权、培养目标、课程设置和教学实践四个横向维度总结美国职业教育人本主义实践的现实经验。最后，从国际比较的视野，在解析中美两国职业教育对人本主义理念蕴意共生的逻辑基础上，结合中国国情，分别从职业教育权利的人人性、培养目标的全面发展性、课程设置的完整性和教学实践的主体性四个方面就我国职业教育人本主义的蕴意提出应然措施。

三 研究创新

研究的创新点主要有三个：其一，对人本主义哲学理论进行系统梳理和深度剖析，详细解读了人本主义理论的三维度，进一步丰富了人本主义理论的研究成果。其二，基于人本主义理论的哲学视角，分别从历史和现实角度，系统归纳与总结出美国职业教育人本主义实践的基本经验，为他国职业教育的人本主义实践提供借鉴。其三，以美国职业教育人本主义的实践经验为借鉴，以中美职业教育发展的契合点为逻辑基础，勾画出中国职业教育人本主义实践的理想框架，为我国职业教育的改革与发展提供理论指导。

第四节 核心概念界定

一 职业教育

在《国际教育大辞典》（*International Dictionary of Education*）中，职业教育被定义为"为了职业岗位娴熟而设计的所有校内外的活动，包括学徒制、校内指导、培训计划、在职培训、员工再训",其"现代含义也包括生涯选择、特殊技能培训和就业教育"。① 《中国大百科全书·教育》将"职业教育"界定为"给予学生从事某种职业或生产劳动所需要的知识和技能的教育"。② 美国学者斯科特(Scott)和维尔辛斯基(Wircenski)认为,"如今的职业教育……不仅仅限于传授与学生有关的、即时的岗位知识和技能,而且还传授包括对工作世界和中等后教育起效的学术能力"。③

从上述对"职业教育"概念表述中可以看出,职业教育具有非常广泛的含义:从职业教育的实施机构来讲,它包括所有正规学校机构以及非正规社会机构所实施的面向职业岗位的学历教育与非学历培训活动;就职业教育功能而言,它包括面向职业领域所进行的就业技能教育或培训和一般的生涯学术教育。本书将"职业教育"限定为广义功能意义上的狭义的学校职业教育,即在职业学校所进行的包括就业技能教育和生涯学术教育在内的职业学历教育。以概念界定为基础,将职业教育的实施机构分为中等职业教育和高等职业教育两个层次。如未特别说明,书中所指"职业教育"即是两个层级意义上的总体称谓。

需要说明的是,中美两国职业教育存在一定程度的差异性。这既有历史的原因,也有现实的原因。就历史而言,由于中美两国社会发展阶段的不一致,致使同一时期中美两国职业教育呈现出不同的发展态势和功能内涵。例如,当今处于后工业社会阶段的美国职业教育与尚处在工业化社会阶段中的中国职业教育的内涵就不完全一致,前者可谓包含技能教育和生涯学术教育在内的广义功能意义上的职业教育;而后者则是更偏重狭义功能意义上的技能教育。但正是这种功能上的差异为今后中国职业教育的发展提供了重要借鉴与启示。就现实而言,由于美国是实行地方自治的国家,各州都分别建有自己独立的教育体系,因此,职业教育实施机构也呈现出不同的具体表现形式。但总体而言,当前美国中等层次的职业学校机构主要有综合中学(comprehensive high school)和职业学校(vocational/

---

① Page, G., Thomas, J. and Marshall, A., *International Dictionary of Education*, New York, N Y:Nichols Publishing Co., 1977, p. 360.

② 中国大百科全书出版社编辑部:《中国大百科全书·教育》,中国大百科全书出版社 1985 年版,第 520—521 页。

③ Scott, J. and Wircenski, M., *Overview of Career and Technical Education*, Homewood, IL: American Technical Publishers, Inc., 2008, p. 4.

technical school）；高等层次的职业学校机构主要有社区学院（community college）、独立的职业/技术学院（vocational/ technical college/ institute）和综合性大学下属的职业/技术学院（vocational/ technical institute），但具体的功能有所不同。相对来说，目前中国已经初步形成了全国统一的职业（学校）教育体系，其实施机构主要有中等层次的职高、中专和技校以及高等层次的职业技术学院、应用技术大学和普通高校下属的职业技术学院等。

二　人本主义

《教育哲学百科全书》将人本主义（humanism）定义为"宣称对个体、人类内在尊严、人性权利和价值、具有自主性的自我导向发展等的神圣不可侵犯性"。[①] 伊莱亚斯（Elias）和梅里亚姆（Merriam）认为，人本主义作为一个广义的哲学，强调人类本质的善性、自由与自主性、个体与潜在性、自我概念与自我、自我实现、领悟、责任与仁爱等基本原则。[②] 因此，人本主义首先是一种哲学思想，它研究的对象是人，强调人类自身权利和价值的不可侵犯性，尊重人的主体性。有关人本主义的详细解读，将在第二章作详细论述。

三　教育相关要素

教育要素的明晰是研究教育问题的关键，也是分解教育事实与规律的逻辑起点。一般而言，教育要素由教育者、受教育者和教育中介组成。其中，受教育者即教育对象是教育活动开展的核心要素，教育者在教育体制的框架下，通过各项教育中介的开发服务于受教育者。从人本主义视角考察教育服务于受教育者，最为首要的就是要从入口上满足教育者的需求，即要维护受教育者接受"教育"的"权利"。在此基础上，就要考察教育过程中各要素的实践状况。在教育过程中，按照教育的展开顺序，本书将"培养目标""课程内容"和"教学实践"作为其中的三要素加以考察与研究。因此，这里分别对"教育权利""培养目标""课程内容"和"教学实践"做相应界定。

---

① Lucas, C., Humanism. In J. Chabliss（ed.）, *Philosophy of Education：An Encyclopedia*, Oxford, UK, Elsevier Sience Ltd. , 1994, p. 285.

② Elias, J. and Merrian, S., *Philosophical Foundations of Adult Education*, Malabar, FL：Krieger Publishing Company, 2005, pp. 17 –123.

（一）教育权利

教育权利是指个体所具有的接受教育的基本权利，由社会机构或个人承担这种权利的赋予责任，并需要有相应的法律、法规给予保障。根据 1948 年通过的《世界人权宣言》规定，人人皆有受教育的权利。因此，这种教育权利对于个体而言是神圣不可侵犯的，是人作为社会中"个体"所应该具有的一项基本权利，且在不同个体之间的机会是均等的。职业教育权利是每一个试图接受职业教育的个体所应该具有的基本权利，职业教育机构承担着维护不同个体接受职业教育基本权利的重要责任。

（二）培养目标

培养目标是学校所培养的人才的具体规格，即要求学生具有什么样的素质，有时也称为教育目的。[①] 培养目标受教育价值取向的影响，并因学校层次和类型的不同而体现为不同的具体标准。相对于普通教育而言，职业教育的培养目标更具有专业性和应用性。但就教育的本质和终极追寻而言，职业教育同样承担着培养个体全面发展素养的职责。因此，合理的职业教育培养目标应该是养成兼有学术能力和专业技术能力（职业能力）的全面发展的个体。

（三）课程内容

课程内容是指课程所承载的基本教育知识，是培养个体相关能力的理论与实践意义上的知识维度，并体现在不同类型课程中。就职业教育而言，从个体能力培养的角度，课程内容可分为培养学术能力的基础（学术）知识和培养专业能力的专业（职业）知识，从而产生了基础（学术）课程和专业（职业）课程两种课程类型。但从知识迁移的角度看，基础知识有助于对专业知识的进一步掌握，专业知识也渗透有基础知识的应用与强化。因此，从个体全面发展的视角，职业教育完整的课程内容应包括基础知识和专业知识在内，课程结构应由基础（学术）课程和专业（职业）课程组成。

（四）教学实践

教学实践从狭义上讲是指课程实施的具体教育过程，即教学过程。在教学过程中，以课程内容为基本媒介，师生之间、生生之间在彼此互动中促进学生个体对课程知识的掌握，进而达到培养相关能力的目的。为推动

---

① 张焕庭：《教育辞典》，江苏教育出版社 1989 年版，第 738 页。

教学实践的科学合理运行，首先需要有强有力的教学支持服务，其中教师扮演着主导者的角色，他们业务品质的高低对教学质量的提高至关重要。与此同时，教学组织模式和教学方法也是影响教学实践有效运行的重要因素，不同教学模式和方法的应用也影响着对学生个体不同能力的培养。职业教育的教学实践对职业人能力的培养和职业课程的传输起着至关重要的作用，因此，科学合理的教学实践的构建也是职业教育质量提高的重要方面。

第二章　人本主义的理论诠释

　　马克思曾经指出，"哲学不是世界之外的遐想"，"人民最精致、最珍贵和看不见的精髓都集中在哲学思想里。那种曾用工人的双手建筑起铁路的精神，现在在哲学家的头脑中树立哲学体系"。① 这意味着，哲学虽然高于实践但源于实践。人本主义作为一种哲学理论，它蕴藏了世代人类的智慧与文明，以抽象的理论精髓概括出人类历史上人本实践的思想结晶。

第一节　人本主义理论概况

　　本书所指的"人本主义"，是基于更加广义的哲学层面，泛指一切以"人"为研究中心的理论体系。因此，这里的"人本主义"既包括文学意义上的"人文主义"，也包括伦理学意义上的"人道主义"，同时还包括以德国费尔巴哈和俄国车尔尼雪夫斯基为代表创立的形而上学唯物主义学说"人本学"。

一　人本主义基本内涵

　　作为一种哲学理论，人本主义"宣称对个体、人类内在尊严、人性权利和价值、具有自主性的自我导向发展等的神圣不可侵犯性"②，强调人类本质的善性、自由与自主性、个体与潜在性、自我概念与自我、自我实现、领悟、责任与仁爱等基本原则。③ 对于这种抽象的理念体系，美国历史学家爱德华·P. 切尼（Edward P. Cheyney）教授给予了形象的描绘。

---

　　① 《马克思恩格斯全集》第 1 卷，人民出版社 1956 年版，第 120 页。

　　② Lucas, C., Humanism. In J. Chabliss (ed.), *Philosophy of Education: An Encyclopedia*, Oxford, UK, Elsevier Sience Ltd., 1996, p. 285.

　　③ Elias, J. and Merrian, S., *Philosophical Foundations of Adult Education*, Malabar, FL: Krieger Publishing Company, 2005, pp. 17 – 123.

他认为，人本主义"可以是古希腊时期早期人本主义学者所发现的和谐的生活状态；可以是博雅的文学或人文学科的研究；可以是摆脱宗教束缚的自由以及伊丽莎白女王或本杰明·弗兰克林之生活的多方面兴趣；可以是莎士比亚或歌德对人类热情的讴歌；或者是以人为中心的哲学"。① 总之，人本主义是一种以人为中心的哲学，它强调人类自身权利、尊严和价值的不可侵犯性，维护人类对自我发展、自由与善的追求，尊重人类的自主性与能动性。

二 人本主义表现形式

人本主义在历史发展过程中以特定的时代背景为基础经历了不同的具体表现形式。按照时间顺序，人本主义主要经历了追求人类永恒价值的古希腊时期的古典人本主义，反对封建天主教权、推动人性解放的意大利文艺复兴时期的人本主义，宣扬新教思想以促进人类福祉的宗教改革时期的宗教人本主义，以科学理念提升人类价值的启蒙运动时期的科学人本主义，面对日益非人化的社会而切实关心个体自由，尊严以及整个人类关系的存在人本主义，追求个体为中心并寻求有效解决方法的实用人本主义，追寻个体自我实现的人本主义心理学和强调多元差异与尊重主体性自我的后现代人本主义。这些不同发展形态蕴意了人本主义哲学的基本内核，并不断丰富和发展着人本主义的理论要素。

第二节　人本主义理论的三个维度

研究以西方人本主义发展历史脉络为逻辑主线，围绕人本主义的基本内涵，深刻剖析不同时期人本主义哲学的具体表现形式，从中分析出人本主义理论体系的三个基本维度，即人之本体的维护、完整性个体发展的追寻和民主与和谐关系体的构建。

一 人本主义的维护主体：人之本体

人本主义首先在语义学上就表明它是关于人与人类的主义。而事实上，在整个人本主义发展历程中，最突出的特点亦是这一点。人本主义在

---

① Cheyney, Humanism. In E. R. Seligman（ed.），*Encyclopedia of the Social Sciences*（Ⅳ），New York, NY: Macmillan, 1937, p. 541.

历史上一直致力于对人类尊严与自主性主体的维护，这也正是建立在反对压制人类尊严与自主性的外在力量基础上进行的。纵观历史，对具有主体性之本体的"人"产生压制的外在之物，主要体现为"神"和"物"，具体表现为宗教与科学。

早在公元前5世纪左右的古希腊时代，为维护人类的主体性地位，就有部分古典人本主义学者对所谓的自然与神提出质疑。在当时，主要有两种哲学派别，即机械唯物论和有神论。其中，机械唯物论者将一切事物的变化归功于某一具体或抽象的物质，如赫拉克利特"万物皆流"的原子论；而有神论者则把人类的命运和一切归因于神。然而，人本主义思想的启蒙者普罗泰戈拉（Protagoras）却不属于其中的任何一个派别，他首先将赫拉克利特的"万物皆流"的思想应用于人类自身，而不是将人类思想归因于客观的物变规律。与此同时，他还对上帝的存在提出怀疑："对于上帝，我不能把握它的存在与否"，"因为有很多因素在阻碍着我们的认知，包括对问题的模糊不清和对人类生命的无知"。① 从中可以看出，他开始对上帝提出挑战。此外，"人是万物的尺度"更是成为他对人本主义思想最为朴素的阐释。虽然普罗泰戈拉人本主义思想的模糊性容易遭受现代人本主义的攻击，但在当时他对于人本主义的贡献确实是意义重大的，正是他对自然的初步挑战和对神的勇于怀疑，开启了人本主义哲学的大门。

古希腊与古罗马结束的时代，也是漫长而黑暗的中世纪开始的时代。在长达一千多年时间里，人类始终被披着罗马天主教外衣的封建帝制压制着。为反对这种压制人类意识与行为的精神象征——罗马天主教会的权威，14—16世纪，具有人本主义性质的文艺复兴运动兴起，它"从关注个体的永恒不朽转而关注人世间生活的完满"。② 意大利作家但丁（Dante）首先举起反抗的旗帜，他将当时的社会描绘为像"黑暗的森林"一样"荒野"和"严肃"，像"惊涛骇浪"一般"险恶"。③ 为此，他通过文学创作维护人类个体的尊严，祈求人们相信自己的力量，从神的思想禁锢中获得解放，以"走自己的道路，让别人说去吧"宣称他关于人本主义思想的基本要旨。而作为文艺复兴时期人本主义之父的彼特拉克（Petrarch）

---

① Laertius, D., *Lives of Eminent Philosophers*, New York, NY: Putnam, 1925, p. 51.

② Lamont, C., *The Philosophy of Humanism*, New York, NY: Continuum, 1990, p. 20.

③ ［意］但丁：《神曲》，王维克译，人民文学出版社1997年版，第3页。

则明确提出以"人"代替"神"，对封建教会权威提出严峻挑战，他指责当时的教会是"异端邪教的巢穴，罪恶谬误的温床"，犹如"人间地狱"。① 这一思想转变很快影响到欧洲许多其他学者的世界观，如作家拉伯雷（Rabelais）和伊拉斯谟（Erasmus）就对这种新的生活乐趣和存在繁荣给予了强烈支持。② 后者终身致力于个体自由与尊严的追求，推动了人本主义的新学习运动以及对基督教的改革运动。宗教改革运动通过传输新教思想捍卫新兴资产阶级的本体利益，挑战封建贵族阶级特权。根据文艺复兴人本主义的观点，理想的个体将不再是一个禁欲的苦僧侣，而是一个具有多面性格的宇宙人。③ 文艺复兴和宗教改革运动挑战了封建教会权威，使人类精神获得巨大解放。

　　为进一步把人类从宗教教条和权威中解放出来，以给人类带来新的曙光，发生于17—18世纪的启蒙运动起到了推波助澜作用。与文艺复兴时期的人本主义不同的是，这一时期的人本主义是建立在物理和实验科学基础之上。1620年，弗兰西斯·培根（Francis Bacon）《新工具》的问世宣告了人类新时代的到来，他在书中批判了传统的经院哲学，认为人才是自然的解释者。这一时期，在特定学科领域中的学生和教师被称为"名家"（virtuosi），与其他所有无神论者的挑战相比，他们对传统基督教的挑战更为强烈。他们通过对经验哲学的理解和推进，凸显出他们对理性以及至上人类和神圣建筑作品之合理性的无比自信。④ 自然主义学者洛克（Locke）在他所著的《论宗教的宽容》（*A Letter Concerning Toleration*）中提到，世界上没有任何权利可以剥夺人类自我决定信仰以及生活方式的责任，"没有任何东西能使我违背自己的良心行事而带走我幸福的大厦"。⑤ 与此同时，一批唯物主义学者、法国百科全书式的人物（Encyclopedists）包括拉美特利（La Mettrie）、爱尔维修（Helvetius）、霍尔巴赫（Holbach）和狄德罗（Diderot）等将唯物主义哲学作为反对宗教权威和天主教会势力的有力武器。如狄德罗指出，"直到最后一个牧师内心中的王权

① ［意］彼特拉克：《歌集》，李国庆、王行人译，花城出版社2001年版，第208页。
② Lamont, C., *The Philosophy of Humanism*, New York, NY: Continuum, 1990, p. 20.
③ Kelley, D. R., *Renaissance Humanism*, Boston, M. A.: Twayne Publishers, 1991, p. ix.
④ Blackham, H. J., *Humanism*, Harmondsworth, UK: Penguin, 1968, p. 117.
⑤ Ibid., p. 130.

势力被处死，人类才能获得真正的解放"。① 最有影响的人本启蒙思想家伏尔泰（Voltaire）把人本主义很好地建立在理性与科学之上，相信人的可塑性，借此驱逐压迫人类种族的罪恶和臭名昭著的东西。② 孔多塞（Condorcet）作为启蒙运动最后一位哲学家，在 1795 年的《人类精神进步史表纲要》（*Sketch for a Historical Picture of the Progress of the Human Mind*）中通过向人类表明"人类的进步是可能的，而且有通向进步的路径"为人们带来自信③，他用富有策略性的思想为人类文明与进步吹响了胜利的号角。

然而，启蒙运动时期的人本主义虽然对宗教与神学予以沉重打击，并宣扬了人的至上性，但它从中偷换了话题，从宗教转向科学，用自然规律与科技理性代替封建教廷去解释和维护人类的命运与行为。代表新兴资产阶级利益的思想启蒙者企图为人类进步带来新的曙光，但是，他们却使人类陷入了另一个万丈深渊。尤其随着 19 世纪以来牛顿力学、达尔文进化论、量子力学等自然科学成果的层出不穷，以及工业革命的逐步推进，人类世界逐渐被笼罩在机械化的物理环境中，个体渐趋成为机器的附庸，人类的命运和权利常常被肆意践踏、破坏和剥夺。"工业化的杂乱和粗俗、工业场景的下贱和贫穷、廉价劳动力自我表现的削减，共同形成了一个全人类堕落的景象"。④

为此，从 19 世纪开始，具有人本主义性质的存在主义（existentialism）逐步兴起。虽然它在一开始具有某种程度的宗教主义指向，但其对科学构成的挑战却是巨大的。生活在 19 世纪上半叶被誉为"存在主义之父"的克尔凯郭尔（Kierkegaard）将哲学研究对象定位于孤独的个体，而不是科学取向的物理世界。他关心个体的存在，认为个体在生活中的选择只能是自我选择，并且是完全负责任的选择。⑤ 他还认为，事实是主观性和个人性的，这意味着，"人类的本质不仅仅是主观性的，而且伴随人

---

① Diderot, D., *Oeuvres complètes de Diderot*: *Revues sur les éditions originales*, *comprenant ce qui a été publié à diverses époques et les manuscrits inédits*, *conservés à la Bibliothèque de l'Ermitage*, *notices*, *notes*, *table analytique*, Paris: Garnier frères, 1875, pp. 15 – 16.

② Lamont, C., *The Philosophy of Humanism*, New York, NY: Continuum, 1990, p. 65.

③ Blackham, H. J., *Humanism*, Harmondsworth, UK: Penguin, 1968, p. 121.

④ Ibid., p. 94.

⑤ Ozmon, H. A. and Craver, S. M., *Philosophical foundations of education*, Englewood Cliffs, NJ: Prentice Hall, 2007, p. 226.

类的自由和责任也是主观性的".① 作为存在主义的主要推动者，19 世纪后半叶的尼采（Nietzsche）认为，传统的道德过分压制人本并使人本弱化，因此，他试图建立一个超越传统耶稣基督教道德意义上的伦理。② 20世纪上半期的马丁·布伯（Martin Buber）发现，人类在商业、宗教、科学、政府和教育等环境中常常被作为物体来对待，他把这种主客体关系称为"我与它"（I and It）的关系，布伯不赞成这种关系的存在，而支持主体间意义上的"我与你"（I and Thou）的关系。③ 后期最著名的存在主义者萨特（Sartre）则认为，存在主义就是一种人本主义，它"是一个保证人类生活可能性的主义"，"在生活中，人类主宰自己，并描绘属于自我的人生肖像，而非其他"④；人类应从其他自然物中区分自己，因为"他们拥有一个主观性的世界，而并不是苔藓、真菌或菜花"。⑤ 从此，"存在主义就与给予人类存在与价值自豪感的这一特定人本主义哲学相互联系在一起"⑥，它是一个以人为中心的哲学，强调对人类个体身份和意义的追求。⑦

与此同时，美国的社会实践也深受欧洲自然科学的侵袭。为挑战欧洲自然哲学的统治地位，19 世纪末 20 世纪初，实用人本主义在美国兴起并迅速取得绝对优势地位。其中，实用主义学者詹姆斯（James）试图从直觉和环境因素决定生物（包括人类）的行为主义范式转向个体保存自我意志的经验自我理念。⑧ 与詹姆斯一样，杜威（Dewey）也致力于从经验

---

① Molina, F. R., *Existentialism as Philosophy*, Englewood Cliffs, NJ: Prentice-Hall, 1962, p. 10.

② Ozmon, H. A. and Craver, S. M., *Philosophical Foundations of Education*, Englewood Cliffs, NJ: Prentice Hall, 2007, p. 225.

③ Buber, M., *I and Thou.* Edinburgh, UK: T&T Clark, 1937, p. 227.

④ Sartre, P. and Mairet, P., *Existentialism and Humanism*, London, UK: Methuen& Co. Ltd., 1948, p. 42.

⑤ Yarbrough, S. R., *Deliberate Criticism: Toward a Postmodern Humanism*, Athens, GA: University of Georgia Press, 1992, p. 24.

⑥ Flynn, T. R., *Existentialism: A Very Short Introduction*, New York, NY: Oxford University Press, Inc., 2006, pp. II – III.

⑦ Ibid., p. 8.

⑧ Halliwell, M. and Mousley, A., *Critical Humanisms: Humanist/anti-humanist Dialogues*, Edinburgh, UK: Edinburgh University Press, 2003, p. 141.

科学的维多利亚时代到更加微妙的现代人类行为路径的转向①，以民主的态度对待人类生命，强调通过社会问题的解决捍卫人类个体的生存质量。在杜威、白璧德（Babbitt）和莫尔（More）等人本主义学者的推动下，20 世纪二三十年代美国出现了兴盛一时的人本主义运动。白璧德认为，人本主义需要作出一个从自然的秩序到完全不同秩序的调整，以真实客观的方式展示自己，强调人类和事物一样都应该拥有一个自我遵循的规律。② 这一运动推动了 1933 年《人本主义宣言Ⅰ》（以下简称《宣言Ⅰ》）的颁布。《宣言Ⅰ》指出，"人类最终意识到只有他自己能够对自我理想世界的实现负责，并且也只能通过他自身的力量去实现"。③《宣言Ⅰ》所强调的人本主义对任何试图控制人类的教条式或确定性的理念都予以排除，强调人类自身对其行为的负责。

随着第二次世界大战的爆发，实用主义哲学在美国社会的地位遭到动摇。随之而来的 20 世纪下半叶，在反对自然哲学性质的行为主义和直觉意义上的精神分析理论基础上，转而关注人类自身的人本主义心理学在美国迅速取得了显赫的地位，并在六七十年代达到高潮。人本主义心理学代言人马斯洛（Maslow）通过他所提出的"存在中的自我"概念奠定了人本主义心理学的深厚理论基础。按照人本主义心理学者的观点，人不再是一个客观的物体，他们发现了能够改变自身命运的"存在中的人"，认为人类是"一个自我生活的内在主体，在现实中表现并改变自我"，也"正以这方式，人们才能区别于物体和低级动物"。④ 正如另一位著名的人本主义心理学者罗杰斯（Rogers）所指出的，"人不只是具有一台机器的特点，也不仅仅是一个被无意识控制的存在物，而是一个不断创造自我的人，是一个创造生命意义的人，是一个拥有主体性自由的人"，也是一个"内部生命超越物理宇宙"的人，因此，人本主义心理学将孕育一种新的

① Halliwell, M. and Mousley, A., *Critical Humanisms: Humanist/anti-humanist Dialogues*, Edinburgh, UK: Edinburgh University Press, 2003, 1, p. 48.

② Babbitt, I., Humanism: An Essay at Definition. In N. Foerster (ed.), *Humanism and America: Essays on the Outlook of Modern Civilization*, New York, NY: Farrar and Rinehart, 1930, p. 33.

③ American Humanist Association, *Humanist Manifestos Ⅰ and Ⅱ*, Washington, DC: American Humanist Association, 1973, p. 10.

④ Bugental, J. F. T., *Challenges of Humanistic Psychology*, New York, NY: McGraw-Hill, 1967, p. 8.

种子，它"将勇于为人类寻找主体性的空间"①，指向对人类尊严和价值的终极关照。在人本主义心理学运动的推动下，《人本主义宣言Ⅱ》于1973 年由 114 个代表联合签署通过。该宣言致力于公民自由、平等、民主、人类的生存、战争与和平等问题的解决，它代表了对个体潜在性以及整个人类的坚定信念。

　　自 20 世纪 70 年代以来，随着社会形态从工业社会向后工业社会的转变，人类世界进入了另一个新的时代，即后现代时期。然而，此时在西方哲学中，理性方法仍然占据较为显赫的地位，诸如"统一"、"真理"等"理性"的称谓仍广泛存在于理论与实践领域，从而造成对个体思想和行为的控制。因此，一批强调个体差异与多元思想的学者开始对当下的工业世界提出抗拒。正如福柯所驳斥的，在这种环境下的个体"人"就像"海市蜃楼"或者"沙滩上的足迹"一样，注定要被外部世界"消灭"或"抹掉"。② 这就是蕴含新时期人本主义新内涵的后现代主义思想。事实上，后现代主义在很大程度上受到存在主义、现象学、解释学关于拒绝普遍真理、强调主观个性理念的影响。美国当代著名教育学者古特克（Gutek）和莫拉德（Mourad）指出，后现代主义拒绝经验哲学所宣称的普遍、永恒真理和价值，拒绝启蒙思想所关注的客观科学和普遍价值、道德、规律及艺术，拒绝现代科学所宣称的现代性是未来社会经济不可抗拒的力量。③④ 而源于 1923 年创立的法兰克福学派思想、后来成为后现代主义理论重要组成部分的批判理论，更是对科学创造的物理世界给予无情抨击。如该理论代表人物霍克海默（Horkheimer）认为，当下的社会个体已经被资产阶级统治的资本主义庸俗化了，处于统治地位的资本主义通过技术取向的大众文化、法西斯主义和拜物主义毁灭个性的存在。⑤ 马尔库塞（Marcuse）将这种丧失个性的个体称为"单向度社会"中的"单向度的人"，这都归咎于科技理念的专制。后现代主义广泛渗透到社会学、人类

① Rogers, C. R. , Toward a Science of the Person, *Journal of Humanistic Psychology*, Vol. 3, No. 2, 1963.

② Foucault, M. , *Les Mots et Les Choses*, Paris: Gallimard, 1966, pp. 333 – 396.

③ Gutek, G. L. , *Philosophical and Ideological Voices in Education*, Boston, MA: Pearson Allyn & Bacon, 2004, p. 123.

④ Mourad, R. P. Jr. , *Postmodern Philosophical Critique and the Pursuit of Knowledge in Higher Education*, Westport, CT: Bergin and Garvey, 1997.

⑤ Horkheimer, M. , *Eclipse of Reason*, New York, NY: Continuum, 1973.

学、文学、艺术学、建筑学、教育学、哲学等众多领域，而贯通这些不同
领域的纽带则是"一个与现代主义相对立的""与过去相决裂的反传统
的""解构普遍与客观必然性"的基本理念①，以致最终回归人本。

从古典人本主义到文艺复兴人本主义，再到存在人本主义和实用人本
主义，以及后来的心理学人本主义和后现代人本主义，它们鞭笞和抨击的
矛头无论是指向森严的封建教廷，还是现代科技理性与物理世界，其立场
无论是否具有宗教主义的性质以及特定的阶级性质，我们都能明显地觉察
出人本主义根本的立足点始终是具有"主体性"自我的"人"之本体。
站在反对神学与自然的天塔上，从铭刻在古希腊德尔菲的阿波罗神庙上的
"认识你自己"到尼采的"成为你自己"，我们都能够深度感知人本主义
对自我认识的不断觉醒与深入，而马斯洛的一句"变得越来越像人的本
来样子"，则从根本上宣称了人本主义所关照和维护的主体是具有自主性
的本体"人"。

二　人本主义的实体状态：完整的个体

人本主义关注和维护的主体与对象是"人"之本体，而这种人本主
义意义上的人的实体状态又是怎样的呢？在人本主义学者里斯（Reese）
看来，从伦理学意义上，人本主义是基于对人类需求满足（健康、物质、
安全、新的经历、认知、审美等）的程度来判断相关的社会行为实践
的。② 这种对生理、经济、求知乃至审美意义上的需求正是"人"之个体
之所以成为"人"的多维度成长需求，只有多维度的需求得到满足，一
个真正的"完整"意义上的个体才得以形成。这种"完整"的个体被马
斯洛和罗杰斯分别称为"自我实现的人"和"功能健全的人"。虽然这种
人在现实中只是那么"一小撮"，但每个时代的人本主义学者却在努力追
寻着。

古希腊时期苏格拉底曾鲜明地提出"认识你自己""好人"等蕴含人
本主义理念的著名格言，他试图创造一个独立于宗教教义之外的一套人本
主义伦理体系。在他的著名对话录《申辩篇》（Apology）《克里托篇》
（Crito）《斐多篇》（Phaedo）《会饮篇》（Symposium）和《国家篇》（Re-
public）中，我们可以从他频繁的超自然的思想表述中看出其中所蕴含的

① Gutek, G. L., *Philosophical and Ideological Voices in Education*, Boston, M. A.: Pearson Allyn & Bacon, 2004, p. 124.

② Reese, C. W., *The Meaning of Humanism*, Boston, M. A.: Beacon Press, 1945, p. 11.

丰富且成熟的关于人本主义的伦理哲学。苏格拉底对于完美生活艺术的精通需要什么样的知识和技能的质问，引致了这样一个理论的产生，即"人生有一个内在良好的、主动设计的模式，因此，对于所有人都有一个标准的模式，只有在遵循此模式的基础上，好的生活才能达成，至善的状态才能拥有"。① 同样，对于亚里士多德来说，所有人追求的目标亦是至高、至善的生活状态，即幸福的生活，而对这一目标的追求过程正是一个人自我实现的过程。此外，作为哲学史上第一位最著名的自然主义哲学家，亚里士多德同样把人看作一个灵魂与肉体的统一体②，这就对人之个体作出了进一步的深刻洞察。无论是"好人"、"至高"、"至善"的生活状态，还是"精神"与"肉体"的统一体，都是完整人形成的必要条件。

正是古希腊哲学家对人类品质的深刻描述形成了被文艺复兴时期人本主义者学习的范型。古罗马哲学家西塞罗（Cicero）已经提到，人本主义的研究（studia humanitatis）源于社会实践对文学创作和演讲活动的基本需求，而智者在修辞学、实践哲学以及道德哲学方面的教学内容为后来的公共演讲与辩论提供了具有共同兴趣的实践主题，这种教学的思想结果成为人本主义哲学的重要来源。③ 从 14 世纪的意大利开始，中世纪大学的一些人文学科教师逐渐热衷于古希腊和古罗马的经典文学作品，并在大学从事对这些作品的研究和教学工作，而他们所讲授的这些课程被称为人文学科，包括语法、修辞、诗歌、历史和道德哲学五门学科。其中，语法旨在增强学生的批判能力；修辞学作为首要哲学主要是对语言和交际的学习；历史本身代表着其他文学的资源和路径；诗歌代表另一种或许是更为基础的神学或哲学，旨在对上帝所造之物进行深度探究；道德哲学起着衡量法律、政治以及伦理活动的作用，是地球人类生活的主导性原则以及现代社会科学的基本范型。④ 通过对这些基本人文学科的学习，个体的自主性和尊严才能得以发展，因为人类巨大的潜力以及天生的伦理感都清晰体现在古代人文著作里。事实上，人本主义者试图将人文建成为人类研究与

---

① Blackham, H. J., *Humanism*, Harmondsworth, UK: Penguin, 1968, p. 65.
② Lamont, C., *The Philosophy of Humanism*, New York, NY: Continuum, 1990, p. 3.
③ Blackham, H. J., *Humanism*, Harmondsworth, UK: Penguin, 1968, p. 112.
④ Kelley, D. R., *Renaissance Humanism*, Boston, MA: Twayne Publishers, 1991, pp. 122 – 123.

创作的自由而平等的形式，并体现为人文学科的内容与形式。① 可见，人文学科是人本主义所追求的具有自主性和尊严的健全人和完整人实现的基本载体，因为其中蕴含有丰富的有益于个体成长的思想内容。

文艺复兴人本主义后期推动了开始于 16 世纪的欧洲宗教改革运动，其间一批宗教人本主义学者对个体成长问题进行了相应讨论。如伊拉斯谟在他的《一个基督教王子的教育》（*The Education of a Christian Prince*）中认为，美德是教育达到的最高品质。蒙田（Montaigne）作为文艺复兴时期最后一位人本主义学者，认为青年人应该"少学习外在的气质，转而更多地注重自我的提升，不断丰富和完善内在的自我"，同时应该根据学生的性格和智力特点选择相应的教师。② 17 世纪启蒙运动时期的代表人物斯宾诺莎（Spinoza）在他的《伦理学》（*Ethics*）中勾画出一个完整的人生哲学，虽然他用宗教概念"永恒"来表示现存生活之思想与行为道德的最高目标，即人生哲学③，但是也可以看出他对人类美好生活状态的向往。对于个体的成长，19 世纪存在主义的代表人物尼采在《查拉图斯特拉如是说》（*Thus Spake Zarathustra*）中探讨了一个超越传统社会价值观进而成为一个"超人"的个体。这个所谓的"超人"是"一个伟大的野蛮人，它将理性的力量与动物的美貌和力量综合起来，以至能够战胜自己、大众、世界甚至命运"。④ 自我的提升、永恒的道德标准、超人的力量，不仅彰显出人本主义者对完整个体的憧憬与期待，更代表了人类自身的成长性需求。

如果说之前人本主义学者对个体成长的描绘带有某种程度的神秘色彩的话，那么人本主义心理学理论对个体理想状态的诠释则具有突破性的现代意义，它突破了弗洛伊德的潜意识本能论的精神分析理论，从现实社会实践中总结出个体发展的潜质与路径。人本主义心理学家马斯洛首先提出了"存在中的自我"概念，这一概念包括一个人区别于另一个人的所有

---

① Kelley, D. R., *Renaissance Humanism*, Boston, M. A.：Twayne Publishers, 1991, p. 6.

② Noll, J. W. and Kelly, S. P., *Foundations of Education in America：An Anthology of Major Thoughts and Significant Actions*, New York, NY：Harper & Row, 1970, p. 72.

③ Lamont, C., *The Philosophy of Humanism*, New York, NY：Continuum, 1990.

④ Roubiczek, P., *Existentialism for and Against*, Cambridge［Eng.］, University Press, 1964, p. 32.

东西的总和，诸如态度、身体、价值、感情和理智等。① 而自我提升和完善可以通过个体潜力的不断挖掘来实现，这正是马斯洛所推广的自我实现理论。围绕自我实现的过程，他提出一个基于人类基本需要层次的动机理论，这些需要从低级到高级分别为生理的需要、安全的需要、归属的需要、爱的需要、自尊的需要以及自我实现的需要。这些层级性的需要得以基本满足的个体便是自我实现的人。马斯洛发现，这种"自我实现的人"有着人类精神健康方面的共同特点，如他们"能准确、全面地洞察现实""对自己及他人表现出极大的接纳""表现出自发性和自然性""独立于环境与文化""以持续新奇的眼光欣赏事物""关心全人类""有强烈的道德感""富有创造力"等。② 与马斯洛"自我实现的人"相对应，罗杰斯提出了"功能健全的个体"。他认为，这种个体"能够经历所有的感情""是自我的决定者""完全致力于存在与成为自我的过程"，是一个"功能健全的有机体"和"个人"。③ 而布勒（Buhler）则以人类生活目标为中心，提出在不同层面和领域中个体发展的 12 条目标领域，包括能动性，优秀的理解力，关照与沟通，认同与意向，精通，建构与解构，成就动机，理念与价值，爱与其他等承诺关系，因素的整合，方向、目的和手段，满足、听从和失败。④ 此外，还有研究者提出一个关于个体成长的新的哲学假设，即共振理论，指的是多种曾被视为矛盾的理念和价值在一个个体中呈现和谐并存的状态，而拥有共振生活状态的人并不感觉在一组集合中选择和拒绝的被动。⑤ 这一理论源于一个关于完整生命个体的价值理论，揭露了一个有机的、非机械的人之模型。

在个体成长与发展的实现形式上，与文艺复兴时期所追寻的人文学科相比较，后现代主义所追寻的乃是内容传输的具体形式。后现代主义学者、法国哲学家德里达（Derrida）提出一个通过文本内容分析来探索除

① Elias, J. and Merrian, S., *Philosophical Foundations of Adult Education*, Malabar, FL: Krieger Publishing Company, 2005, p. 121.

② ［美］赫根汉：《心理学史导论》，郭本禹译，华东师范大学出版社 2004 年版，第 877—878 页。

③ Rogers, C. R., *Freedom to Learn: A View of What Education Might Become*, Columbus, OH: C. E. Merrill Pub. Co., 1969, p. 288.

④ Buhler, C., Human Life Goals in the Humanistic Perspective, *Journal of Humanistic Psychology*, Vol. 7, No. 1, 1967.

⑤ Chenault, J., Syntony: A Philosophical Premise for Theory and Research, *Journal of Humanistic Psychology*, Vol. 6, No. 1, 1966.

了官方理念的各种潜在意义的解构主义方法，但这种文本内容的形式却不是单一的。德里达认为，很多古代哲学家如柏拉图和亚里士多德以及后来者都致力于一种他们认为的固有的、普遍的宏观目标的探讨，然而所谓宇宙中的合理性原理却不是一个客观的现实，而仅仅是哲学家作品和文本的行文方式。文本可能但不一定就是一份印刷的作品，尽管有些哲学家的著作是印刷的形式，但还有很多口头的对话、电影或戏剧或者其他文化的形式。如在教育领域中，一个文本可以是一门课程大纲、教学视频或者书本包括教科书等的形式。①

由此可见，人本主义学者在维护人类主体性尊严和自由的基础上，又深入探讨了个体发展的终极状态和理想模型。从中不难看出，个体的需求是多元的，个体的发展也是朝向完整的，人类发展的终极理想状态乃是各方面健全发展、止于至善、自我实现，进而拥有幸福美好生活的完整人。而促进这种状态的人实现的基本载体则是蕴含丰富人文理念的文学、艺术、道德等人文社会学科，而这些学科领域的呈现形式又不仅仅是纸质意义上的文本形式。

三　人本主义的践行场域：民主与和谐的关系体

无论是人本主义所维护的"人"之本体的实现，还是其所追寻的人的"完整性"发展状态的兑现，都脱离不开社会实践。而人本主义所要求的社会践行场域是一个充满民主理念和人本关怀的和谐关系体，不是一个冷酷无情的世界。正如里斯认为的，在社会学方面，人本主义的目的旨在维持一些潜藏在一切社会秩序中的特定要素，诸如养成与其他个体相一致的个人自由的最大化、基本人权的获得、人们及其有效需求与目标的相互依赖性等；同时还包括对理性与合理控制社会的可能性的实现与期望。② 在这一社会秩序中，人类通过自身的智力以及与他人的自由合作可以在地球上建构一个永恒的和平与美好状态，而只有这样，人们才能走向一种真正的生活形式，以实现创造性工作和幸福生活的最大化。③

在公元前5世纪古希腊的伯里克利（Pericles）时代，雅典城邦繁荣

---

① Gutek, G. L., *Philosophical and Ideological Voices in Education*, Boston, M. A.: Pearson Allyn & Bacon, 2004, p. 126.

② Reese, C. W., *The Meaning of Humanism*, Boston, M. A.: Beacon Press, 1945, pp. 12 – 16.

③ Lamont, C., *The Philosophy of Humanism*, New York, NY: Continuum, 1990, p. 12.

的顶点被称为古希腊思想启蒙运动的时期。城邦繁荣背后的一个重要原因就是在这一时期出现了一批促进早期人本主义思想发展的教师，也就是后来被人们所称的智者（Sophist）。而雅典领导人伯里克利正是在借鉴著名智者与历史学家修昔底德（Thucydides）的人本主义性质的民主思想的基础上，才使得雅典赢得了一时的繁荣。不同于他们的邻居斯巴达（Sparta）城邦一样好战，伯里克利为世人描绘出一个既能防护自己，又能满足所有紧急情况需要的合理的社会状态。在他的努力下，雅典城邦是一个充满个体多元幸福追求的城邦，且与邻邦城市不仅有商业的充分往来，还有广泛的思想交流。这种充满思想开放的理想社会模式——雅典城邦便是广义人本主义传统的主要思想源泉。① 这也是美国历史学家切尼教授所指出的人本主义所包括的"古希腊时期早期人本主义学者所推崇的和谐的生活状态"。②

在文艺复兴时期的意大利，人本主义在社会实践中也有重要的影响。不仅仅是当时的人文学科领域的教师，而且一些资深的文学作家和演说家也参与到人本主义运动当中，且很多都被意大利政府雇用为秘书、行政官员和外交家。③ 人本主义学者参与社会实践的直接目的就是将其他学科纳入自身的文学以及历史的方法论范畴中去④，根本目的是通过其中所蕴含的人本主义思想而推动社会的民主进步。也正如人本主义学者拉蒙特（Lamont）所说，文艺复兴被当代人本主义所继承的具有永恒意义的价值主要体现在：挣脱教会对知识控制的坚持、巨大理性活力的彰显、健康人格发展的思想，而最重要的则是它对人类享有幸福生活的强调⑤，因为人类幸福的生活寄托在民主的社会环境中。

启蒙运动时期的伏尔泰在宣称天主教会是"粉碎臭名昭著的东西"的同时，和其他百科全书思想家一样，都旗帜鲜明地提出国际和平与世界主义、人类自由与民主的思想，这些都渗透到人本主义学者的思想愿景中。⑥ 另一位百科全书式的人物卢梭也是人本主义者。他对更加美好的人

---

① Blackham, H. J., *Humanism*, Harmondsworth, UK: Penguin, 1968, pp. 103 – 104.
② Cheyney, Humanism. In E. R. Seligman (ed.), *Encyclopedia of the Social Sciences* (Ⅳ), New York, NY: Macmillan, 1937, p. 541.
③ Blackham, H. J., *Humanism*, Harmondsworth, UK: Penguin, 1968, p. 113.
④ Kelley, D. R., *Renaissance humanism*, Boston, M. A.: Twayne Publishers, 1991, p. 25.
⑤ Lamont, C., *The Philosophy of Humanism*, New York, NY: Continuum, 1990, p. 21.
⑥ Ibid., p. 65.

类生活以及更加民主的社会组织给予热情的追求，并感慨"人生来是自由的，却处处受到镣铐的束缚"。虽然他热衷于浪漫的夸张，但是他总是执着于这样一个积极的提醒：人本主义必须为人类的情感尤其是社会怜悯的情感以及理性制造空间。[1] 18 世纪的英国，在人本主义方面也有进展性成果，其中以休谟（Hume）为代表。他不希望改变人类本质，但是希望改变人类状况和社会体制，进而希望推动人类行为的进步。他指出，政治的解放和教育可以给予每个人独立的基础，并使他们从造成其成为愚昧奴隶、工具的压榨形式中解脱出来，"理性是而且只能是感性的奴隶"[2]，感性的民主社会才是人类所需求的。

　　存在主义学者马丁·布伯坚决不赞成在商业、宗教、科学、政府和教育等环境中的人类被作为物体来对待而形成的"我与它"的客体性关系的存在，而提出应建立"我与你"的主体间意义上的关系。在这种关系中，主体间相互分享知识、感情和愿景。[3] 布伯认为，这种关系本质上是一种"人类的会晤"，"所有真实的生活都具有会议的性质"[4]，因为为了经历生活，我们必须与他人相见。[5] 为此，他认为，这种关系应该渗透到各级教育过程中甚至整个社会实践当中。作为存在主义的方法论并进而发展形成的存在主义现象学，对人本主义的践行场域作出了重要贡献。作为现象学之父胡塞尔（Husserl）认为，我们对自我存在的意识依赖于我们如何去感知，进而意识我们的直觉。因此，意识是我们选择的基础，并决定我们如何定义自己。这种思想后来经由海德格尔（Heidegger）发展成为存在主义现象学，它强调理解"存在"（being）尤其是人类在世界中的行为方式以及相关现象的必要性。[6] 在著名的《存在与时间》（*Being and Time*）中，海德格尔努力表明他考察的出发点是社会中的存在，而不

① Lamont, C., *The Philosophy of Humanism*, New York, NY: Continuum, 1990, p. 67.

② Blackham, H. J., *Humanism*, Harmondsworth, UK: Penguin, 1968, p. 35.

③ Ozmon, H. A. and Craver, S. M., *Philosophical Foundations of Education*, Englewood Cliffs, NJ: Prentice Hall, 2007, p. 227.

④ Buber, M., *I and Thou*, Edinburgh, UK: T &T Clark, 1937, p. 4.

⑤ Roubiczek, P., *Existentialism for and Against*, Cambridge, UK: Cambridge University Press, 1964, p. 141.

⑥ Gutek, G. L., *Philosophical and Ideological Voices in Education*, Boston, MA: Pearson Allyn & Bacon, 2004, p. 88.

是孤独的个体。① 因此，存在主义作为人本主义思想的一种现代表现形式，在面对日益增强的官僚化社会中，它不仅深度关心个体的自由与完整性，而且还关注整个人类的总体关系。② 存在主义学者莫里纳（Molina）将存在主义定义为一种努力地分析人类存在基本形式以及号召个体对他本质自由的存在形式的觉醒的哲学行为。③ 可见，存在主义所追寻的社会形态也是一个充满尊重个体价值与人本关照的和谐人类关系体。

人本主义心理学理论正是在对社会实践中优秀人物的考察中形成的，也进而为更加和谐社会的建构提供了理论依据。马斯洛通过对一小部分"自我实现"人的考察表明，所有的这些人都致力于超越自我的事业或职业，即职业是实现真理、善良、美好、公正、一致、秩序、全面和完善等"完整个体"终极价值的车轮。④ 而职业恰恰是一个小型的社会关系体，这种超越自我的事业或职业状态注定拥有一种较为民主与和谐的良好氛围，进而为个体的自我实现贡献无限力量。弗兰克（Frankl）认为，"存在中的人们意味着已彻底地向世界开放，而这一世界是充满遇到他人和实现意义的世界"，因此，应在"情境"中考察现象。也就是说，人们经历诸如幸福、快乐和高峰体验等感觉是有其理由的。⑤ 为此，人本主义心理学家非常关注外部的社会交往哲学概念。源于当代国内、国际冲突和误解，为了促进人类与社会的重建，温斯罗普（Winthrop）提出了"意义社区"这一概念。意义社区是一个由对强调工业神话的现代西方官僚社会的荒凉而充满憎恶的个体组成的团队。他们认为，在现代复杂的社会环境中可以建立一个最优的组织，并且将这一组织寄托于有计划的社区形式中。⑥ 而自由和真诚是和谐社区形成的必要条件。对于自由，英格里斯

---

① Ozmon, H. A. and Craver, S. M. , *Philosophical Foundations of Education*, Englewood Cliffs, NJ: Prentice Hall, 2007, p. 228.

② Elias, J. and Merrian, S. , *Philosophical Foundations of Adult Education*, Malabar, FL: Krieger Publishing Company, 2005, p. 13.

③ Molina, F. R. , *Existentialism as Philosophy*, Englewood Cliffs, NJ: Prentice-Hall, 1962, p. 2.

④ Maslow, A. H. , Comments on Dr. Frankl's Paper, *Journal of Humanistic Psychology*, Vol. 6, No. 2, 1966.

⑤ Frankl, V. , Self-transcendence as a Human Phenomenon, *Journal of Humanistic Psychology*, Vol. 6, No2, 1966.

⑥ Winthrop, H. , Humanistic Psychology and Intentional Community, *Journal of Humanistic Psychology*, Vol. 2, No. 1, 1962.

（English）指出，最高的自由体现为在一个社区中，每个参与者都充分不保留地接受和感激对方，每个个体都是完全的自我。[1] 对于真诚，莫斯塔卡斯（Moustakas）指出，这是成长必要的条件，但成长不仅仅是在自我中成长，而且也在关系中成长。[2] 温伯格（Weinberg）从社会关系角度总结出人本主义心理学的五个基本原则：（1）人们在自由环境中学习；（2）人们在联系外部世界与自我经验中学习；（3）人们在合作中学习；（4）人们从内在向外在学习；（5）人们学习独特性、儿童、众生、经验、社会存在和政治存在等人类品质方面的内容。[3] 以上所述都充分凸显出人本主义心理学追求的和谐社会理念。

民主和谐的关系共同体向来否定单极权威思想与力量的存在，而后现代主义恰恰是在反对一体化社会模式基础上形成并发展起来的。在后现代主义学者看来，没有单一的文化传统或思维模式是可以作为一个元叙事和普遍声音来服务所有人类行为的。[4] 如同人本主义学者亚伯勒（Yarbrough）所说，人本主义是一个反对主流意识形态、方法论或者约束或控制决定性解释的基本理论的一种态度，它旨在在束缚人类精神的力量中打开空间。[5] 而只有在这种开放而和谐的空间中，从容的行为才是可能的。也就是说，在这种环境中，人类的行为选择是在没有受到任何其他形式的理论、方法和体制的情况下进行的，且接受完全的行为责任。因此，后现代人本主义宣称了一个打破现代普遍性观点的视角，坚决否定关于客观定性观点的讨论[6]，崇尚个体的差异与多元化。作为后现代主义的支流，建构主义正是源于一种对社会文化的分析，毅然批评社会中存在的不公正危机，试图通过政治和经济领域中现实问题的解决而为个体服务。在

---

① English, H. B., Education of the Emotions, *Journal of Humanistic Psychology*, Vol. 1, No. 1, 1961.

② Moustakas, C. E., Honesty, Idiocy, and Manipulation, *Journal of Humanistic Psychology*, Vol. 2, No2, 1962.

③ Weinberg, C., *Humanistic Foundations of Education*, Englewood Cliffs, NJ: Prentice-Hall, 1972, pp. 118 – 126.

④ Ozmon, H. A. and Craver, S. M., *Philosophical Foundations of Education*, Englewood Cliffs, NJ: Prentice Hall, 2007, p. 318.

⑤ Yarbrough, S. R., *Deliberate Criticism: Toward a Postmodern Humanism*, Athens, GA: University of Georgia Press, 1992, p. 14.

⑥ Ozmon, H. A. and Craver, S. M., *Philosophical Foundations of Education*, Englewood Cliffs, NJ: Prentice Hall, 2007, p. 319.

社会主义的消沉和晚期资本主义的危机中，它预见了新的联盟的可能，在新的联盟中，妇女、少数民族以及其他被权利精英忽视的群体将会发表他们的声音，并表达一个不同的世界观和经历。①

个体尊严的获得、自由价值的实现以及个体的充分发展和良好生活状态的达成，都需要充满民主和谐氛围的社会形态予以支撑。古希腊民主社会雏形的实践、文艺复兴与启蒙运动时期民主理念的推进、存在主义对存在中个体的强调、人本主义心理学和谐社区的提出以及后现代主义多元理念的尊重，都为民主化社会的推进贡献了时代力量，其中所有先进的东西都值得我们今天学习和应用。

第三节　人本主义理论的总结及其在教育中的应用

一　人本主义理论总结

从以上论述可以看出，人本主义作为一个广义而抽象的哲学理论，是一个具有相对普遍世界意义的价值观，它以"人"为中心研究各种社会问题，并最终服务于对人类问题的解决。它在本质上维护人的尊严与权威，发展完整的人，推动人的自我价值的实现，并尊重人的独立自主性与自由。在历史上，人本主义以不同形式和时代特点分别向神与宗教、自然和科学提出严峻挑战，为人类民主的进步和个体的自由解放提供理论支撑。

面对神和宗教，古希腊智者普罗泰戈拉作出考问，对所谓主宰人类自身命运的上帝提出质疑，宣扬早期人本主义思想的萌芽；在黑暗的中世纪，残酷的封建统治阶级披着宗教外衣压制普通民众，而正是文艺复兴人本主义的到来为人类带来了新的曙光，它勇敢地强调人类精神的伟大，相信人类自身力量的强大，宣扬人类尊严的不可侵犯；文艺复兴后期的宗教改革以新兴资产阶级的力量对封建教会作出进一步打击，为人类民主的进步贡献了力量；启蒙运动则以科学和理性来攻击虚无的神与宗教，相信人

---

① Elias, J. and Merrian, S. , *Philosophical Foundations of Adult Education*, Malabar, FL: Krieger Publishing Company, 2005, p. 224.

类作为自然的产物是不断迈向文明与进步的，认为神和宗教无权控制人类的生活和自由，将人类进一步从宗教教条和权威中解放出来，为人类开启了现代文明的新纪元。

人本主义也反对自然与科学，攻击科技理性对人类命运的压制和侵蚀。同样是普罗泰戈拉首先提出质疑，他不支持赫拉克利特"万物皆流"的原子论的自然主义思想，而是将此理论运用于人类自身，认为人本身有一个自我变化的规律，而不是依附于外在的客观规律；启蒙运动虽然将人的命运从神与宗教的束缚中解放出来，但却把人类带入科学的万丈深渊，将人类命运寄托在冷冰冰的自然科学力量之上。为此，存在主义毅然承担起维护人类命运的责任，认为只有人类自己才有主宰自身命运的权利，个体有选择的自由并对自我负责；实用主义反对行为主义的环境决定论，以人类为中心，从更加民主的态度处理人类自身的问题；人本主义心理学也是建立在反对行为主义科学范式基础之上发展起来的，认为人具有自我创造性和自主性的特点，通过"自我实现的人"解释人类个体具有无限潜力和发展的可能性；现代理性世界往往以统一的思想压制多元的世界，而后现代主义则是一个体现当前世界多元变化需求的人本主义理论，它崇尚个体差异与多元化需求，旨在回归人类本体。

在人本主义维护人之本体基础上，它也指出了人要达到的理想状态即完整的个体。在人本主义看来，完整的个体是各层面需求得到基本满足、各方面能力得到协调发展的个体。基本生存技能的满足只是完整个体实现的一个最基本的条件。除此之外，作为一个生活中的个体还有着更为广泛的需要。从古至今，人本主义学者不断追寻这种人类个体理想状态的实现。古希腊学者苏格拉底和亚里士多德所描绘的"至高""至善"的拥有完美生活的"好人"，文艺复兴人本主义教师试图通过语法、修辞、诗歌、历史和道德等人文学科的渗透所造就的自主性发展的人，宗教改革人本主义学者所期望的内在自我提升、拥有至上道德的个体，存在主义者尼采所描写的理性与感性综合发展的"超人"，人本主义心理学者马斯洛和罗杰斯所向往的各方面需求得到基本满足的"自我实现的人"和各方面品质得到充分发展的"功能健全的个体"，都充分折射出广大人本主义学者对摆脱宗教和科学力量基础上的个体所呈现的发展状态和水平的期待。

而从人本主义视角出发，自主性个体尊严的维护、完整性个体的实现则需要民主与和谐的主体间社会关系的存在。处于生活中的个体，不是生活于孤立的个体环境中，而是活动于交际性的社会团体当中。更为彰显自由与民主气氛的社会性团体更有利于个体尊严的维护和主体性的发展。古希腊历史学家修昔底德所描绘的人本主义性质的民主理念为伯里克利时代雅典城邦的短暂繁荣奠定了理论基础，而柏拉图所描绘的理想国也正是一个民主型的"好社会"；文艺复兴时期人文学科的教师在人文学科的传授中将民主的理念融入在学校和课堂中，而一些社会活动家则通过参与国家政治事务来践行自己的人本主义理想；启蒙运动思想家通过对民主与自由思想的宣传和弘扬，彻底粉碎了封建地主阶级的强权政治，建立了资产阶级民主政权社会，开启了人类历史上的现代文明；存在主义者不仅关注独立性个体的存在，更关心主体间社会整体关系的建立；人本主义心理学家将"自我实现的人"寄托于"超越自我的职业"、充满意义的"情境"、体现自由的"意义社区"等民主的社会关系中实现；后现代主义将"从容"行为的达成建立在一个允许多元文化与个体差异存在、否定客观决定论的和谐空间中践行。各种民主与和谐的社会关系形态的实践，都充分彰显人本主义学者对自主性个体与完整性个体实现的外在维护。

因此，作为一种宏观哲学，人本主义具有丰富而深刻的内涵。它首先关注人，而不是神和自然，以实现对个体存在与权利的维护；它的目标指向个体的完整发展以及自由价值的实现；这一目标的实现需要建立充满人本关照与民主交流的社会关系体。

二　人本主义理论在教育中的应用

人本主义三维度以它丰富而深刻的理论品质对教育实践包括职业教育实践有着重要的启示意义，它将人本主义理论渗透到教育的四个范畴领域，要求教育实践通过公平的教育供给、完整的目标设计、整合的课程设置和民主的教学实践构建来实现对学习者教育权利的捍卫、个体充分发展的终极追求以及独立性主体的尊重。

首先，从人本主义对人之本体的维护出发，教育要满足人人接受教育的权利。人本主义在神与宗教、自然与科学的长期争斗中，不断捍卫着存在中的人的神圣而不可侵犯的权利。而教育权作为人的权利的一种，理应具有神圣的不可侵犯性，这就使得国家和教育机构必须为存在中的每一个个体提供应有的且机会均等的教育权利。德国人本主义教育学者威廉·冯·洪堡（Humboldt）主张取消贵族阶级享受教育的特权，他认为，原则上任何儿童和青年都应有受教育的机会，在国家考试委员会面前人人平等。① 洪堡的教育哲学虽然是面向普通教育而不是职业教育的，但至少为职业教育发展提供了教育公平供给的哲学启示。在职业教育面前人人平等，任何有职业教育需求的学习者都应平等地获得合理的职业教育机会，不仅仅包括普通的个体，还包括广大的弱势群体。

其次，从人本主义完整人发展的终极追求出发，教育应具有全面发展人的培养目标和完整的课程设置。人本主义在维护人之本体权威和尊严过程中始终追寻理想个体的实现，这一理想的个体是在理性和感性方面皆得到全面发展的至高、至善的自我实现的人和功能健全的人，这就规定了作为社会实践重要组成部分的教育实践必须将全面发展的人作为自身的培养目标。康德的"完人"教育思想对全面发展人的理念作出高度概括。他认为，教育的根本目的在于使人的各种潜力包括认知的、道德的和情感（审美）的等多方面领域得到全面而充分的发展，以培养具有"真""善""美"价值理念的"完全的人"。② 由此推导出，职业教育的目的就是要促使未来职业人在职业知识、职业伦理和职业技艺等多方面能力的发展，以培养合格而健全的完满职业人。在此基础上，作为培养全面发展人的载体的课程也就必须具备完整的内容和结构。古希腊哲学家亚里士多德为培养他所追寻的在德、智、体、美等方面全面发展的"疯狂的混合体"，设计出"百科全书式"的课程体系，包括体育、绘画、音乐、读书和写字等。③ 那么，对于培养全面发展职业人的职业教育，也应根据相应需求设立完整的课程。

最后，从人本主义和谐关系体建构出发，教育应该建立民主的教学实践关系。为培养健全发展的个体和践行完整的载体形式，人本主义要求建立和谐的社会实践关系。这种和谐的社会关系是融合民主、平等和自由等人本主义思想的有意义的情境和社区，它充满了对个体独立自主性和主观能动性的尊重，这就使得作为社会关系重要方面的教学实践关系也必须是

---

① 斩希平、吴增定：《十九世纪德国非主流哲学——现象学史前史札记》，北京大学出版社2004年版，第24页。

② 肖朗、陈家顺：《杨贤江的"全人生指导"思想——"人的全面发展"教育思想本土化的范例》，《教育研究》2006年第9期。

③ ［英］罗素：《西方哲学史》上卷，何兆武、李约瑟译，商务印书馆1996年版，第283页。

充满人本关怀和人性关照的和谐而民主型的意义社区。存在主义学者马丁·布伯所倡导的"我与你"意义上的社会实践关系，强调"直接性"、注重"相互性"以及"动态"的"精神"相遇①，为教育教学过程中师生关系的主体间互动提供了深刻的哲学范式。在职业教育实践中，由于学生来源的多元性和培养目标的特殊性，教学过程显得比普通教育更为复杂，尤其是在实训教学过程中，师生"我"与"你"之间的主体间互动显得更为重要。

---

① 张增田、靳玉乐：《马丁·布伯的对话教学哲学及其对现代教育的启示》，《高等教育研究》2004 年第 2 期。

第三章　美国职业教育人本主义蕴意的历史考察

"历史孕育了真理；它能和时间抗衡，把遗闻旧事保藏下来"。① 考察历史车轮留下的每一道痕迹，从中可以总结事物发展的规律。美国职业教育在历史发展的脉络与逻辑中，虽然在不同时期呈现出不同的表征特点，但都蕴意了不同程度的人本主义要素。这些规律不仅值得美国今日职业教育之学习，也值得我国当今职业教育之借鉴。正如雅斯贝尔斯所说的，"把历史变为我们自己的，我们遂从历史进入永恒"。②

第一节　美国职业教育人本主义蕴意的人本土壤

任何事物包括无形的思想都不是孤立存在的，也不是凭空出现的，而是由它所在的社会之特定的土壤催生和滋养的，人本主义思想同样如此。人本主义在美国社会的引入或滋生以及发展和传输的过程，与美国社会长期以来所具有的承载包容气息的、易于滋养人本理念的社会土壤有着不解的情缘。在历史发展的征程上，无论是在政治、经济领域，还是在社会文化范畴，美国社会都渗透有不同程度的利于人本主义哲学诞生、成长以及应用的社会要素，体现为民主的政治理念、自由的经济环境和多元的文化氛围。

一　民主的政治理念

在政治层面，美国社会凸显出鲜明的民主化理念，这有着深刻历史原

---

① ［西］塞万提斯：《堂吉诃德》，杨绛译，人民文学出版社1987年版，第55页。
② ［德］雅斯贝尔斯：《人的历史》，载田汝康等译《现代西方史学流派文选》，上海人民出版社1982年版，第36页。

因。从 17 世纪初第一批英国人造访北美大陆起，到 18 世纪 30 年代，英国在北美大西洋沿岸已经建立起 13 个殖民地。虽然各殖民地都有自己的议会和总督，但是，长期以来却受英国政府的控制，各殖民地总督对英国政府负责，殖民地政治模式也是按照英国政体建立的。伴随 18 世纪上半期欧洲启蒙思想在殖民地的传播，殖民地的民族和民主意识不断增强，最终导致美国独立战争的爆发和 1776 年美利坚合众国的建立。随后颁布的《美利坚合众国宪法》则集中体现了美国政府代表人民对民主、平等与自由的渴望，蕴意着强烈的民主与民族气节。

《宪法》首先指出，其宗旨在于"建立更完善的联盟，树立正义，保障国内安宁，提供共同防御，促进公共福利，并使我们自己和我们的子孙享受自由的幸福"。[1] 这就从根本上规定了美国政府服务美国全体国民的职责，它试图以更加完善的联盟力量和更加正义的气质，保障国家安全、民族独立和国民福祉。与此同时，宪法还规定，人人都有平等获得法律保护的权利，各州之间地位平等，要相互尊重和承认彼此的法律，这就充分彰显出美国政府保护与尊重民主权利的色彩。更为重要的是，《宪法》还奠定了沿袭至今的美国的基本政治制度，规定国家实行联邦制，建立立法、行政和司法三权分立、相互制衡的资产阶级民主共和政体，这也就从最高法律的意义上奠定了美国政治体制的民主气质。作为建立现代民主社会的重要实践形式，三权分立的政体以民主的形式实施对国家事务的管理，总统对国会负责并受司法的监督，从而保障国家政府对全体国民生存与生活的负责。虽然美国宪法在以后的时间里经过陆续修改，美国的执政党也在发生不定期的轮流变换，但宪法规定的基本原则是没有改变的，它在遵循保障人民自由、平等和幸福的根本目的中，不断增加对更多民主权利保护的条款，都为人本主义哲学在美国社会的成长提供了肥沃的土壤。

二　自由的经济环境

与政治体制所追寻的民主理想相匹配，美国的经济社会彰显出明显的自由特点，这也是与起初所遭受的民族压迫分不开的。在殖民地时期，随着殖民地经济的不断迅速发展，到 18 世纪中期，英属北美殖民地已初步形成了统一的国内市场，且在国际市场上北美生产的很多产品能够和宗主国英国的产品相抗衡。然而，北美经济市场却一直受英国政府控制，英国

---

[1] The United Sates Constitution，http：//www. usconstitution. net/const. html.

当局为缓解本国的财政困难，不断增加对殖民地的税收，并希望北美永远作为它的原料产地和商品市场，企图压制殖民地经济的发展。随着日后政治体制的渐趋独立，美国社会在经济上也赢得了不断独立。

美国的经济独立革命维护了资产阶级在市场经济中的自由竞争，为资本主义经济发展提供了宽松的社会环境。正如有学者指出的，市场智慧能以人类不同的理解方式，在没有强制、指导和官僚干预的情况下，满足无数个体的需要。① 而后，随着工业革命在美国经济社会中的卷入，经济生产方式由原来的工场手工业向机器大工业迈进，为资产阶级的自由竞争提供了更为宽阔的平台。但随着长期的自由放任经济主义发展的愈演愈烈，自由竞争的弊端开始显现，并最终导致美国在 20 世纪 20 年代末 30 年代初爆发了世界空前的经济危机。为减轻自由竞争带来的严重后果，随着罗斯福新政的实施，美国逐步加大国家对资本主义市场的干预力度，进而在经济体制上逐步走向国家垄断资本主义阶段。但是，这种国家的垄断其实是在危机时刻为美国经济提供财政援助的一种政治救助形式，在具体的经济运行上还是保持了经济市场的自由性。与此同时，这种国家的垄断又昭示了另一个发展方向，如同恩格斯所指出的，竞争已经为垄断所代替，并且已经最令人鼓舞地为将来由整个社会即全体民族来实行剥夺做好了准备。② 这就意味着，国家形式的干预为将来全体民众更好地自由参与经济提供了过渡性平台。自由的经济理念虽然预示了经济竞争的残酷性，但这种自由本身却捍卫了经济主体参与市场竞争的神圣权利，从而为人本主义理念在美国的传播提供了较为自由的经济环境。

三 多元的文化氛围

美国的早期殖民地国家性质注定了其是一个由多民族组成的国家。在这个国家，不仅仅有起初居住在北美大陆的原住民即印第安人，还有更多的来自欧洲殖民地国家的白人，以及从非洲贩卖过来的黑人奴隶。此后，随着美国国家的不断繁荣发展，又吸引了来自东亚、中东以及欧洲其他非殖民国家等地区的民族，从而共同造就了一个具有多元文化的美利坚合众国。这种多元文化的成长早在美国独立战争时期就以《独立宣言》的形式得到保护和弘扬，并渗透到国家宪法当中。《独立宣言》强调，"人人

---

① 朱科蓉：《英美教育市场化改革评述》，《清华大学教育研究》2003 年第 1 期。
② 《马克思恩格斯全集》第 25 卷，人民出版社 1974 年版，第 495 页。

生而平等，造物者赋予他们若干不可剥夺的权利，其中包括生命权、自由权和追求幸福的权利"，这是"不言而喻"的"真理"。"人人生而平等"捍卫了美国多民族的民主权利，从而促进了多民族文化的繁荣发展。美国多元文化的特质为人本主义理念的生成与发展供应了民主的力量、自由的气息、和谐的氛围，从而促进了人本主义要素在社会各领域中的渗透与应用。

文化的多元也促成了宗教的自由发展与繁荣。从第一批清教徒登上北美大陆开始，美国的基督教得到不断成长。虽然基督教宣称对上帝的虔诚与效忠，但是它在反对旧有的教会教权势力方面仍然具有历史的进步意义，并在与人本主义融合过程中形成了宗教人本主义哲学。带有宗教性质的人本主义理念在忠诚于上帝的同时，也试图给人们带来永久的福音，通过上帝对个体邪恶行为的约束起到对别人乃至社会的人本关照。随着时间的推移以及人类解放运动的不断进展，扎根于美国广大人民内心的这种人本主义理念与其说是对上帝的效忠，毋宁说是对自我良心的负责。美国人不但相信自己的职业是一种"天职"，而且还相信"各种职业对一切人平等开放，谁都可以依靠自己的能力登上本行业的高峰"。[①] 面对无情的科技与现代经济的驱使，个体在淡薄的人情与冷酷的现实面前显得苍白无力，而唯一得救的机会就是置身于有情的社会关系中，在富有人本气息的环境关照中实现个体需求的满足。这种带有宗教色彩的人本文化也是促使当代美国社会人本主义蕴意的一个重要因素。

第二节　美国职业教育人本主义蕴意的历史演进

在富有人本主义气息的社会政治、经济和文化氛围中，美国职业教育在历史发展中的人本主义蕴意得益于不同时期具有人本主义色彩的哲学思潮的影响。从殖民地时期宗教清教徒思想的登陆，到19世纪欧洲科学主义的引入，再到20世纪上半期实用主义的发展，六七十年代第三思潮的出现以及80年代以降后现代主义的推进，每一哲学派别都蕴含着不同侧

---

① ［法］托克维尔：《论美国的民主》下卷，董果良译，商务印书馆1997年版，第669页。

重的、丰富的人本主义思想，而正是这些维护个体权利、价值、发展与尊严等核心要素的人本性理念，促使了美国职业教育在自我发展历程上不断渗透着人本主义的基本要素。

一　19 世纪以前：宗教改革人本主义理念在职业教育中的渗入

16—17 世纪欧洲宗教改革运动是沿袭 14—16 世纪意大利文艺复兴运动、反对封建教会权威的一场资产阶级性质的民主革命，虽然具有很大程度的阶级性和维护宗教原旨教义性质，但它仍然是一场宣扬人性解放的人本主义运动，并催生了一批较具影响的人本主义教育学者。如荷兰人本主义学者伊拉斯谟将他对人性自我追求的理念融入教育理论当中去，他在其著作《一个基督教王子的教育》中指出，美德是教育达到的最高品质。[1] 此外，法国作家蒙田还认为，青年人应该"更多地注重自我的提升，不断丰富和完善内在的自我"。[2] 这种宗教改革的人本理念早在英国职业教育的组织形式——学徒制的实践中就埋下了文明的种子。

在英国学徒制相关法规框架下，学徒制系统在培养简易劳动力的同时，也承担着贫穷儿童普通教育的重要职责。于 1562 年颁布的《英国技工法》（English Statute of Artificers）充分强调学徒制的教育性，以使它与奴役制严格区分开来，规定主要招收对象为贫民、无业游民以及大型家庭的孩子[3]，为他们提供在衣食住、宗教、读写、技能培训和行业机密等领域的生活和教育帮助。[4] 随后，颁布于 1601 年的《英国济贫法》（English Poor Law）规定，贫穷家庭的孩子需由教会牧师负责他们的职业教育和个体发展需求[5]，以使他们获得某一行业的技术能力和基本的读写能力。[6]

---

① Elias, J. and Merrian, S., *Philosophical Foundations of Adult Education*, Malabar, FL: Krieger Publishing Company, 2005, p. 114.

② Noll, J. and Kelly, S., *Foundations of Education in America: An Anthology of Eajor Thoughts and Significant Actions*, New York, NY: Harper & Row, 1970, p. 72.

③ Gordon, H. R. D., *The History and Growth of Vocational Education in America*, Prospect Heights, IL: Waveland Press, 2003, p. 4.

④ Hogg, C. L., Vocational Education: Past, Present, and Future. In Pautler, A. J. (ed.), *Workforce Education: Issues for the New Century*, Ann Arbor, MI: Prakken Publications, Inc., 1999, p. 4.

⑤ Barlow, M. L., *History of Industrial Education in the United States*, Peoria, IL: Chas. A. Bennett Co., 1967, p. 25.

⑥ Thompson, J. E., *Foundations of Vocational Education: Social and Philosophical Concepts*, Englewood Cliffs, NJ: Prentice-Hall, 1973, p. 58.

这都为随后人本主义性质的学徒制在美国的实践奠定了重要基础。

英国在宗教改革中虽然建立了属于自己的民族宗教即英国国教，但其中仍遗留有封建天主教会的痕迹。为清除封建教会的残余势力，一支宣扬人人平等与独立思想的新的宗教派别清教徒在英国迅速崛起，但他们起初却受到英国当局的严酷打压。为逃脱英国政府的迫害，随着1620年装载有多名工匠、渔民、贫苦农民和14名契约奴的五月花号船（Mayflower）的起航，大批清教徒逃往北美大陆，并于当年年底登岸。与此同时，他们也把自己所宣传的捍卫人类进步的精神力量即人本主义的文明理念带入与撒播到这片荒芜的土地上。正是这个时候，殖民地最重要的职业教育形式学徒制也从英国引到美国。这种早就具有欧洲宗教改革人本主义印迹的英国学徒制经过具有先进人本主义思想的清教徒的改革，不断适应于殖民地当时的发展需要，并成为殖民地最为重要的教育组织形式。

随着殖民地独立意识的不断增强，为适应殖民地本土发展包括该辖区内个体发展的需要，从1641年开始，学徒制逐渐得到殖民地本土法律的支持。如1641年普利茅斯殖民地（Plymouth Colony）颁布一项学徒制法规，允许优秀的殖民者招收贫穷儿童作为学徒工到他们家中，为这些儿童提供基本生计来源和较好的教育机会。1642年，马萨诸塞湾殖民地（Massachusetts Bay Colony）也通过一项综合性的学徒制法规，规定向儿童提供在教育与劳动领域的培训。[1] 康涅狄格殖民地于1650年也通过类似的法规，并特别要求所有家长至少一周一次为他们的孩子和佣人提供宗教背景和原理方面的训育工作[2]，不能胜任这种工作的家长需要把自己的孩子送到能够胜任的家庭中甚至类似的学校中。[3] 1671年的普利茅斯殖民地又通过一项新的规定即新普利茅斯法令（New Plymouth Order），要求所有城镇的父母和监护人都应该在一个诚实合法的职业中抚养和培育孩子们，否则将给予10个先令的罚款。[4] 为解决学徒制在纽约地区长期得不到法

---

[1] Bennett, C. A., *History of Manual and Industrial Education Up to* 1870, Peoria, IL: Manual Arts, 1926, p. 268.

[2] Seybolt, R. E., *Apprenticeship and Apprenticeship Education in Colonial New England and New York*, New York, NY: Teachers College Press, Columbia University, 1917, p. 53.

[3] Roberts, R. W., *Vocational and Practical arts Education: History, Development, and Principles*, New York, NY: Harper, 1957, p. 56.

[4] Seybolt, R. E., *Apprenticeship and Apprenticeship Education in Colonial New England and New York*, New York, NY: Teachers College Press, Columbia University, 1917, p. 37.

律支持的状况，纽约城市联合委员会于1694年通过一项法律，规定学徒工必须进行正规注册，以得到应有的保护；1788年纽约州又颁布一项旨在对贫困学徒工进行基本读写教育的法规。

尽管有不断正规化的学徒制系统的支撑，然而由于受家长和监护人读写能力和水平的限制，仍有很多学徒工得不到充分的学术基础教育。为此，在殖民地当局和有关个人努力下，一些为儿童提供基本读写能力教育的公共学校在部分社区产生。首先，1647年，马萨诸塞州普通法院（General Court）宣布，拥有50个家庭以上的城市都需要雇用一名教师来负责本市儿童的基本读、写和数学教育。[①] 随后，在1685年，托马斯·巴德（Thomas Budd）在宾州和新泽西州两殖民地发起一项呼吁七年义务教育的计划，目的旨在于特定的行业培训中渗透对儿童的基本读写算的教育。[②] 而在1749年，本杰明·富兰克林（Benjamin Franklin）提出一项面向宾州青年、旨在给予他们"所有有用的东西和装备"的新学校教育模式建议，以满足快速发展中的世界对青年人提出的教育需求，他建议美国学校应为来自各个社会阶级包括贫穷阶层的学生提供在数学和科学、历史和地理、现代外语，以及其他最基本课程知识方面的教学[③]，以为他们的未来做准备。在他的影响下，富兰克林费城学院（Franklin Academy of Philadelphia）于1751年成立，并在其他地方得到进一步推广。

由此不难看出，殖民地学徒制法规捍卫了贫困学徒工的基本受教育权利，使学徒制不仅彰显它为下层阶级提供求得必要生存技能的基本职责，而且还渗透有提供面向个体生活的基本学术教育的重要任务，以便为他们赋予基本的祛除野蛮与愚昧的文明要素。这也就表明，学徒制绝不是一个具有压迫和剥削性质的机制，而是一个本质上的教育组织。[④] 公共学校的建立则为更多的贫穷儿童在取得职业教育的同时获得学术基础教育扩充了又一路径，增加了个体接受教育基本权利的机会。就如同巴洛（Barlow）所说，从一开始殖民者就支持儿童识字教育，因为他们相信，识字教育是

---

① Bennett, C. A., *History of Manual and Industrial Education up to* 1870, Peoria, IL: Manual Arts, 1926, p. 269.

② Ibid. , p. 62.

③ Law, G. , *19th Century Roots to the American Vocational Movement*, Pater Presented at the Convention of the American Vocational Association, St. Louis, MO, 1982, p. 11.

④ Seybolt, R. E. , *Apprenticeship and Apprenticeship Education in Colonial New England and New York*, New York, NY: Teachers College Press, Columbia University, 1917, p. 38.

所有人的教育权利，它不仅可以成为净化个体心灵的手段，而且还可以作为促进社会公平的方式。①

二 19 世纪至 20 世纪初：欧洲科学主义人本思想在职业教育中的引入

欧洲 17—18 世纪的启蒙运动在为法国大革命和美国独立战争带来积极影响的同时，也造就了 19 世纪科学时代的诞生。正是启蒙运动对经验科学的弘扬和理性思想的推进，使得宗教权威进一步下沉，并为人类带来孕育新曙光的科学主义理念，最终促使 19 世纪科学思想的大爆发。在启蒙运动家和科学主义者看来，相对于宗教与神，用科学解释和解决人类问题显得更为人道与合乎自然规律，这就促成在教育领域中自然主义教育思想的诞生。其中，对美国职业教育理论与实践有着重要影响的自然主义教育学者为卢梭（Rousseau）和裴斯泰洛齐（Pestalozzi），尤其是后者。

首先，在教育权方面，卢梭认为，人生而自由，却又无往而不在枷锁之中②，而教育则是一个将人类从社会现实中营救出来并赋予他们幸福感的手段。裴斯泰洛齐也认为，正式的教育必须向所有儿童开放，并在他的著作《林哈德和葛笃德》（*Leonard and Gertrude*）中指出，社会问题的改善应建立在自然、爱与合理教学法的学校教育基础之上。③ 在他的思想影响下，其同事费伦伯格（Fellenberg）致力于各种社会阶层教育的特殊关照，以促进各阶级的和谐以及人类生活条件的改善。其次，自然主义教育学者还特别强调个体发展的统一性与健全性。在裴斯泰洛齐看来，心智的发展与技能的训练是缺一不可的，儿童应该同时学会思考和实践。④ 他还指出，个体身心没有得到协调培养的职业训练将会使得个体退化为一个仅仅能够"谋得生存的奴隶"。⑤ 而卢梭笔下的爱弥儿（Emile）正是一个健全发展的个体，他希望爱弥儿不仅成为一个普通的木匠，而且还是一个在

① Barlow, M. L., 200 Years of Vocational Education, 1776 - 1976, *American Vocational Journal*, Vol. 51, No. 5, 1976.

② ［法］卢梭：《社会契约论》，何兆武译，商务印书馆 2005 年版，第 4 页。

③ Scott, J. L and Sarkees-Wircenski, M., *Overview of Career and Technical Education*, Tinley Park, IL: American Technical Publishers, Inc., 2008, p. 136.

④ Gordon, H. R. D., *The History and Growth of Vocational Education in America*, Prospect Heights, IL: Waveland Press, 2003, p. 3.

⑤ Anderson, L., *Pestalozzi*, New York, NY: McGraw-Hill Book Company, Inc., 1931, pp. 101 - 102.

其他方面也能受到良好教育的杰出人才。

在美国，随着 18 世纪末期殖民地的独立和 19 世纪初期工业革命的逐渐卷入，社会形势也在发生重大转折。在社会生产中，商人们试图将新技术尽快运用于生产实践中，以致转化为规模化的大生产。[①] 然而，由于学徒制培训时间的长期性以及培训规模的小型化，职业教育已经不能满足机器大工业规模化生产对工人的增长性需求。另外，工业化也使得工人阶级与资产阶级之间的差距越来越大。当工业革命为少数人创造巨额财富的同时，却使得大多数人处于糟糕的生活和工作环境中。为使教育尽到解决社会问题的责任，使得学生能够在获得生存技能的同时也能学到普通的人文知识，在欧洲科学主义教育思想的影响下，并在相关慈善团体和个人资助的基础上，一批机械学院和讲习所在 19 世纪上半期的美国纷纷建立。

机械学院和讲习所的教育实践直接源于裴斯泰洛齐教育思想的影响。裴斯泰洛齐的助手、瑞士学者尼夫（Neef）在美国慈善家麦克卢尔（Maclure）的资助下，于 1809 年在费城创办一所学校，随后他还来到宾州的乡村绿荫学校（Village Green School），先后实践裴氏教育思想。1825 年尼夫又到印第安纳州新哈莫尼（New Harmony）的一所学校从教，根据裴氏教育理论，该学校在提供身体劳动教育的同时，还伴有道德和智力文化的教育。[②] 在他的影响下，第一所机械学院波斯顿农商学校（Farm and Trade School）于 1814 年建立，该学校旨在为孤儿提供学术和行业准备教育。另有于 1824 年建立的费城富兰克林学院（Franklin Institute of Philadelphia），建立者旨在为学员提供机械科学的相关知识，除了实践性课程之外，还包括英语、数学、语言和古典人文等基本学术课程。[③] 由慈善团体资助设立的有代表性的讲习所有分别于 1823 年和 1826 年成立的加德纳讲习所（Gardiner Lyceum）和美国科学艺术讲习所（American Lyceum of Science and the Arts）。讲习所主要为艺术家、农场主和机械师提供足够的

---

① Walter, R. A., Development of Vocational Education, In Anderson, C. and Rampp, L. C. (ed.), *Vocational Education in the 1990s*, II: *A Sourcebook for Strategies, Methods, and Materials*, Ann Arbor, MI: Prakken Publications, Inc., 1993, p. 3.

② Barlow, M. L., *History of Industrial Education in the United States*, Peoria, IL: Chas. A. Bennett Co., 1967, pp. 23 - 24.

③ Walter, R. A., Development of Vocational Education, In Anderson, C. and Rampp, L. C. (ed.), *Vocational education in the 1990s*, II: *A Sourcebook for Strategies, Methods, and Materials*, Ann Arbor, MI: Prakken Publications, Inc., 1993, pp. 3 - 4.

文化需求①，实现其普适教育的职责。

随着工业革命的推进以及 19 世纪 60 年代初期美国国内战争的爆发，社会生产对农业和机械工人的需求量进一步增长，从而促使在 1862 年《莫雷尔赠地法》（Morrill Land Grant Act）基础上的工艺教育的产生。赠地学院作为工艺教育机构在专业工人的培训中承担着重要角色。在教育内容方面，将通识教育与实践教育整合到一体化的职业课程当中。国内战争以后，行业学校运动（Trade School Movement）兴起。很快汉普顿师范和农业学院（Hampton Normal and Agriculture Institute）建立，它主要为非洲裔人提供通识教育和行业技能培训，以促进他们个性的发展和社会地位的提高。② 在 1881 年，该学院最著名的毕业生布克·T. 华盛顿（Booker T. Washington）成为另一所新成立学院塔斯基吉学院（Tuskegee Institute）的校长。在这个学院中，布克实践了他的以下教育理论：一个充分受教育的人应该是一个拥有认知和问题解决技能、自我约束、道德规范和服务意识的个体。③ 这是对裴氏教育思想的进一步发展。成立于 1883 年的旨在满足贫穷犹太移民需求的希伯来技术学院（The Hebrew Technical School）也提供了一个较为广泛的普通学科领域的教育，将行业培训和通识教育结合起来。

1880 年以后，对农业、商业和家政教育的需求已经远离了人们的视野，兴盛一时的工艺教育被手工业训练运动所替代，这得益于俄罗斯人维克多（Victor Della Vos）引入的基于工具教学法的俄罗斯制（Russian System）教育思想的影响。而在美国人伍德沃德（Woodward）的努力下，成立于圣路易斯城（St. Louis City）的先锋手工业训练学校（Pioneer Manual-Training School）则在基础学科的教学中应用并发展了工具教学法。他指出，学校的主要目标是"教育、道德、智力和身体上的，其他的目标

---

① Barlow, M. L., *History of Industrial Education in the United States*, Peoria, IL: Chas. A. Bennett Co., 1967, p. 26.

② Hogg, C. L., Vocational Education: Past, Present, and Future. In Pautler, A. J. （ed.）, *Workforce Education: Issues for the New Century*, Ann Arbor, MI: Prakken Publications, Inc., 1999, p. 6.

③ Gordon, H. R. D., *The History and Growth of Vocational Education in America*, Prospect Heights, IL: Waveland Press, 2003, p. 22.

都是次要的"。① 他主张理论与实践相结合，并强调，"所有的操作艺术、机械过程和工具使用都应该被包容在通识的教育系统当中"。② 而几乎在同一个时期，古斯塔夫·拉尔森（Gustaf Larson）于 1888 年从瑞典引入了瑞典制（Sloyd System），并在美国经过适度修改成为适应美国社会需要的美式瑞典制（American Sloyd）。瑞典制更多关注个体的发展而不是工具使用技能的训练，从而迎合了学习者兴趣和能力水平特点的需要。③ 综上所述可以看出，无论是源于俄罗斯的工具教学法，还是由瑞典引入的瑞典制，都蕴含了裴氏的自然主义教育思想。

因此，在整个 19 世纪的美国，为迎合工业革命和经济发展的需要，机械学院、讲习所、工艺教育、行业学校、手工业训练以及俄罗斯制和瑞典制形式的职业教育一方面为社会培养了大量工人；另一方面在科学主义与自然主义教育思想基础上，通过为个体提供通识的学科教育也促进了个体的相对健全发展。就如同罗伯特（Robert）所指出的，在手工业训练时代，职业和实践工艺教育不仅仅关注工商业的需求，而且也顾及了学习者的兴趣和目的。④ 关于职业教育中个体的发展，就像布克在塔斯基吉学院所实践的那样，每个学生在形成劳动力的必要条件中不仅需要具备特定的行业技能，还需要有问题解决、自我约束以及诚实劳动等认知与道德要素的发展，否则教育是失败的。

三　20 世纪初至 50 年代：实用主义人本理念在职业教育中的植入

随着工业社会的逐步推进，在 19 世纪末 20 世纪初，关于教育组织应该是学术的还是职业的、教育体制应该是综合的还是双元的等一系列问题开始困扰着部分学者。20 世纪早期，围绕如何培养技术社会需要的合格人才，在以斯奈登（Snedden）和普罗瑟为代表的社会效率哲学家和以杜威为代表的实用主义哲学家展开一场长达十多年的争论，直至 1917 年建立在前者思想基础上的《斯密斯—休斯法》（Smith-Hughes Act）的出台

---

① Barlow, M. L. , 200 Years of Vocational Education, 1776 – 1976, *American Vocational Journal*, Vol. 51, No. 5, 1976.

② Barlow, M. L. , *History of Industrial Education in the United States*, Peoria, IL: Chas. A. Bennett Co. , 1967, p. 35.

③ Gordon, H. R. D. , *The History and Growth of Vocational Education in America*, Prospect Heights, IL: Waveland Press, 2003, p. 12.

④ Roberts, R. W. , *Vocational and Practical Arts Education*, New York, NY: Harper and Row, 1971.

而告一段落。在整个争论过程中，后者主要扮演着维护职业教育人本主义要素的角色。以杜威为代表的实用主义哲学以民主的态度对待全人类，强调人类生活问题的解决是整个社会实践的核心问题。而人类问题的解决也只能依靠人类共同建立的体现人本主义性质的社会组织来实现，实用人本主义学者反对任何功利性组织及其行为的存在。针对美国职业教育的何去何从，实用主义哲学正是在坚持人本理念的基础上与建立在行为主义基础之上的社会效率哲学展开争斗进而捍卫职业教育的人本性的。

　　然而，争斗的初期并不是一帆风顺的。首先，由于劳动力市场中工业所带来的极大利润的驱动力，支持社会效率哲学的人们希望将学校作为国家创造财富和行使权力的工具。在桑代克（Thorndike）行为控制科学理论的基础上，美国教育学者斯奈登建立了社会效率哲学，他认为，教育的终极目标是"效率的最大化"。[①] 斯奈登假定学校应该成为社会控制的效率工具，教育应该是一种"药剂品"[②]，并认为"优良的、进步的社会应该由科学合格的社会工程师来直接掌控"。[③] 就职业教育而言，斯奈登倡导所谓的"真正的职业教育"。这种职业教育的重要性"在于它是一种为装备青年人走向认知职业而设计的教育模式"，从而保证毕业生能够"与经济活动的世界相一致"。[④] 他的教育思想很快被他的同事兼学生普罗瑟所支持和发展，并最终促成1917年《斯密斯—休斯法》的颁布。该法还促成联邦职业教育委员会（Federal Board for Vocational Education）的成立，在隶属关系上，与国家教育办公室相并列，直接由国会负责。职业教育法律的颁布以及教育行政管理机构的建制，宣示了培养社会技术人才的现代职业教育的降生。

　　虽然现代职业教育的出现表明美国教育在历史发展上的重要进步，然而，与普通教育相分离的职业教育思想和实践，却遭到建立在实用人本主义基础之上的进步主义教育学者的反对。"由于袭击人们民主梦想的技术趋势的不断非人化，以及拥有技术能力的人们的压力的增长"，在学习社

---

① Snedden，D.，Education for the Rank and File，*Stanford Alumnus*，No. I，1990.

② Drost，W. H.，*David Snedden and Education for Social Efficiency*. Madison，WI：University of Wisconsin Press，1967，pp. 72 - 77.

③ Wirth，A. G.，*Education in the Technological Society：The Vocational-liberal Studies Controversy in the Early Twentieth Century*. Scranton PA.：Intext Educational Publishers，1972，p. 151.

④ Snedden，D.，*Fundamental Distinctions Between Liberal and Vocational Education*，NEA Proceedings，1914，pp. 155，160.

会需要技能的同时，如何发展个体的差异以及国民的多元化，进而促进个体和社会的整体发展①，这些问题逐渐被人本主义取向的实用主义和进步主义学者提出。斯奈登的硕士学位导师达顿（Dutton）曾提出这样一个新的教育观点，他认为，学校应该成为促进整个社区生活质量提高的"精神源泉"。他拒绝参与大众化的袭击拉丁文的商业效率活动，并认为学校"不是一个工厂，校长也不是一个工头"，但他却赞成科学、艺术、信誉和职业学科等多种新学科的引入。② 卡尔顿（Carlton）认为，公立学校系统应该培养有益于社区有效工作的具备思考能力、艺术欣赏能力、文学和休闲能力的劳动者。③ 对于斯奈登的职业教育思想，杜威和鲍德（Bode）分别给予明确的批判。其中，杜威认为，斯奈登狭义的行业培训观是一种消极"社会宿命论"的反映④；而鲍德认为，斯奈登主义（Sneddenism）是一种延续阶级差异和强化对现状消极默许的计划。⑤

杜威可谓终身致力于对建立在社会效率哲学基础上的以斯奈登和普罗瑟为代表的双元制教育思想的抵制。他认为，技术与通识学习的整合将最终有利于技术文明中人们生活质量的提高，因此，他反对将职业成分引入教育并作为一种狭义的提供具体可销售性技能的行业培训形式的理念，因为这种思想忽略了人们在更多意义和人类价值等方面的自由。⑥ 他指出，"有一种危险就是，职业教育作为在具体将来的追求中成为一种获得技能效率的手段"。但是，他仍提出了教育的职业性，并将"职业"定义为"一个有目的的连续性的活动"。⑦ 但这是一种渗透个体个性活动，并在技术社会中获得工作的新模式，且在其中发挥个体的智力和道德内容。对于每个人来说，除了在具体的行业领域中作为一名劳动者的角色而"谋得生计"之外，还是"家庭中的一员、社会事务与政治组织的活动者或者

---

① Wirth, A. G., *Education in the Technological Society*: *The Vocational-liberal Studies Controversy in the Early Twentieth Century*, Scranton P. A.: Intext Educational Publishers, 1972, p. vii.

② Dutton, S. T. and Snedden, D., *The Administration of Public Education in the United States*, New York, NY: Macmillan, 1908, p. 50.

③ Carlton, F. T., *The Industrial Factor in Social Progress*, NEA Report, 1910, pp. 12 – 13.

④ Dewey, J., Industrial Education-a Wrong Kind, *New Republic*, Vol. 2, No. 20, 1915.

⑤ Bode, B., Why Educational Objectives, *Scholl and Society*, No. 10, 1924.

⑥ Wirth, A. G., *Education in the Technological Society*: *The Vocational-liberal Studies Controversy in the Early Twentieth Century*, Scranton P. A: Intext Educational Publishers, 1972, pp. 168, 189.

⑦ Dewey, J., *Democracy and Education*: *An Introduction to the Philosophy of Education*, New York, NY: The Macmillan Company, 1916, pp. 369, 361.

是双簧管演奏的激情者"。① 因此，"所有人类在每时每刻的主要职业是生活——智力和道德的增长"。② 至此，教育的职业性本质表现为人类生活问题的解决，而不仅仅是生存技能的获得。

最终，在人本主义意义上的实用主义学者压力下，美国国家教育委员会采纳了旨在修正《斯密斯—休斯法》、以避免双元制学校体制建立的解决方案。其中最为重要的是于 1918 年通过的著名的《中等教育的基本原则》（*Cardinal Principles of Secondary Education*）报告。该报告涉及为所有人提供核心学习并导向个体生存和社会适应的包括健康、基本过程的指导、有意义的家庭关系、职业、公民、休闲时间和民族性格七个方面的基本原则。报告开头提到"个体与社会得到相互满足的恰恰是民主的理念"，这就需要"有利于个体个性发展以及有效生活的社会服务组织的存在"。③ 因此，报告提出，在美国社区建立综合中学的建议，此举意味着社会效率取向的职业主义学者旨在建立与普通中学体系完全相分离的全国统一的职业学校体系的目标破灭。相反，报告承诺不同课堂中的青年都应该处在同一所中学的屋顶下，学习各种不同的学科，尤其是英语和社会科学等内容。④ 因为，在技术社会中，个体必须在工作中找到自我表现和发展的机会，在工业社会中人类的价值而非商业价值必须放在第一位。⑤ 事实证明，之后美国职业教育的组织形式呈现为职业学校与综合中学相并行的态势，但这至少表明，人本主义性质的职业教育在美国职业教育的发展中取得了非常重要的胜利。

由此可以看出，要胜任社会某一职业，技术能力不是唯一的工具。除此之外，人们还需要有其他的诸如心理、情绪和道德等方面的综合学术与认知能力的装备。根据进步主义教育学者观点，这些人本主义素养的培养必须整合到普通教育的学术课程中去实现。否则，职业教育将很容易退化

---

① Wirth, A. G., *Education in the Technological Society: The Vocational-liberal Studies Controversy in the Early Twentieth Century*, Scranton P. A.: Intext Educational Publishers, 1972, pp. 188 – 190.

② Dewey, J., *Democracy and Education: An Introduction to the Philosophy of Education*, New York, NY: The Macmillan Company, 1916, p. 362.

③ The National Education Association, U. S., *Cardinal Principles of Secondary Education: A Report of the Commission on the Reorganization of Secondary Education*, Bureau of Education, 1918, p. 9.

④ Wirth, A. G., *Education in the Technological Society: The Vocational-liberal Studies Controversy in the Early Twentieth Century*. Scranton P. A.: Intext Educational Publishers, 1972, p. 126.

⑤ The National Education Association, U. S., Vocational Education at the National Education Association, *Industrial Arts Magazine*, Vol. 8, No. 9, 1919.

成为一个生产无意义"机器"的工厂。而综合中学的出现正是行为主义效率哲学和人本主义实用哲学思想相融合的最好产物,一方面,它主张建立在基本原则基础之上的公共课程的学习,以确保民主的"平等"和文化的"融合";另一方面,它也允许包括大学准备、职业以及普通课程的存在,以满足经济发展对技能培训以及职业分类的需要。① 约翰逊(Johnson)早在1910年就指出,中间型学校能够实现在同一所学校提供兼有职前教育和学术教育的功能。② 不管怎样,进步主义教育学者所提倡的综合中学的实践思想对于当时乃至如今美国中等以及高等职业教育人本主义理念的蕴意都有积极贡献。

四　20世纪六七十年代:第三思潮人本主义思想在职业教育中的介入

20世纪30年代美国经济危机的爆发以及第二次世界大战的卷入让美国民众吃尽了苦头,曾经一度宣扬关照个体生活的实用主义哲学似乎在客观事实面前也失去了魔法,使得美国在20世纪30—50年代进入人本主义哲学的荒原期,反而经济取向的行为主义在社会领域包括职业教育界占据着较为优势的地位。随着时间的推移,从50年代后期开始,美国职业教育的弊端不断暴露,一方面,它不能满足失业者、贫困者、非洲裔民等弱势群体的需要;另一方面,它也越来越不能满足个体应对变化中的工作世界的需求,就如同1961年肯尼迪总统在美国国会上所提到的,技术变化已经在所有职业中发生,这就需要对职业教育先前法律进行重新评价与修正,以使它更具现代性。③

社会形势的变化是推动美国人本主义哲学进展的重要因素。从50年代中期开始,作为心理学第三思潮的人本主义逐渐在美国社会各领域起到引导作用,并在六七十年代达到高潮。从人本主义心理学的代表人物马斯洛和罗杰斯的理论表述中不难发现,他们伸张正义维护存在中的自我以及人们应该获得的包括受教育权在内的各项权利。人类作为主体性的自我,拥

---

① Wirth, A. G., *Education in the Technological Society*: *The Vocational-liberal Studies Controversy in the Early Twentieth Century*, Scranton P. A.: Intext Educational Publishers, 1972, p. 126.

② Johnson, B. W., *Children Differ in Vocational Aims*: *Industrial Education in the Elementary School*. National Education Association Proceedings, 1910, pp. 253 – 260.

③ Barlow, M. L., 2000 Years of Vocational Education, 1776 – 1976, *American Vocational Journal*, Vol. 51, No. 5, 1976.

有改变自己命运的权利，在一定条件下，他们通过自己努力可以创造自我、创造人生，进而达到自我实现。而人本主义学者的集体结晶《人本主义宣言Ⅱ》则集中表明了他们对人类问题解决的美好憧憬与希望。教育心理学家布鲁姆曾指出，"在民主社会中的个体即使生来是平等的，但是成年后的发展往往是不平等的，这可能归咎于后天机会和环境条件公平性的缺乏"①，这种"后天机会"和"环境条件"就包括教育机会和条件。

哲学的进步源于实践而又指导实践。受人本主义哲学影响，为满足特殊人口以及人们应对变化中的工作世界的需要，《1963年职业教育法》（*Vocational Education Act of* 1963）和《1968年职业教育修正法》（*Vocational Education Amendments of* 1968）相继通过，法律扩充了职业教育的服务职责和范围，使它服务于全体美国人民。人们的公民权利，尤其是特殊人群权利的获得，应该是社会经济发展深度关照的对象。②《1963年职业教育法》授权各州使用各自的拨款促进职业教育为"在学术、经济和其他方面阻碍个体成功获得正常职业教育的人"服务。③ 对此，无论普通教育还是职业教育领域的学者都给予支持，将该法视为职业教育平等权获得的法律。④ 此外，政府也意识到工作的获得与人口增长和技术进步之间的关联性，因此法律还指明职业教育将资助"已经进入劳动力市场、需要培训以及再培训，以实现就业的稳定性和提升"的人们。积极的法律条款指导着各州致力于职业教育实践的改革与发展，以努力保持与变化中的工作世界相一致。

为评价《1963年职业教育法》的实施状况，1967年一个指定的职业教育咨询委员会在调查报告中明示，应实施导向职业稳定性的职业教育，使它为"所有社区中各年龄阶段的人"提供服务成为可能。⑤ 该报告同时

---

① Bloom, B., *Stability and Change in Human Characteristics*, New York, NY: John Wiley and Sons, Inc., 1964, p. 193.

② Barlow, M. L., 200 *Years of Vocational Education*, 1776 - 1976, *American Vocational Journal*, Vol. 51, No. 5, 1976.

③ *Vocational Education Act of* 1963, Statutes at Large 77, Sec. 4, 405.

④ Schuchat, T., The Vocational Education Act of 1963: What's in It for You. *School Shop*, Vol. 23, No. 8, 1964.

⑤ U. S. Department of Health, Education, and Welfare, Office of Education, *Vocational Education: The Bridge between Man and His Work*, Reneral report of the Advisory Council on Vocational Education, 1968. Washington D. C.: U. S. Dept. of Health, Education, and Welfare, Office of Education, 1968, p. xxi.

还建议,职业教育应"为学生从学校到工作转换作准备","需要普通教育与职业知识和技能的新水平的整合",必须考虑个体的个人需求,以适应职业的变化。① 为此,《1968 年职业教育修正法》通过,它将先前所有的职业教育联邦法统一在一个法律框架之下。该法通过扩充了的职业教育的定义,强调职业教育应为所有公民提供合适的职业教育和培训机会,同时还指出职业教育与普通教育应更为衔接。法律促使职业教育更为直接地服务于青年和成年人的需要、愿望和兴趣;为他们服务于更多的群体并使其进入劳动力市场或者获得职业的稳定性提供了新的机会②,它表明国会对于职业教育为所有人提供相同结果的信念。③ 此外,在特殊群体的关照上,《1976 年教育修正法》(Education Amendments of 1976)也通过了一项旨在克服职业教育性别歧视的条款,这也就进一步维护了女性接受职业教育的基本权利。

到 20 世纪 70 年代初,职业教育因仍未能满足变化中的工作世界的需要而继续遭受批评,主要反映在 1972 年《美国的工作》(Work in America)报告中。报告指出,在很多美国人的眼里,工作已经不再是一个令人满意的事情了,因为规模化的生产技术已经使得工作降低为没有责任感和成就感的无意义的事情了。报告称,在一个快速发展的技术社会中,"任何促使学生面向单一职业的教育课程都不能满足学生最好的兴趣",因为如今的工作在学生毕业的时候就已经过时了。④ 因此,职业教育在为学生提供有用技能并使他们获得满意工作方面已经失去了效应。这一批评在一定程度上促进了 70 年代美国生涯教育的大发展。

有关生涯教育的实践理念,1969 年美国国家职业教育咨询委员会就

① Essex, Foreword in U. S. Department of Health, Education, and Welfare, Office of Education, *Vocational Education: The Bridge Between Man and His Work*, General Report of the Advisory Council on Vocational Education, 1968, Washington D. C.: U. S. Dept. of Health, Education, and Welfare, Office of Education, 1968, p. v.

② Barlow, M. L., 200 Years of Vocational Education, 1776 – 1976, *American Vocational Journal*, Vol. 51, No. 5, 1976.

③ Beaumont, J., Philosophical Implications of the Vocational Education Amendments of 1968. In G. Law (ed.), *Contemporary Concepts in Vocational Education*, Washington D. C.: American Vocational Association, 1971, p. 13.

④ U. S. Department of Health, Education, and Welfare, Office of Education, *Work in America*, Report of a Special Task Force to the Secretary of Health, Education and Welfare, 1972. DC: U. S. Government Printing Office, 1972, pp. 140 – 144, 10 – 23.

已经有所涉及。委员会指出，早期的教育就应该赋予学生在职业方面较好的前景，养成对工作的尊重和对成就的自豪感。① 这一认识成为推动生涯教育产生的一个重要因素。"生涯教育"一词是 1971 年由美国教育部长马兰（Marland）针对中等教育改革的建议中首次正式提出的。他认为，生涯教育应该在基础教育阶段的一年级就开始，一直到 12 年级甚至更高的年级。很快，生涯教育成为一个受众人追捧的教育思想，并进而演化为一项运动。很多学者认为，生涯教育是一个联系早期儿童教育直至老年教育的一个连续体，它的目的主要基于工作的相关性②，这就具有职业教育的性质。而后，生涯教育在《1974 年教育修正法》（Education Amendments of 1974）中得到了国家教育大法的正式倡导。在该法中，生涯教育被定义为一个为所有儿童提供咨询、指导、生涯发展等多方面服务的教育过程；旨在养成在态度、技能和知识方面的灵活性，以促进个体适应快速的社会变化；消除在职业性与普通或学术性教育的任何区别。最后，在马兰和其他学者的努力下，《1978 年生涯教育激励法》（Career Education Incentive Act of 1978）通过，该法授权初等和中等学校生涯课程的建设。这在很大程度上满足了个体为应对变化中的工作世界而进行长远职业规划的需求。

因此，在 20 世纪六七十年代，在人本主义心理学的影响下，与之前的较为强调社会效率取向的职业教育相比，此时美国职业教育在人类的个体关照方面取得了重大进展。50 年代后期到整个 60 年代，在应对不断变化的社会环境过程中出台的相关法律，不同程度关注人们尤其是弱势群体接受教育的基本权利。正如埃塞克斯（Essex）所言，职业教育"从来没有如此服务全体社会人口的机会"。③ 如果我们姑且认为面向工作是职业教育的主要目的的话，那么每个人无论他处于什么样的社会背景，他都有接受职业教育的基本权利，因为他在将来也将面临对某一职业和工作的选

① Calkins, H. The First Annual Report of the National Advisory Council on Vocational Education, *School Shop*, Vol. 29, No. 3, 1969.

② Barlow, M. L. , 200 Years of Vocational Education, 1776 – 1976, *American Vocational Journal*, Vol. 51, No. 5, 1976.

③ Essex, Foreword in U. S. Department of Health, Education, and Welfare, Office of Education. *Vocational Education：The Bridge between Man and His Work*, General report of the Advisory Council on Vocational Education, 1968. Washington D. C. ：U. S. Dept. of Health, Education, and Welfare, Office of Education, 1968, p. v.

择。当然，更进一步地说，职业教育不仅仅指向工作，还应该包括更为广泛的含义。因为，一份职业占据了人类活动的大部分时间，他关联着人类生活的质量，影响着个体的家庭关系，关系着公民参与和责任的程度和水平。① 从人本主义心理学理论的视角，职业应该是个体不断达成自我实现的场域。在这种意义上，个体就必须在职业中拥有较高的工作质量，这就需要职业教育更多地关照个体的全面发展，而不是仅有的岗位技能达成。而纵向的生涯教育乃是实现这一目的的重要路径，理论表明它已经在学生对工作的意义理解方面给予了更为广泛的人本主义关照。在整个 70 年代，美国职业教育的重心也放在了这一理论的应用上。正如在《美国的工作》报告中指出的，生涯教育最重要的贡献在于它指向学生关于工作本质的理解，因此，只要它应用于指导学生面向工作世界而不仅仅教会学生单一市场技能时，它就会成为一种有价值的思想。② 这就再一次表明，职业教育不能简单地从整个教育过程中分离出来，它在实践人本主义所指向的人类以及人类工作的理念中已经具有了更为广泛的含义，它帮助人们通过进入工作世界或者在工作世界中得到提升进而达到自我实现的状态。

五 20 世纪 80 年代以来：后现代主义人本理念在职业教育中的融入

面对工业社会的推进和效率取向的偏激，历史上的实用主义和人本主义心理学思潮在很大程度上为美国公民个体自我权利的捍卫起到了推动作用。然而，现代社会的发展却是在加速进行的，尤其是从 20 世纪七八十年代以来，随着信息技术的广泛应用，社会形态逐渐从工业社会过渡到后工业社会阶段，知识更新更为加速，职位更迭更为频繁。面对多变、复杂、多元的工作环境，人们根本无法预测自己将来将得到什么样的工作、从多种工作中选择什么样的工作以及持续 40 年工作生涯的工作的特点是什么。③ 与此同时，工作中个体的命运也并没有发生根本改变，劳动者无法获得应有的体面工作和劳动尊严。为此，自从 1917 年建立起来的行为

---

① U. S. Department of Health, Education, and Welfare, Office of Education. *Vocational Education: The Bridge Between Man and His Work*, General Report of the Advisory Council on Vocational Education, 1968. Washington, DC: U. S. Dept. of Health, Education, and Welfare, Office of Education, 1968, p. xix.

② U. S. Department of Health, Education, and Welfare, Office of Education, *Work in America*, Cambridge, MA: MIT Press, 1973, pp. 140 – 144.

③ Baker, R. , *Education for Employment: Programmatic Propositions*, Auburn, AL: Center for Vocational Education, Auburn University, 1984, p. 19.

主义导向的职业主义性质的职业教育模式开始受到更为强烈的挑战。正因为如此，这一时期在美国的社会实践中，后现代主义包括批判理论逐渐成为主导的哲学思潮，并且伴有实用主义哲学复活的趋势。也正是在此基础上，新职业主义思潮在美国兴起。

建立在后现代主义与批判理论基础上的新职业主义一方面具有杜威职业教育思想的性质，强调个体综合职业能力的培养而不是特定岗位技能的培训，主张通过学术课程与职业课程的整合实现个体在广泛职业领域中关键能力、通用学术能力的达成，尤其是批判思维、问题解决能力的养成；另一方面在学术基础教育的基础上，旨在为个体提供进一步接受继续教育的机会。新职业主义为广大青少年失业问题的解决奠定了重要理论基础，正如美国批判教育学者金奇洛所指出的，在劳动力市场与学校当中，劳动（职业）教育中所蕴含的批评后现代思想对那些有志于重拾民主思想的人们有着重要的影响力。①

先进教育思想的融入正是与落后的教育现实相呼应的。1983 年美国联邦政府在《危机中的国家》（A Nation at Risk）报告中就明确指出公立教育的无效性。随着社会形势变化，技术的先进性以及工作场合文化的多元性，对职业教育更加有效地服务于毕业生应对变化中的工作世界提出更高的要求。作为国会应对有效职业教育需求以实现未来国家自由与社会民主的实施战略，《1984 年珀金斯职业教育法》（Carl D. Perkins Vocational Education Act of 1984）通过。与前几次职业教育法相比，该法最大的变化就是增加了如下条款：允许各州使用拨款通过在实践中传授基本的数学和科学原理的课程或特殊战略的设计来增强职业教育的学术基础，旨在进一步增强毕业生适应变化中的工作世界的能力。随后，围绕未来超过 70%以上的没有机会获得大学学位青年人的就业问题，美国工作、家庭与公民委员会（Commission on Work, Family and Citizenship）于 1988 年发布了两项报告，即《被遗忘的一半：美国没有上大学的青年人》（The Forgotten Half: Non-College Youth in America）和《被遗忘的一半：美国青年和青年家庭成功的路径》（The Forgotten Half: Pathways to Success for America's Youth and Young Families）。报告指出，从学校到工作转换系统是解决青年

---

① Kincheloe, L., *Toil and Trouble: Good Work, Smart Workers, and the Integration of Academic and Vocational Education*, New York, NY: Peter Lang Publishing Inc., 1995, p. 45.

人就业问题的主要途径，而这一系统是职业教育的重要组成部分。因此，委员会建议，"职业教育的目标要从提供特定工作培训中转移过来，朝向更加现实和有价值的、促使学生获得工作和成为积极公民所需的技能和知识的活动目标中来"。[①]

在此基础上，从 90 年代开始，相关职业教育法规和政策相继进一步强调职业教育对个体综合职业能力的培养，并逐步对职业学生接受继续教育的机会予以重视。这一点分别体现在《1990 年珀金斯职业与应用技术教育法》、1991 年 SCANS 报告、《1994 年学校到工作机会法》、《1998 年珀金斯职业与技术教育修正法》（*Carl D. Perkins Vocational and Applied Technology Education Amendments of* 1998）和《2006 年珀金斯生涯与技术教育完善法》等法规文件中。与此同时，随着后现代主义与批判教育理论的不断进展与应用，相关职业教育法律也逐渐加强对广大弱势群体职业教育权的维护。

1990 年美国国家教育与经济中心（National Center on Education and the Economy）指出，"如果没有首先为劳动者提供一个坚实的基础教育的话，没有一个国家能够产生高度合格的技术劳动力"。他们同时发现，在所调查的雇主中仅有 5% 的单位关照技术的短缺，而其他单位都提出了对具有良好工作道德和健康社会行为的劳动者的需求[②]，因为这些素质将大大增强工作的有效性，这就要求职业教育中必须渗透蕴含非技术能力的相关学术课程的知识内容。为积极响应社会的需求，《1990 年珀金斯职业与应用技术教育法》通过。这部法律关注的最主要的领域便是职业教育与学术教育的整合。法律指出，"需要拨款资助职业教育，通过一系列课程来实现学术教育与职业教育整合，以致学生能够同时获得学术能力和职业能力"。该法将职业教育定义为"提供一系列能够直接有利于个体有偿或无偿就业准备的课程的、有组织的教育项目"。[③] 这一定义蕴含着一个更为多元的课程体系，这一体系除有关岗位特殊技能的课程以外，还包括达

---

① Youth and America's Future: The William T. Grant Foundation Commission on Work, Family, and Citizenship, *The Forgotten Half*: *Non-college Youth in America*, Washington D. C. : Author, 1988, p. 51.

② The National Center on Education and the Economy, *America's choice*: *High Skills or Low Wages*, The Report of the Commission on the Skills of the American Workforce, New York, NY: National Center on Education and the Economy, 1990, p. 3.

③ *The Carl D. Perkins Vocational and Applied Technology Amendments of* 1990, Public Law 101 - 392.

成基本技能、工作态度、一般就业技能等能力的课程，以便帮助学生获得成功进入工作或继续教育所需要的学术和职业能力。① 此外，法律还规定政府应对妇女、残疾人、土著人和边缘地区的人们等弱势群体提供定额的财政拨款，以确保他们获得正常的职业教育机会。

　　为进一步解决青少年就业相关问题，1990 年美国劳工部成立了"获得必要技能秘书委员会"（Secretary's Commission on Achieving Necessary Skills, SCANS)，并于 1991 年发布了《工作需要学校做什么：面向美国 2000 年的 SCANS 报告》。该报告在对不同职业领域作出分析后指出，面对竞争日趋激烈的工作环境，具备"知道如何做"能力的毕业生才是未来工作世界中最为需要的人才，这种能力主要体现为识别、组织、计划和分配资源的能力、与他人合作工作的能力、获取和使用信息的能力、理解复杂系统内部关系的能力和使用多元工艺的能力五个方面，而融合在这五种能力中的三个最基础要素为读写算数听说的基本技能、创新思维和问题解决的思考能力以及个体责任、自尊、自我管理和整合的个人素养。② 这一报告要求包括职业学校在内的所有学校都要加强对有利于这些职业能力目标达成的课程领域的学习，如艺术和音乐、外国语、团队体育活动等。

　　为积极推进青少年就业，促进学生从学校到就业岗位的顺利转换，20 世纪 90 年代美国兴起一场从学校到工作转换（School-to-Work）运动，《1994 年学校到工作机会法》的通过为此奠定了法律基础。该法旨在通过促进教育者和雇主的合作，实现个体从学校到工作的转移，使学生获得岗位相关知识、技能、态度和其他信息，尤其是批判性思维、有效交际和问题解决能力。该法包括整合课程、适应性劳动者、综合生涯指导、工作相关学习等融合人本主义要素的重要条款。

　　为应付以市场竞争全球化为特点的新世纪的到来，《1998 年珀金斯职业与应用技术教育修正法》通过。这部法律直接反映国会对国家的关心：中学毕业生缺乏面向新世纪的基本能力，包括坚实的基础和高级学术能力、计算机和其他技能性能力、理论知识和交流的能力、问题解决、团队

① Hoachlander, E. G. and National Center for Education Statistics, Vocational Education in the United States, 1969－1990, Washington D. C. : U. S. Dept. of Education, Office of Educational Research and Improvement, National Center for Education Statistics, 1992, p. 72.

② Secretary's Commission on Achieving Necessary Skills (SCANS) *What Work Requires of Schools: A SCANS Report for America* 2000, Washington D. C. : U. S. Department of Labor, 1991.

工作和就业能力以及终身获得其他知识和能力的能力。[1] 新的法律有望进一步增强学术和职业技能的整合教学，更多地强调能力发展以及支持产生其他理想效果的生涯指导活动。[2] 随着新世纪的到来，变化中的工作世界对个体综合职业能力的要求进一步增强。为此，《2006 年珀金斯生涯与技术教育完善法》通过。该法旨在通过各种教育活动和服务，整合严格和富有挑战性的学术和生涯与技术的教学，促进中等和中等后教育阶段职业教育学生对于学术和生涯与技术能力的更为充分的掌握，这些能力包括学术知识、高级推理和问题解决能力、工作态度、一般就业技能、技术能力、特定岗位技能等。[3] 新的法律进一步凸显出对职业教育学生个体综合职业能力达成的期望。与此同时，为进一步响应后现代主义对多元群体的包容，1998 年和 2006 年的两部法律也进一步强调对残疾人、土著人和边缘地区群体接受职业教育的资助力度，以捍卫他们接受职业教育的基本权利。

罗伯特·赫钦斯（Robert Hutchins）指出，"教育意味着教学，教学意味着知识，知识意味着真理，而真理到处都一样"。[4] 这一哲学应该更适合于职业教育培养所有领域的劳动者与实现个体有效发展对基础知识教育基本需求的应用。教育过程除了受社会的外在因素影响以外，还应照顾到个体发展的根本需求，一个有文化、有技能的公民应该是整个教育过程的总目标。因此，如今的职业教育哲学不仅需要顾及技术能力的教学，还应当关注正确工作态度的发展以及应用技能方法的掌握。[5] 20 世纪 80 年代以来，蕴含更多人本主义理念的后现代主义、批判理论和杜威实用主义开始逐步渗透到美国职业教育实践中。后现代主义强调文化的多元性、个体的差异性和团队工作；而杜威实用主义则强调个体的整合发展，尤其是问题解决等核心能力的培养。以此为指导，并在相关法律支持下，当今的

---

① *The Carl D. Perkins Vocational and Technical Education Amendments of* 1998，Public Law 105 - 332.

② Hoachlander, G. and Klein, S., Answering to Perkins, *Techniques*, Vol. 74, No. 2, 1999.

③ *The Carl D. Perkins Career and Technical Education Improvement Act of* 2006，Public Law 109 - 270.

④ Hutchins, R. M., *The Higher Learning in America*, New Haven, MD: Yale University Press, 1936, pp. 66 - 76.

⑤ Findlay, H. J., Philosophy and Principles of Today's Vocational Education. Anderson, C. & Rampp, L. C. (ed.), *Vocational Education in the 1990s*, Ⅱ: *A Sourcebook for Strategies, Methods, and Materials*, Ann Arbor, MI: Prakken Publications, Inc., 1993, p. 32.

美国职业教育越来越关照包括弱势群体在内的个体综合能力的达成，而不仅仅是单一方面的技能培训。

第三节 美国职业教育人本主义蕴意的历史总结与评价

纵观美国职业教育的历史发展，其先后经历了宗教改革人本主义、科学主义、实用主义、第三思潮以及后现代主义等蕴含人本主义哲学基本理念的哲学思潮的影响，也正因为这些哲学派别对人本主义思想内核即本体人的维护、完整人的追求和主体人的尊重的蕴意，才使美国职业教育在历史发展中不断彰显着人本主义哲学的基本指向，并在实践中以基本教育权的维护、综合能力的培养、完整课程的设置与和谐教学关系的构建四个基本维度体现人本主义的基本要义。

首先，在教育权的维护上，美国职业教育体现为从最初的对贫困儿童教育基本权利的维护，到后来的对包括所有弱势群体和普通青少年在内的全体公民在内的职业教育权的维护。宗教改革人本主义所蕴含的社会救助与慈善理念渗透到最初的学徒制实践中，并在相关法律保障下，以教会或家庭为场所向贫穷家庭儿童提供最为基础的教育权利，而后成立的部分公共学校则为贫困儿童接受基础教育进一步拓宽了路径；在反对封建教权基础上发展起来的科学主义蕴含了新兴资产阶级的民主理念，它强调人类个体的自由与平等，并注重维护普通下层阶级包括教育权在内的基本权利，在它影响下建立的机械学院、讲习所以及行业学校为普通操作工包括贫穷的孤儿、非洲裔人以及其他移民接受基本教育提供了进一步可能；实用主义以民主的态度对待全人类，反对教育的过早分流，以给每个个体一个公平的教育机会；人本主义心理学强调每个个体都有改变自己命运的权利，这种权利当然也包括受教育权，而这一时期的职业教育也恰恰迎合了这一理念，通过法律的形式扩充了职业教育的服务对象，尤其包括对弱势群体的关照，为实现职业教育服务于每一位美国公民成为可能；后现代主义主张个体的差异性与群体的多元性，为职业教育服务于更多的社会群体提供了进一步的理论指导，使得职业教育给予广大弱势群体包括妇女、残疾人、土著人和边缘农村地区群体等更多的特殊关照。

其次，在培养目标方面，美国职业教育一直致力于培养具有技术能力和通识学术能力的健全发展的个体。早期带有宗教性质的由牧师或家长负责的学徒制教育承担了个体的职业教育和个体发展的双重需求，以使他们获得某一行业的技术能力和基本读写能力，公立学校的初步建立为学徒工获得进一步的学术基础教育提供了保障；科学主义崇尚个体的自然成长，这也就意味着主张个体发展的统一性与健全性，即身心和谐发展，在它影响下的美国职业教育融合了身体劳动教育、德育、智育等完整的教育内容，将通识教育和技能教育连为一体；实用主义哲学在反对社会效率哲学的基础上，提出了综合职业教育思想，将技术教育与智力和道德等通识教育相融合，反对双元教育体系，以指向个体生活的幸福，从而促成了美国职业教育的重要形式——综合中学的产生；人本主义心理学主张指向"功能完善个体"的自我实现，以此为指导，美国职业教育旨在实现个体在普通教育与职业知识和技能上的新水平的整合；为应付多元世界而出现的后现代主义促进了职业教育中新职业主义思想的产生，新职业主义主张个体综合职业能力的培养，包括批判思维能力、问题解决能力、团队工作能力等高级学术能力在内，以养成一个有文化、有技能的社会公民。

再次，就课程设置而言，美国职业教育以全面发展个体培养为目标导向，在历史上注重融合完整的课程内容，包括基本学术课程和职业技术课程。由教会或家庭组织的学徒制系统融合了基本的宗教教义、读写、技能培训和行业机密等朴素的学术与职业课程内容，公立学校则包容诸如数学、科学、语言、人文与社会等培养个体基本学术能力的各类学术课程；在科学自然主义教育思想影响下的职业教育课程融合了实现心智发展的通识课程和促进劳动训练的行业技能课程，如富兰克林机械学院在为学员提供机械相关专业课程的同时，还包括英语、数学、语言和古典人文等学术课程；在杜威综合职业教育思想基础上建立起来的综合中学为所有学生个体提供了最为广泛的课程内容，包括基础的公共课程以及具有一定导向的大学准备课程、职业课程和普通课程；为实现人本主义心理学所倡导的"功能健全的个体"和"自我实现的人"的培养，美国职业教育积极实践与普通教育的衔接，并在纵向的普通教育体系中渗透面向未来职业的生涯课程；为实现新职业主义所倡导的综合职业能力的培养，后现代时期的美国职业教育特别强调学术课程与职业课程的整合，通过基本的语言、数学与科学、人文与社会等学术课程培养个体的基本学术能力，通过专业性的职业课程培养个体的职业相关能力，并且试图在两种课程的交叉融合中实现高级学术与职业能力的达成。

最后，在教学实施方面，虽然因其实践的微观性、具体性和动态性而很少在上面的论述中有所提及，但依旧能够察觉出美国职业教育的教学实践对主体性个体的人本关照。早期手工业性质的学徒制雇主在雇用徒工为其劳动生产的同时，没有忽略对他们的个体发展教育，且提供生活上的补助，从中可以感知宗教人本主义的社会救济理念以及由此形成的较为人道的师徒关系；自然主义教育思想更是旨在为个体营造一个自然而宽松的成长环境，在此基础上形成并由美国职业教育所引入的俄罗斯制和瑞典制，更多地关注个体的发展而不仅仅是操作技能的训练，从而激发了学习者学习的兴趣；实用主义所倡导的民主态度也为职业教育课堂和谐氛围的营造提供了理论基础，以使学校成为促进整个社区生活提高的"精神源泉"，而不是一个制造会说话机器的"工厂"，综合中学的实践恰恰为个体对广泛课程内容的学习提供了宽松的选择机会；人本主义心理学所主张的"来访者为中心"的人本思想也在职业教育实践中有着重要体现，生涯教育就是一个为所有儿童提供咨询、指导与生涯发展等多方面服务的教育过程；后现代主义批判教育理论致力于个体多元性与差异性、强调对个体尊严与主体性的维护，从而使得职业教育的教学实践能够体现着人本性的关照。

第四章　美国职业教育人本主义
蕴意的现实总体考察

随着时代的进步、社会的发展，工作世界正在发生重大变化。复杂的工作环境将引起每一位职业人的生涯变化，正如有学者所指出的，工作世界的变化"使得我们无法预测特定的人群将要从事什么样的工作、如何从多种工作中选择合适的工作以及今后四十年工作生活的特点是什么"。①受新的社会形势和工作世界变化的影响，人本主义哲学呈现出新的发展特点，从而引致职业教育对人本主义蕴意的实践呈现出与前几阶段不同的表现形式和特点，人本主义色彩体现得更为强烈。

第一节　美国职业教育人本主义
蕴意的现实背景分析

20世纪七八十年代以来，随着信息技术的广泛应用，美国的社会形态逐渐从工业社会过渡到后工业社会或信息社会。在后工业社会时期，生产方式呈现出高度的自动化、信息化、智能化和网络化等新的特点，工作环境发生重大变化，人本主义哲学亦呈现出新的形式和特点，进而引起美国职业教育以法律为起点而推动的实践变革。②

一　工作世界的变化

在新的社会形态下，工作世界的重大变化主要表现为以下方面：首先，面对多变、复杂和多元的工作环境，人们根本无法预测自己将来要得到什么样的工作以及从多种工作中选择什么样的工作。因此，如何为更为

① Baker, R., *Education for Employment: Programmatic Propositions*. Auburn, AL: Center for Vocational Education, Auburn University, 1984, p. 19.

② 陈鹏：《美国职业教育学术与职业课程的整合研究》，《外国教育研究》2013年第3期。

广泛的个体提供职业生涯的规划和教育发展的需求成为这一时期教育义不容辞的责任。其次，社会生产方式的变化对劳动者的素质提出前所未有的要求，劳动者不仅需要具有与高度自动化和充分信息化之物理环境对话的技术能力，更为重要的是要具备处理好各种复杂的社会关系的综合职业能力。尤其需要指出的是，这一时期对学生学术能力的需要比历史上任何时候都强烈，缺少学术能力的个体将很难完全参与到未来的职业与社会生活中[1]，因而也就不能成为未来国家的合格劳动力。最后，工作世界中个体的命运逐步受到关照。面对在现代工作环境中的劳动者无法理解整体工作意义、体面工作无法获得和劳动尊严得不到尊重的现实，国际劳工组织在2004年强调将实现所有劳动者的体面劳动作为教育和培训的首要目标。

二　哲学范式的转换

长期以来，在现代科技理性至上的工业社会中，行为主义一直是支配美国社会工作的哲学思潮，虽然蕴意人本主义哲学理念的实用主义哲学和人本主义心理学先后与行为主义哲学抗争，但仍不能摆脱行为主义在社会应用中的哲学痕迹。随着后工业社会的到来，一种新的哲学思潮——后现代主义应运而生，并逐渐成为主导当代世界包括美国社会在内的哲学思想。后现代主义是人本主义哲学在当代社会新的表现形式，在遵循人本主义基本哲学理念基础上呈现出新的特点。后现代主义强调文化多元，尊重个体差异，反对客观世界的普遍真理和永恒价值。作为后现代主义重要组成部分的批判理论则更加增强了后现代主义的人本色彩，它致力于个体尊严的维护与主体性自我的尊重，批判现代理性世界对人性的单一主宰，主张科技的人本化，强调科学为人的生存与发展服务。在此基础上，后现代主义还强调文本内容传输形式多元化以及开放而和谐社会空间的构建，以便为社会个体提供更为广泛的成长机会和更为宽阔的发展空间。

随着后现代主义哲学在社会领域中的广泛应用，美国职业教育的哲学范式也开始发生重大转变。自20世纪初现代职业教育体制建立以来，美国职业教育实践一直受到建立在行为主义哲学基础之上的职业主义模式的影响。但是，自20世纪80年代以来，受后现代主义发展的逐步深入以及实用主义哲学在美国复活趋势的影响，传统的职业主义模式逐步受到挑

---

① Donna, P., Jennifer, S. etc., *Capitalizing on Context: Curriculum Integration in Career and Technical Education: A Joint Report of the NRCCTE Curriculum Integration Workgroup*, Louisville, KY: National Research Center for Career and Technical Education, 2010 – 03 – 01.

战。后现代主义主张个体的差异性与群体的多元性，促使美国职业教育致力于服务全体国民的教育责任；实用主义综合教育思想主张个体综合职业能力达成的培养目标，并由此促使学术课程与职业课程的整合建设；批判教育理论致力于个体尊严与主体性的维护，促使职业教育教学实践的人本性关怀。正是在一系列哲学理论基础上，新职业主义在美国职业教育领域悄然升起。新职业主义作为美国新的职业教育哲学范式，特别强调个体核心职业能力的培养，并提出为个体终身职业发展服务的思想。

三　法律焦点的关照

在古希腊社会，法治并不是终极价值，而只是实现城邦公共事务的"善"的手段。但是，随着近代人类文明的不断进步，法治更多地体现出基于个体主义价值观来判断是非曲直的倾向。[①] 虽然它仍具有原始的公共权利目标，但其终极价值已经不再是公共的正义，而是指向个体自由的实现。[②] 为积极响应社会环境转变以及由它带来的工作世界和哲学范式的变化，20世纪80年代以来，美国职业教育法不断完善发展，人本主义哲学的蕴意不断增强。美国职业教育法在执行联邦公共事务"正义"基本功能的基础上，指向基于个体自由的教育权和个体发展与尊严的维护。

新时期美国职业教育法特别强调职业教育对个体适应后现代社会复杂工作环境之综合职业能力的培养，并在此基础上主张通过各种教育和服务实现职业教育与学术教育的整合。这一强调是新时期美国职业教育法律关注的重中之重，也是不同于以往任何时期法律规定的新亮点。与此同时，受后现代主义与批判教育理论的影响，法律还逐步加强对广大弱势群体职业教育权利维护的力度，特别规定对相应弱势群体资助的比例与额度。这些主张和规定都分别以条款的形式具体体现在80年代尤其是90年代以来颁布的一系列职业教育法律中，包括《1984年珀金斯职业教育法》、《1990年珀金斯职业与应用技术教育法》、《1998年珀金斯职业与技术教育修正法》和《2006年珀金斯生涯和技术教育完善法》等。

---

① 荣艳红：《美国联邦职业技术教育立法研究（1917—2007）》，硕士学位论文，河北大学，2008年，第178页。

② 房震：《近现代西方民主法治与宪政发展及相互关系的梳理》，载张文显《法学理论前沿论坛》第一卷，科学出版社2003年版，第112—113页。

第二节 美国职业教育人本主义蕴意的现实表征梳理

在新时期新的社会背景下，美国职业教育人本主义的蕴意呈现出新的表征特点和形式，主要表现为特殊群体教育权的维护、综合职业能力标准的设定、学术课程与职业课程的整合和主体性教学方法的实施四个基本方面。本节主要基于对 90 年代以来美国职业教育的相关法律、法规和政策文件以及已有研究文献等资料的分析，以揭示美国职业教育人本主义蕴意的现实总体状况。

一 特殊群体教育权的维护

在后现代时期，对特殊群体包括来自各种族、民族、宗教、经济和性别等社会角色中的弱势者以及身心残疾者的教育权的维护，成为美国职业教育领域关注的重要议题之一。对这一议题的关注首先体现在相关的法律规定中。美国在 20 世纪 90 年代以来颁布的一系列职业教育法都特别强调，要通过各种资助方式为社会特殊群体提供广泛的职业教育项目，以确保他们与普通人平等的教育权利与机会，而这些特殊群体主要包括妇女、残疾人、土著人和边远地区的人们。

(一) 妇女与残疾人

随着妇女解放运动的高涨，女性受教育权问题也随之成为职业教育关注的重要议题。《1990 年珀金斯职业与应用技术教育法》规定，各州应将10.5% 的政府拨款用于单亲家长、流离失所的家庭主妇、单身孕妇以及性别平等方面的项目资助，其中，至少 7% 用于前三者，至少 3% 用于后者，后者的资金将用于 14—25 岁的广大妇女群体的职业教育与培训方面的基本学术和职业技能的教学、必要的教育资料以及广泛的生涯指导和咨询服务，以使他们获得进入市场所必需的技能，以消除性别偏见，从而使参与者能够自我独立并支撑其家庭。[①] 法律保障了妇女接受职业教育的基本权利，为他们赢得了与男性以及优越女性平等的受教育权。

---

① *The Carl D. Perkins Vocational and Applied Technology Amendments of* 1990, Public Law 101 - 392, Sec. 221 - 222.

随着 1990 年《残疾人法》和《残疾人教育法》的相继出台，美国职业教育特别重视对残疾人教育权的维护与保障。《1990 年珀金斯职业与应用技术教育法》规定，残疾人的职业教育项目与活动应在最小受限条件下提供，以与《残疾人教育法》相关要求相一致，而且无论何时，都应该将它作为个体化教育项目的一部分，以实现对这些学生相关权利的授予和保护，且规定给予每个残疾人职业教育的资助都应该受到监督。《1998 年珀金斯职业与技术教育修正法》规定，各地教育机构应将 1999 年中等职业教育财政资助的 20% 用于有个体教育需求的残疾人身上[①]，该法还与《2006 年珀金斯生涯与技术教育完善法》同时强调，职业技术教育的经费使用应满足《残疾人教育法》和《1973 年康复法》相应条款规定的个性化教育项目服务的需要。法律捍卫了残疾人与健康人平等地获得职业生涯与技术教育的机会。

（二）土著人与边远地区群体

土著人（原住民）作为美国特殊群体的重要组成部分，由于长期受外来者的入侵、同化和歧视，往往不能接受正常教育。为此，美国政府近年也高度重视这部分群体的职业教育权利。《1990 年珀金斯职业与应用技术教育法》规定，政府应将 1.5% 的财政拨款用于印第安人和夏威夷土著人的职业教育项目的资助上。[②]《1998 年珀金斯职业与技术教育修正法》和《2006 年珀金斯生涯与技术教育完善法》皆规定，政府应将 1.25% 的财政拨款用于原住民包括阿拉斯加原住民、印第安人、印第安人部落及部落组织的职业与技术教育项目的资助上，将 0.25% 的拨款用于夏威夷原住民的职业教育项目援助上。[③④] 土著人教育权的缺失很大程度上源于经济的弱势，而法律支持意义上的政府财政拨款则为他们接受相应的职业教育提供了一定的经费保障。

边缘地区群体主要包括来自太平洋岛屿和农村地区的经济弱势者，对

---

① *The Carl D. Perkins Vocational and Technical Education Amendments of* 1998, Public Law 105 - 332, sec 131.

② *The Carl D. Perkins Vocational and Applied Technology Amendments of* 1990, Public Law 101 - 392, sec 103.

③ *The Carl D. Perkins Vocational and Technical Education Amendments of* 1998, Public Law 105 - 332, sec 116.

④ *The Carl D. Perkins Career and Technical Education Improvement Act of* 2006, Public Law 109 - 270, sec 116.

他们教育权的保护也是美国职业教育关注的一个方面。《1990 年珀金斯职业与应用技术教育法》和《1998 年珀金斯职业与技术教育修正法》规定将财政拨款的 0.2%、《2006 年珀金斯生涯与技术教育完善法》规定将财政拨款的 0.13% 用于太平洋岛屿包括关岛（Guam）、美属萨摩亚（American Samoa）和北马里亚纳群岛自由联邦（Commonwealth of Northern Mariana Islands）等地的职业教育项目资助，以促进包括职业教育教师培训、课程发展以及生涯与技术教育项目的更新。①②③ 后两部法还强调，各地应向贫困地区主要是农村的人们提供一定的职业教育援助，以使农村和城市之间的个体有着平等的教育参与机会。在《2006 年珀金斯生涯与技术教育完善法》规定的有关促使生涯和技术教育学生从副学士学位向学士学位转移条目中，特别强调政府应在克服来自农村地区学生在学位转化障碍上提供相应的财政资助服务，一定程度为边远地区人们接受职业教育减缓了经济压力。

二　核心职业能力标准设定

面对 21 世纪全球竞争性的挑战，美国劳工部"获得必要技能秘书委员会"（SCANS）在对制造、健康服务、销售、旅馆与餐饮、运输与旅游、财务与金融、行政和个人服务业等多种职业领域予以分析的基础上，于 1991 年发布一项《工作需要学校做什么：面向美国 2000 年的 SCANS 报告》。该报告明确指出了个体参与未来民主社会中的职业必须应具备的"知道如何做"的五大能力和三大基础的能力框架，并在 2000 年的《场域必要技能：SCANS 能力和基础技能之资源整合》报告中作出进一步解释和水平规定。报告指出，任何工作与职业的成功都必须具备识别、组织、计划和分配资源的能力，人际交往的能力，获取和使用信息的能力，理解复杂系统内部关系的能力和运用多元技术的能力五种能力；而这五大能力的形成必须具备三大基础，即读写算数听说的基本技能，创造思维、决策、问题解决、想象、学会学习和推理的思考技能，以及责任、自尊、

---

①　*The Carl D. Perkins Vocational and Applied Technology Amendments of* 1990，Public Law 101 – 392，Sec. 101A.

②　*The Carl D. Perkins Vocational and Technical Education Amendments of* 1998，Public Law 105 – 332，Sec. 115.

③　*The Carl D. Perkins Career and Technical Education Improvement Act of* 2006，Public Law 109 – 270，Sec. 115.

乐群、自我管理、正直诚实的个人素养。①

五大能力、三大基础的能力标准虽然不是直接针对职业教育提出的，而是通过对劳动力市场需求分析后对整个教育系统提出的，但正是因为职业教育直接面向劳动力市场中职业岗位的人才培养，因此成为指导新世纪美国职业教育制定人才培养目标的核心职业能力标准。

（一）基本技能

基本技能包括读、写、算、数、听和说六个方面的基本通识能力：

阅读能力：能找出、理解和阐释文本和文件（如手册、图表、时间表等）等书面信息以执行工作，能凭借文本的中心思想或重要信息进行学习，能识别相关细节、事实和详细内容，能推论或找出生字或科技术语的意义，能判断报告、计划书以及作者立论的精确性、适当性、合理性和风格。

写作能力：能以书写方式交流思想、理念和信息，能完整且正确地记录信息，能创作和组织诸如书信、说明书、手册、报告、计划书、流程图和图表等文件，能根据主题、目标和读者运用适切的文字、风格、组织方式和体例格式，能运用支持性文件并能注意详细的程度，能核实、编辑和修改信息以使作品的内容、形式、语法、拼字和标签更为正确和恰当。

算术能力：能执行基本的计算，能在实际的情境下运用基本的数的概念，如整数、百分比，能不依赖电子计算机进行合理的算术结果的估算，能运用图表获取或传递数量信息。

数学能力：能从多种不同的数学技巧中选择适当的方法解决实际问题，能利用数量信息对真实世界建构逻辑的解释，能用口头或书面方式表达数学的想法和概念，能了解概率在事件发生和预测上扮演的角色。

听的能力：能接受、注意、解释语言信息和其他非语言线索并作适切的反应，如去倾听、学习、批判和欣赏或支持说话的人。

说的能力：能根据场合与听众组织和交流口头信息，能参与对话、讨论和团体发言，能选择适当的媒介传递信息，能根据听众和场合使用口语语言或非语言线索运用适当的风格与复杂度传递信息，能清晰地说话和交

---

① ACT, *Workplace Essential Skills: Resources Related to the SCANS Competencies and Foundation Skills*, Iowa City, IA: ACT, 2000.

流信息，能了解听众的反馈并作适切的回应，必要时能提出问题。

（二）思考技能

思考技能包括六个方面的现代高级通识能力：

创新思维能力：能自由运用想象，以新的方式结合想法和信息，将看似无关的思想作出联系，且能以新的可能性和方式重塑目标。

决策能力：能陈述目标和限制，产生替代方案，考虑风险，评估并选择最佳方案。

问题解决能力：能认定问题的存在，找出造成差距的可能原因，设计并执行解决问题的行动计划，能评估和监控计划进展，并根据结果修改计划。

想象能力：能组织和处理符号、图形、物体和其他形式的信息，例如从蓝图中看见完整的建筑物，从图示中看出系统的运行，从文字叙述中看见活动流程。

知道如何学习的能力：无论在熟悉或变动的环境中，皆能辨认并使用有效的学习技巧于新知识和技能的获得与应用上，能觉知学习工具，例如个人的学习风格、正式学习的策略和非正式学习的策略。

推理能力：能发现潜藏在两种或两种以上物体间的法则或原理，并应用于解决问题，例如，从已取得的信息中获得结论，从一组物体或文字中提取规则与原则，并将它应用于新的情境，或从既定事物和结论中决定何者为正确的结论。

（三）个人素养

个人素养包括责任感、自尊、乐群、自我管理和正直与诚实五个方面的职业伦理品质：

责任感：能面对目标竭尽全力并坚持到底，能设立高的标准、设想周全、书写工作，即使被指派做不喜欢的工作也能展现出高度的专注力，以追求卓越，在工作进行中能展现高度的参与感，能守时、有热情、活力并乐在其中。

自尊：能相信自我价值、保持积极的自我概念，能展示自己的能力和技能，并察觉对他人的影响，了解自己的情绪、能力和需要，并知道如何传送。

乐群：无论处于陌生还是友好的团体环境，均能善解人意，展现出友善、适应、同情心和礼貌，无论在熟悉或不熟悉的环境中都能自我肯定，与别人和谐相处，根据情境的需要适切地回应情境，对别人的说话和言行表现出兴趣。

自我管理：能适切评估个人的知识、技能和能力，能设定明确且现实的个人目标，能监控目标达成的程度且能凭借目标的达成来自我激励，能自我控制，并对别人的反馈不做情绪化和防御性的回应。

正直/诚实：值得信任，在作出可能与普世之个人或社会价值相抵触的决定或展现类似行为时能有所觉察，能理解违反这些信念与规范对组织、个人和他人的影响，并选择合乎伦理的行为。

三　学术与职业课程的整合

对于核心职业能力的培养，与一系列的珀金斯职业教育法律规定一致，SCANS 报告同样强调学校应通过"整合学术与职业教育"方式来进行。20 世纪 90 年代初期，为响应《1990 年珀金斯职业与应用技术教育法》和 SCANS 系列报告（包括《学习生活：高表现的蓝图》、《教导 SCANS 能力》）等文件、法规关于学术与职业教育整合的发展战略，由美国国家职业教育研究中心（National Center for Research in Vocational Education）的研究团队通过对部分综合高中、职业学校和社区或技术学院的调查研究，分别总结提出学术与职业课程整合的中等职业教育八种模式[1] 和高等职业教育八种模式[2]，并在后来的实践中得以不断发展和完善。经过笔者的梳理，主要归纳为以下四大类型 12 种模式。[3]

（一）融合职业内容学术型课程

融合职业内容学术型课程，就是在传统学术课程基础上渗透不同程度的职业内容，从而使得传统学术课程具有一定的职业导向性，主要包括通识教育课程、应用学术课程和补习课程三种模式。

通识教育课程是最为常见的课程模式，与普通学校中的传统课程基本一致，如语言、社会、科学、艺术与人文、健康与体育等都是一般性的基础学术课程。个体通过这些课程的学习可以增强对公民责任、艺术与人文

---

① Grubb, W., National Center for Research in Vocational Education, B. A. O., *The Cunning Hand, the Cultured Mind*：*Models for Integrating Vocational and Academic Education*, EBSCOhost. 1991.

② Grubb, W. and Kraskouskas, E., National Center for Research in Vocational Education, B. A., A Time to Every Purpose：Integrating Occupational and Academic Education in Community Colleges and Technical Institutes, EBSCOhost, 1992.

③ 陈鹏：《美国职业教育学术与职业课程整合研究》，《外国教育研究》2013 年第 3 期。

等周围意义世界的感知与理解，抵消现代世界和城市化对个体造成的人格分裂，在快速发展的生活世界中寻求安全感，从而提高个体生存与生活质量；同时，还有助于个体在交流技能、创新思维、问题解决等高级职业能力方面的养成与提高。[①] 但与普通学校的通识课程不同的是，这些职业学校的通识课程都具有一定的职业导向性。因此，在很多职业院校，这些课程往往提供对一定职业背景与情境知识的初步理解，一些人文与社会课程可以增强对当代技术社会历史基础的理解以及相应职业伦理的认知，从而有效和负责任地使用技术和科学；在英语写作或阅读课程中，也使学生有意识地与自己过去的职业经验或未来的职业生涯等情境相联系。近年来，在美国国家生涯和技术教育研究中心（National Research Center for Career and Technical Education）以及相关机构资助下，部分职业院校开展了数学、科学和阅读课程的实验研究[②]，旨在通过在学术课程中渗透相关职业知识，促进学生对职业的初步理解。例如，在芝加哥一职业学校建筑专业的阅读课程中，教师将作品《芒果街上的小屋》作为阅读材料，使学生通过小说内容的阅读来认知和领悟建筑环境和材料选择的重要性。[③] 结果表明，很多学生都对这种方式的学习表现出浓厚的兴趣，他们喜欢这些阅读课程胜于其他课程，因为该课程直接指向他们的生涯目标。

应用学术课程是较具代表性的融合职业内容的学术课程模式，是在标准学术课程如写作、数学和科学等课程的基础上在广义或某一职业领域中的具体应用，如应用交际、技术或商务写作、应用或技术数学、应用物理、农业或商务经济等，甚至有在更具体职业领域如护理、健康科学、婚庆、警报、教育、电子、管理、兽医等方面的技术写作或应用数学课程。这些课程不是对一般通识课程以及相关职业课程的替代，而是在一定职业导向基础上对它的进一步补充。如在有些学院，应用交际课程被作为学校英语和商业课程的补充课程，进一步衔接了基本理论与职业领域的联系；再如应用物理课程"技术学原理"可以提供与系统力学、流体、电与热

---

① Grubb, W. and Kraskouskas, E., National Center for Research in Vocational Education, B. A., *A Time to Every Purpose: Integrating Occupational and Academic Education in Community Colleges and Technical Institutes*, EBSCOhost, 1992.

② Pearson, D. and Park, T., *Curriculum Integration: Evidence from Studies in Science and Literacy*, Nashville T. N.: ACTE, 2009.

③ Knight, E., Donahue, J. and Knight, P., ACE TECH: The Fourth Year of CTE and Academic Integration, *Techniques: Connecting Education & Careers*, Vol. 83, No. 8, 2008.

能四大能量相关职业在诸如压力、速度、阻抗、能量等的一些基本物理原理的应用。[①] 由于财政的制约，这种应用学术课程一般很少由学术教师和职业教师合作来承担，而往往是由单独一方来承担，从而产生有不同方向的偏颇性。学术课程教师往往偏向于纯学术基础课程的教学方式，显得较为抽象和理论，而职业课程教师则相反。这种课程模式的另一个缺点是，它过早分流了不同职业领域的学生，限制了他们的视野面，不利于不同职业领域学生之间的横向交流和互动。

此外，在很多社区学院，也存在第三种职业导向性学术课程模式，即补习课程，是社区学院执行发展教育功能的重要课程模式，包括职业补习和英语作为第二语言的课程（English as a Second Language courses，ESL）。在很多社区学院，这种课程是独立且具有系统组织的，通过这些课程的设立，来实现个体在阅读、写作、基本数学等领域的通识。但是，在很多时候，这些课程也具有对某一职业领域的入门导向性。如有些职业学院的职业补习课程"技术导论"提供了在相应技术性职业如农业、工程、自动化机械等背景中所需的数学、阅读和写作等内容方面的教学。[②] 英语作为第二语言的课程之所以作为课程整合的一种方式，就在于它通过渗透与职业有关的信息和情境到阅读、词汇以及写作等教学内容中来培养个体需求的基本职业能力[③]，这大大响应了广大非英语语言国家移民对语言培训和基本职业目标的需求。这类课程需要语言教师和职业教师的合作来完成，如在芝加哥某社区学院，该项目的课程虽是由语言教师承担的，但职业教师却经常与语言教师合作或参与语言教师的培养，以帮助语言教师开发与职业相关的语言课程。[④]

---

① Grubb, W., National Center for Research in Vocational Education, B. A. and And, O., *The Cunning Hand, the Cultured Mind: Models for Integrating Vocational and Academic Education*, EBSCOhost, 1991.

② Grubb, W., Kraskouskas, E. and National Center for Research in Vocational Education, B. A., *A Time to Every Purpose: Integrating Occupational and Academic Education in Community Colleges and Technical Institutes*, EBSCOhost, 1992.

③ Grubb, W. N., *Working in the Middle: Strengthening Education and Training for the Mid-skilled Labor Force*, San Francisco, CA: Josset-Bass, 1996.

④ Bragg, D. D., Reger, W., Thomas, H. and Illinois Community Coll. Board, S. D., *Integration of Academic and Occupational Education in the Illinois Community College System*, EBSCOhost, 1997.

（二）融合学术内容职业型课程

融合学术内容职业型课程就是在职业课程中融合更多学术内容，主要有跨学科的融合学术内容型职业课程和融合学术模块的职业课程两种模式，使得职业课程在职业倾向的基础上更具有人文的气质。

跨学科的学术内容融合是一种较为非正式的融合模式，要求职业教师和学术教师共同协作下，将某一课程如写作、阅读、交流、人文等知识内容渗透到各自课程的教学中，以培养学生通识职业能力的整合模式。其中，"跨学科的写作"是最为普遍的一种模式，它要求所有职业教师将写作练习融合到各自常规的教学过程中，如可以让学生通过写作来描述本专业在未来职业路径中的角色，或者在面对问题时应采取的解决方案等内容，甚至可以用学术性评价方式如写作性考试来作为考核职业课程的方式。通过这种写作课程的渗透，还可以帮助学生进一步澄清和组织自我的思想，以成为更为主动的学习者。① 此外，"跨学科的阅读"可以通过让所有课程的学生阅读同一本书，要求不同专业领域的学生侧重于本书中不同的具体内容方面，来培养学生的探究力、领导力等，这将有助于学生面对同一主题从不同的视角进行讨论；"跨学科的交流"在于激发学生在课堂中更加积极地参与讨论和提问，提高学生的交流、问题解决和批判思维的能力；"还有跨技术的人文"旨在通过在职业课程中包容人文的要素来增强学生对相应职业领域中的历史、伦理、艺术与审美等方面的理解。在这些跨学科的课程模式中，学术教师与职业教师参与修改课程的程度往往有所差异，一般是后者的参与度较低，缘于这种课程的教学将占用具体岗位技能的教学时间，且大部分职业教师的学术能力不高。

相对于前者，融合学术模块的职业课程模式则是一个较为正式的课程模式，它是职业课程教师将具有历史和伦理等意义的学术课程模块融合到相应职业课程中，即从学术学科中引入材料单元到标准的职业课程，以达到扩展学生知识和视野的目的。例如，在法律应用课程中引入有关法律应用历史的内容，在工业工程、机械工程、商业技术等课程中引入历史、伦

① Watkins, B. T., More and More Professors in Many Academic Sisciplines Routinely Require Students to Do Extensive Writing, *Chronicle of Higher Education*, Vol. 36, No. 44, 1990.

理和审美等学术内容模块，如伦理方面的环境关照等。[①] 尽管与前述跨学科的学术内容融合模式一样，这种课程也是一种在职业课程中融合更多的学术内容的方式，都需要两种教师的共同协作，但不同的是前者是在范畴上的扩充，以应用于学校所有职业项目，试图需要整个学校机构的支持，而这种模式的发展则只限定在具体领域的课程中，是围绕特定职业目的的学术和职业教师共同合作的结果。但是，相对于前者，这种模式更具有情境性和独特性，因此持续的时间不够长久。

（三）综合型课程

与前两种课程类型不同的是，综合型课程不是以既定的学术或职业课程为基础，而是通过建立一门新型课程来融合职业与学术内容的课程方式，包括融合学术视野和职业关照的交叉学科课程和个性化的高级项目课程两种模式。

交叉学科课程模式是"将历史、伦理、文学、哲学以及社会或人类文学等学术课程的观点应用到职业相关的发展性内容或主题中"[②] 而形成的一门新型课程模式，其目的在于通过为职业学生提供更为新型的和更富有挑战性的教学方法来进一步拓展学生的学术视野，特别强调工作的社会、政治、哲学与伦理方面。[③] 例如，有些学院发展了"美国的工作"这一综合文科课程，其中的很多关于工作的科幻或非科幻的情境往往被用作对工作态度的考察，对过去、现在和未来工作的理解，以及发展学生关于基本人类经验如工作交流的技能，以达到在解释故事和其他符号性的表象时的胜任；有些学院通过建立"文化和技术"这门课程渗透大量对工作的文学关心以及关于现代伦理如基因工程的内容。[④] 美国国家科学基金会

---

① Grubb, W., Kraskouskas, E. and National Center for Research in Vocational Education, B. A., *A Time to Every Purpose*：*Integrating Occupational and Academic Education in Community Colleges and Technical Institutes*, EBSCOhost, 1992.

② Crubb, W. N., Badway, N., Bell, D. and Kraskouskas, E., *Community College Innovations in Workforce Preparation*：*Curriculum Integration and Tech-prep*, Mission Viejo, CA：A Joint Publication of the League for Innovation in Community College. National Center for Research in Vocational Education, and National Council for Occupation, 1996, p. 7.

③ Illinois Community College Board, *Blurring the Lines*：*Integrating Academic and Occupational Instruction at the Community College*, Springfield, IL：Illinois Community College Board, 1997.

④ Grubb, W. and Kraskouskas, E., National Center for Research in Vocational Education, B. A., *A Time to Every Purpose*：*Integrating Occupational and Academic Education in Community Colleges and Technical Institutes*, EBSCOhost, 1992.

（National Science Foundation）还资助发展了一项所谓的"先进技术教育"课程，融合科学、技术、工程与数学四个基本领域，以适应经济社会对中等技术劳动力的需求。[①] 这些综合课程的共同要素就是将学术学科如历史、文学、伦理、哲学、科学等领域以及它们的概念和分析方法应用于技术的发展、工作以及产生的社会效应，或者其他与就业相关的主题。这些课程需要学术与职业等多种学科教师的共同努力，通过发展新的支撑性材料，来形成新的混合型课程。

高级项目课程模式是一种使用项目方法，针对个性化的项目需求而设立的整合式课程，一般被安排在最后一学期进行，因此有时也称为顶点课程。[②] 这种课程不是为了培养一般专业课程所发展的特定专业技能，而是为使学生应付未来复杂性工作环境而实现在问题解决能力、项目执行能力、团队协作能力以及展现自我能力等综合学术能力方面的达成。顶点课程的设计和教学工作要求项目小组所有专业课程教师的共同参与，以增强课程能力的针对性、普适性和综合性。如在特拉华州的一所职业技术高中，第一学年由广大教师通过数周的对话而识别未来毕业生在问题解决、写作与口头交流、推理、团队合作和学术与技术知识和能力方面的需求，进而提出一个由三项内容组成的项目课程：一个扩展学生生涯兴趣主题知识的具有组织性、一致性并与生涯相关的研究论文；一个与学生生涯兴趣相关的、在应用数学和科学知识基础上以增强学生技能而由学生个人设计和建构的产品；一个面向由教师和社区代表组成的评价委员会的口头报告，而具体的项目主题则由学生在教师的帮助下选择。[③] 这种课程模式所培养的能力与特定职业岗位的联系程度较弱，更多的是指向于高级职业相关能力的培养，以增强个体工作的整体意识。

（四）模块型课程

这种课程类型是围绕某一职业集群和领域而设置的两门或两门以上相互补充的整套课程体系，融合阅读、写作、数学等学术基础性课程和特定

---

① Bailey, T. R. and Matsuzuka, Y. , *Integration of Vocational and Academic Curricula through the NSF Advanced Technological Education Program (ATE)*, ERIC, 2003.

② Grubb, W. , National Center for Research in Vocational Education, B. A. O. , *The Cunning Hand, The Cultured Mind: Models for Integrating Vocational and Academic Education*, EBSCOhost, 1991.

③ Bottoms, G. and Sharpe, D. , Southern Regional Education Board, A. A. , *Teaching for Understanding through Integration of Academic and Technical Education*, EBSCOhost, 1996.

职业学科领域课程的内容于一体。允许教师使用至少一门其他课程的材料，从不同视角产生相似的主题，设计共同的例子和应用，在一门以上的课程中同时进行，或者依赖其他的课程来传授必要的知识基础，要求学生必须修完事先设定的所有课程。根据课程数量规模的不同可分为串联式、集群式、学习型社区、校中校或学园模式和磁石学校五种模式。

串联式课程是一种链接一组成对（学术＋职业）课程的模式，如有些学院将写作与服务实习两者相串行，在服务实习中将学生引入相应的人类服务中心，并要求学生进行相关主题的写作，通过加强学术课程与职业课程之间的联系增强他们对人类的服务意识；而集群式课程则是链接两门以上相互联系课程的模式，如"基础企业集群"引入了商业、写作和经济课程内容，而"高级企业集群"则引入了管理学基础、哲学、价值和商务伦理以及文学写作等课程知识。[①]"干中学"作为集群课程的一种，将课堂内的学术教学和生涯兴趣同校外场域中建构的工作经验相结合，并通过学徒制、企业实习、顾问指导以及合作教育等形式来实现，以便为学生提供一个重要的生涯路径。[②]实践证明，集群课程影响下的学生有着较好的人际关系，他们更易于合作，形成研究团队等支持性体系。这种课程模式需要所涉教师的共同努力，以联合形成计划。

如果集群式课程形成更大的课程团队，就形成了学习型社区模式，任何数量的学科都可以联系成为学习型社区。不管具体学科是什么，学习型社区最重要方面是跨学科的学习、机制的建立、各种学科领域技能的整合以及更加积极的教学方法如研讨、小组讨论等的使用。如有些学院围绕艺术设计专业，融合了一系列的学术课程，包括阅读、应用和艺术等领域，具体还有"语言与隐喻"英语、"自然规律"科学，以及"人文要素设计"和"认知心理学"等社会课程。另有社区学院（Delta College）将生物—伦理—护理项目作为一个学习型社区，参与其中的学生学习包括卫生保健、保健伦理和大学写作三门课程，课程融合了项目领域所需要的核心能力和一般能力。[③]

① Grubb, W. and Kraskouskas, E., National Center for Research in Vocational Education, B. A., *A Time to Every Purpose*: *Integrating Occupational and Academic Education in Community Colleges and Technical Institutes*, EBSCOhost, 1992,

② Anderle, S. T., *The Integration of Academics into Career-technical Education in Two California Charter Schools*, Dissertation of University of Southern California, 2008, p. 29.

③ Jacobs, J. and Teahen, R. C., *We're Doing It*: *Michigan Models for Academic and Occupational Integration*, EBSCOhost, 1996.

当学习型社区达到一定规模和体系后，就演变成为校中校模式或学园模式，在这种模式中的教师与学生具有较为共同的文化和社会认同感。与它所在的学校相比，学园具有规模小、师生比大的特点，因而有助于教师之间、师生之间更为充分的交流和个体问题的解决。而当这种学园模式的规模发展到一定程度而脱离于所在学校时就演变成为专门的磁石学校（学院）。它是围绕特定的职业集群如电子、计算机、商业等领域而设立的功能较为齐全的、具有独立系统的集群式学校组织，这种形式更多地发生在中等职业教育阶段，称为磁石中学。①

这五种模块式课程虽然包含不同规模的课程、教师和学生，但都具有相同目的：它们都旨在提供一个让所有教师都能够展现自我的、两门或两门以上课程相互作用的组织，使得教师能够识别和设计在其他课程中可以获得的知识和能力，以便形成通用的案例和应用，进而为特定职业领域的学生服务。由于提供了一个扫除学科间障碍、有助于合作生成的机会，因此这种模式在整合职业课程与学术课程方面的潜力是无穷的。

四　主体性教学方法的实施

课程内容的设置只是为综合职业人的培养预设了可以嫁接的载体，而要将这种蕴意学术兼职业内容的课程知识转化到学生身上，实现学术与职业能力的最终达成，则必须运用科学的教学方法。而事实上，教学方法本身在执行过程中，也渗透有对相关学术与职业能力的培养。经过笔者的梳理，当今美国职业教育领域中人本主义视角的教学方法主要有情境教学法、合作学习法和沉思教学法。

（一）职业教育情境教学法

情境教学法是美国职业教育领域中最为常见的人本主义教学方法。它是基于建构主义教学理论，是在自然的场景中，通过学习者主体认知结构与外界客体环境的交互作用，在意义的理解中重建自我知识结构的一种教学方法。情境教学法要求教育者在设计教学环境的过程中，应融合包括社会的、文化的、自然的和心理的等多种不同类型的经验形式。② 情境教学

---

① Grubb, W. , National Center for Research in Vocational Education, B. A. And O. , *The Cunning Hand*, *The Cultured Mind：Models for Integrating Vocational and Academic Education*, EBSCOhost, 1991.

② Hull, D. and Souders, Jr. J. C. , The Coming Challenge：Are Community Colleges Ready for the New Wave of Contextual Learners, *Community College Journal*, No. 67, 1996.

法的基本假设为：学习应该发生在真实的环境中；学习应该融合社会交互；学习内容和技能应该与学习者相关；学习内容和技能应该在学习者先前的知识框架中获得理解；学习者的知识应该不断被评价，以促进对将来经验的学习；学习者应该被鼓励成为自我管理、自我调整和自我意识者；教师应作为学习指导者和促进者，而不是教导者；教师应该提供和鼓励多元观点和内容的陈述。①②③④

自从 20 世纪初现代职业教育建立以来，在美国职业教育教学实践中，行为主义教学理论就一直处于统治者的角色。行为主义将工作任务和技能简化为一系列的行为序列，并转化为一个学习任务包，通过教学过程中的行为训练达到对这些客观行为序列的掌握。然而，随着工作世界环境的转变，自 20 世纪八九十年代，尤其是 21 世纪以来，技术性能力的掌握已经不能满足个体应对全球化竞争挑战的需要，批判性思考、问题解决等认知就业能力越来越成为个体顺利走向职业岗位、成功实现自我的能力需求。从 20 世纪 80 年代逐渐开始的学术能力和职业能力的整合和从学校到工作转化运动的推进以及认知学习理论研究的深入，使得美国职业教育开始逐步关注建构主义理论基础上的情境教学方法的应用。

目前，使用情境教学法的几种模式主要有场域学习、认知学徒制、工作基础的学习、服务学习、认知指导和支架模式等。其中，场域学习是通过在真实场景中学习并获得知识和能力的学习模式，它的特点是：教学活动根植在日常的认知场景中进行，学生通过此场景学习到的知识只能转换到相似的情境中，学习是思考、感知、问题解决和交互等社会行为的过程。⑤ 例如，在应用数学的教学中，使学生在与社区成员的交流中获得信息、执行蓝图或模式的建构，进而促进学生对数学概念的应用。认知学徒制是利用传统的工艺或行业学徒制作为教学活动场景的形式⑥，在该场景

①　Brooks, J. G. and Brooks, M. G., *In Search of Understanding*：*The Case for Constructivist Classrooms*, Alexandria, VA：Association for Supervision and Curriculum Development, 1993.

②　Steffe, L. P. and Gale, J., *Constructivism in Education*, Hillsdale, NJ：Erlbaum, 1995.

③　Larochelle, N. Bednarz and J. Garrison, *Constructivism and Education*, Cambridge, UK：Cambridge Press, 1998.

④　Doolittle, P. E. and Camp, W. G., Constructivism：The Career and Technical Education Perspective, *Journal of Vocational and Technical Education*, Vol. 16, No. 1, 1999.

⑤　Stein, D., *Situated Learning in Adult Education*, ERIC Digenst, 1998, p. 195.

⑥　Black, R. S. and Schell, J. W. S., *Learning Within a Situated Cognition Framework*：*Lmplications for Adult Learning*, ERIC Document Reproduction Service, 1995, ED 389, 939.

中，学习者通过认知工具在观察他人的工作中实践、获得、发展和精通技能。工作基础的学习模式是通过提供一系列从短期的经验类型介绍到长期的更有针对性的学习包括有偿工作经历和正式的培训等一系列的连续性活动来实现对知识和能力的掌握，如该模式在密歇根职业教育系统的实践包括生涯探索、生涯实习和生涯学徒制。[①] 服务学习模式是通过社区服务性项目实践来提高个体职业意识的情境教学模式，学生在服务过程中，通过反思可以体会社区中存在的真正问题，从而增强职业认知和服务意识。[②]认知指导模式是建议在一个非正式的日常交互环境中，一个渴望求知的个人试图在教室或工作场景中找到一个知识更为丰富的个人作为指导，以攻克某一难题的教学方式。[③] 支架模式是通过将一个类似于真实问题的范式作为支架来解决问题的方式，例如，当学生在电子实验室面对一个难题的时候，教师通过一个具有逻辑性的游戏作为支架，以使学生将这种逻辑应用到实验的逻辑当中从而解决问题。[④]

当然，这几种情境教学模式不是相互独立，而是彼此交叉的。认知学徒制和服务学习模式本身就是一种场域的教学模式，工作基础的学习模式也包括场域模式在内，认知指导模式也有可能是场域模式中认知学徒制的形式，支架模式则是认知指导模式的一种。总之，他们都强调在与工作相关的场景中进行教与学，通过学习者自我认识结构与真实环境的交互来实现对新知识和新技能的领悟、反思和理解，而所谓的教师则更多地以指导者的身份出现。这种教学方法不仅在教学内容方面满足了学习者真实的学习需求，而且在教学的过程中实现了从传统的"教"转变为现代性的"学"的过程，体现出面向真实生活、以学习者为中心的教学特点。

（二）职业教育合作学习法

合作学习法是美国职业教育领域中另一种较为常见的人本主义视角的教学方法，它是基于建构主义、存在主义和实用人本主义理论的一种教学模式。

① Naylor, M., Work-Based Learning, *Eric Digest*, 1997, p. 187.

② Brown, B. and ERIC Clearinghouse on Adult, C. H., Applying Constructivism in Vocational and Career Education, *Information Series*, 1998, p. 378.

③ Schlager, M. S., Poirier, C. and Means, B. M., Mentors in the Classroom: Bringing the World Outside In. In H. McLellan（ed.）, *Situated Learning Perspectives*, Englewood Cliffs, N. J.: Educational Technology Publications, 1996.

④ Felder, R. M., Brent, R. and Elhajj, I., Turning Student Groups into Effective Teams, *Journal of Student Centered Learning*, Vol. 2, No. 1, 2004.

这种模式是在教师指导下，以小组形式，通过学习者的相互合作，实现对批判思维、问题解决、团队合作以及相关技能等参与民主社会能力达成的教学方式。但是，这种合作学习并不是简单地将学习者分配到小组并要求他们一起工作。① 合作学习教学情境的形成必须具备五个基本要素：积极的依赖性、个体责任、面对面的互动、社会和小组技能、团队程序。②③ 在成功的合作学习教学情境中，教师扮演着促进者、协调者、记录者和监督者角色，以建构和促进小组的讨论、总结与识别将要从事的工作，维持小组成员任务的执行并确保所有成员的参与，执行对小组程序的记录，确保小组所有成员对教学材料的理解。④ 也就是说，他们在整个小组的形成、运行管理与评价反馈中都起着非常关键性的作用。

在充满竞争的美国劳动力市场中，要成功参与未来的民主社会，不合作的独立性工作已经不能满足个体胜任工作的需要，单纯的技能性能力也不足以达到个体对完美职业生活的追寻。融合多元文化、经济和社会因素的工作世界越来越要求个体具备诸如问题解决能力、创新思维能力、交流能力、团队协作能力等高级通识能力，而合作学习模式恰恰为这种高竞争、高要求的职业环境提供了教学环境。与传统演讲式的集体课堂教学相比，合作学习中的学习更容易获得批判性思维技能和学会学习等元认知能力。⑤ 因此，合作学习作为一种教学模式，已经越来越受到美国职业教育界的欢迎，很多旨在培养学生交流能力、团队合作能力、批判思维能力以及相关职业技能的职业教育机构已经广泛应用了这种高质量的教学模式。

合作学习教学模式在美国职业教育实践根据课程类型不同有着不同的表现形式。例如，在中亚利桑那学院的一个关于社区文化的课程学习中，由6—7名学生组成一个小组，通过专题讨论鼓励学生自我导向学习的开

① Gillies, R., Structuring Cooperative Group Work in Classrooms, *International Journal of Educational Research*, Vol. 39, No. 1, 2003.

② Johnson, D. W. and Johnson, R. R., *Learning Together and Alone: Cooperative, Competitive and Individualistic Learning*, Englewood Cliffs, NJ: Prentice-Hall, 1987.

③ Johnson, D. W., Johnson, R. R. and Smith, K. A., *Cooperative Learning: Increasing College Faculty Instructional Productivity*, ASHE-ERIC Higher Education Report 4, The George Washington University, School of Education and Human Development, Washington D. C., 1991.

④ Oakley, B., Felder, R. M., Brent, R. and Elhajj, I., Turning Student Groups Into Effective Teams, *Journal of Student Centered Learning*, Vol. 2, No. 1, 2004.

⑤ McKeachie, W. J., *Teaching Tips: A Guidebook for the Beginning College Teacher*, Lexington, MA: D. C. Heath and Company, 1986.

展，每位学生都要参与小组讨论并以主题性论文的形式呈现自己的观点。① 在讨论的过程中，教师出席指导并评价，但不是作为领导者和积极参与者的身份出现。结果表明，虽然学生们年龄、种族和学术基础不同，但在宽松而自由的课堂氛围中，学生们的写作能力和社会交际能力都得到大大提高，而且发展了对他人价值观和文化理念的理解和意识能力。在印第安纳艾维技术学院的科学通识课程（内容涉及物理、化学、地质和气象等）的学习中，在教师作简要的科学知识背景介绍后，由2—3 人组成小组，通过收集更多的信息以及对现代科学思想的讨论，来决定个人或社会将采取什么样的行动，以应对出现的社会问题，讨论结束后由学生写出主题性论文，并进行个人和团体测验，测验主题涉及废弃物处理、核恐怖、温室效应、酸雨等领域。② 测验表明，合作学习促进了主动性和问题基础的学习，提高了批判思维的能力。诸如此类的例子在美国其他社区学院或技术学院也是很常见的，如一个对南伊利诺伊大学卡本代尔校区的技术生涯学院的调查研究表明，64% 的教师都曾长期使用过合作学习的教学方式，70% 的教师认为 3—5 名学生是促成合作小组的最佳人数，小组由教师随机组合而不是由学生自由选择，合作学习的实践一般应用于实验室实验、问题解决活动、演讲和课程内容的讨论等活动形式中，有时也应用在学期论文写作和课堂陈述中，甚至还应用在测验和考试中。③ 结果显示，参与小组合作学习的学生比独立性学习的学生获得了更高的分数，学到了更多的知识和能力，尤其是团队合作能力得到加强。

　　根据以上各学校合作学习实践可以看出，在不同学校或课程中，小组的规模呈现有所不同，但一般都在 2—10 人，即以小规模化组合形式呈现，这就为个体参与小组讨论、表达个人观点提供了足够的时间和空间，尊重了每个个体存在的价值；而教师在其中一般起着分组、协调和评价的作用，而不是填鸭式的主宰者。教师一方面为学生的自由讨论提

---

　　① Isbell, T., *As Worlds Collide: A Central Arizona College Learning Community*, Coolidge, AZ: Central Arizona College, 1996.

　　② Shotwell, R. A., *Scientific Literacy: A Non-traditional Approach to Science for Students Outside of Technical Fields*, Paper presented at the National Institute for Staff and Organizational Development Conference on Teaching and Leadership Excellence, Austin, TX, 1996.

　　③ Magney, J. R., *Using Cooperative Learning in the Technical Classroom*, ERIC Digest, 1996.

供了便利，另一方面便于及时掌握学生对相关知识的学习进度。总之，合作学习教学为学生们提供了一个和谐而宽松的环境机制，在此基础上，学生们通过积极自主地参与讨论和激励，在多元观点的碰撞、怀疑与总结中形成对新知识的理解与建构，并实现对高级职业能力的达成。

（三）职业教育沉思教学法

沉思教学法是将佛教和道教中的"正念"与"冥想"理念应用于教学实践，使教学活动放慢到最低速度，使学生成为他自己，在沉默方式中实现对注意力、情绪平衡或自我调节能力、洞察力和创造力、内在的好奇心、沉着性和反应性等能力的培养和提高。[1][2] 这种教学实践强调深度学习、关照整个学习者、关联学习与生活[3]：它引导学习者"有意识性"地聚焦于自己"此时此刻"的特定学习"目标"，并以"非判断性"态度处理外在的纷扰；它关照整个人的发展，在正确处理外在体制要求与学生自我需求之间的关系中培育更多的非理性素养；它在教学中渗透指向整体人发展、与个体日常生活紧密相连的各种价值观念，诸如尊重、开放、怀疑和感激等。沉思教学法在长期的亚洲学校教育的历史实践中得到过广泛应用。进入 21 世纪以来，这种教学思想逐步被引入美国高等教育尤其是高等职业教育（如社区学院）教学实践中。[4]

美国社区学院作为美国高等职业教育实施的重要主体，大部分学生都是无法正常进入四年制大学的弱势群体，他们中的大多数在毕业后将直接面对职业岗位，在将来的职业中他们承担着参与民主社会的责任。在如今极度分裂的现代社会环境中，社区学院不仅仅是"创造劳动力的引擎"，还更多地承担着服务社区公民的责任；它不是特定的培训机构，而是具有广义职业目的的服务场所。为了更好地参与未来的民主社会，学生们希望获得更多关于公平、怜悯、文明及合作的价值理念。而沉思教学法恰恰为

---

① Zajonc, A., What is Contemplative Pedagogy? In Contemplative Practice in Higher Education. In M. Bush (ed.), *Unpublised Manuscript*, Northampton, MA.: Center for Contemplative Mind in Society, 2008.

② Repetti, R., The Case for a Contemplative Philosophy of Education, *New Directions for Community Colleges*, No. 151, 2010.

③ Lichtmann, M. R., Community College as Liminal Space, *New Directions for Community Colleges*, No. 151, 2010.

④ 陈鹏、庞学光：《激荡中的沉淀：沉思教育学的原理与应用》，《全球教育展望》2012 年第 6 期。

社区学院提供了一个有利于舒缓学生焦虑、增强学生幸福感与自信、构建他们完整人格基础的教育方法①，有助于个体职业素养和公民道德的养成，以积极应对未来未知世界的各种挑战。

在教学实践中，沉思教学法的理念可以应用到任何类型课程当中。应用沉思教学法的课堂如同一个僧伽（Sangha），在课堂中，大家共同参与自我理念的默念式表达，实现合作、同情与礼貌。② 在美国社区学院，沉思教学法首先被广泛应用于写作课程。如在一教师执行的创造性写作教学实践中，通过独立性意念思想的利用，学生从原来的警觉性、防御性行为转换到开放的状态中，他们愿意采纳建议以完善工作、应对批评，主动性与积极性得以提高。③ 再如，在一自由写作实践中，学生和教师利用大约10分钟的时间，不间断地对一种素材的正确性进行批评，对完成后的作业不作任何的评价。④ 实践证明，通过这种不受约束的写作形式，学生们可以自由、真诚地表达他们在生活中的所想所感。其次，沉思教学法还被应用于交流与讨论课程中。如在一沉思性交流课程中，教师要求学生使用意念（mindfulness）的方式来观察日常生活交际概念的能力⑤，以反映这些概念如何影响他们与别人的互动和探索学生习惯性的交流模式。通过为期一学期的实践，学生们发现这种教学已经改变了他们的生活，帮助他们改善了与家人、朋友和同事间的关系，变成了更好的学生和更加幸福的人。而与此同时，沉思教学法还被逐渐地应用于有关职业实践的教学中。因为在当代社会中，个体对未来的期望往往高于对当下的关注，如当他在涮洗盘子的过程中，他往往在想着随后的约会、冰箱里所放的东西或者纠结于将要支付的账单，而较少意识到双手皮肤上水的感觉、肥皂沫的质地等有关工作的场景。⑥ 而正念基础上的沉思教学法将有助于培养这种缺失的注意力特质，以将他们引到正在做的事情当中。

① Haight, R., The Classroom is a Sangha: Contemplative Education in the Community College, *New Directions for Community Colleges*, No. 151, 2010.

② Ibid., No. 151, 2010.

③ Ridl, J., *Degrading the Grade*, http://ridl.wordpress.com/2008/02/19/degrading-the-grade/, 2008 - 02 - 19.

④ Haight, R., The Classroom is a Sangha: Contemplative Education in the Community College, *New Directions for Community Colleges*, No. 151, 2010.

⑤ Huston, D., Waking up to Ourselves: The Use of Mindfulness Meditation and Emotional Intelligence in the Teaching of Communications, *New Directions for Community Colleges*, No. 151, 2010.

⑥ Nhat, Hanh T., *The Miracle of Mindfulness*, Boston, MA: Beacon Press, 1999.

无论是应用学术课程的教学，还是职业实践课程的指导，沉思教学法在职业教育的实施中都充分利用了学生个体的主体性意识，将个体视为一个独立自主性的自我。它通过使个体对学习过程的自我沉浸来增强学习者的集中注意力和自我调节能力，通过学习与生活直接相关联的价值理念来培养完整性的自我。沉思教学法强调反思和意念，更尊重人类主观世界的特点；它不是将外在客观的东西强加于主观个体，而是让自我通过在主观世界找回自己中实现对客体知识的习得，进而实现内在世界与外在世界的相互统一。

第三节 美国职业教育人本主义蕴意的现实总结与评价

近一个时期美国职业教育人本主义的蕴意虽然在新的社会背景下呈现出新的表征形式与特点，但仍体现在人本主义哲学三维度基础上的教育世界的教育权、培养目标、课程设置和教学实践四个基本范畴领域中人本主义视角的特殊关照与服务，蕴意了深刻而丰富的人本主义内涵。

首先，在教育权维护上，美国职业教育法以法律的形式明确了社会特殊群体包括妇女、残疾人、土著人和边缘地区的人们接受职业教育的正当性与合法性，并以条款的形式具体规定了联邦政府或州政府对相应弱势群体接受职业教育拨款的具体比例，这在一定程度上以经济援助的方式进一步维护了这些群体接受教育的基本权利，进一步拓宽了他们接受教育的机会。与此同时，法律还规定开发面向部分特殊群体如残疾人和妇女的有着特殊需求的职业教育项目与咨询服务，并提供特殊教育设施建设的资助，消除社会对弱势群体的歧视与偏见，保护了他们对职业教育与生涯发展的正常需求。从人本主义哲学出发，教育权是主体人所具有的神圣的不可侵犯的权利之一，教育世界必须为个体提供接受教育的基本权利。职业教育无论是作为普通教育的补充，还是作为教育的一种重要形式指向职业生涯，都有理由为全体公民提供合理且合格的教育需求与机会，尤其是当广大弱势群体由于某项条件限制而产生对职业教育追及不足的时候，职业教育的相关责任者也有理由为他们提供特殊的照顾条件与人道的关怀措施，以保障他们接受与普通人一样的教育权利与服务。围绕人本主义对人之本体维护的基本需求以及延展性召唤，美国职业教育都在尽可能地努力地实施着。

其次，在职业能力标准规定上，SCANS 构建的三大基础能力囊括了当代职业人学术能力发展的基本方面，不仅顺应了当代社会对个体民主参与社会能力的基本需求，而且也迎合了人本主义理论对个体健全发展的必然要求。人本主义在维护人之教育权利的基础上，为个体的发展规定了理想的完满人格，要求教育应对个体的完整发展和健全发展负责。而这一理想完满人格的实现则要求个体实现多种能力的整合发展，尤其对于职业人而言，要实现在社会中有尊严地成长与生活，就不仅要掌握操作性的岗位技能，还需要掌握满足基本生活需求的基本学术能力，以及应付当代社会复杂环境的高级职业与学术能力如高尚的伦理素养等。读写算数听说等基本通识能力的掌握是个体告别愚昧、走向文明的基本路径，它有助于个体对职业与生活的周围环境中有关基本信息与资源的获取与理解，有助于高级学术能力的进一步达成；创新思维、问题解决等高级学术能力的达成则有助于个体应付变化中的工作世界中的复杂的系统与技术环境，提高个体对新事物与新环境的应变能力；而责任感、自尊、正直等个人素养则是职业人个体不断走向完善从而达到自我实现所必须具备的品质，它有利于个体应对复杂的人际关系环境，在和谐关系中走向职业的成功。

再次，就课程建设而言，美国职业教育学术课程和职业课程整合的12 种模式分别从学术倾向型、职业倾向型、综合型和模块型四个维度体现了课程整合建设的不同视野和侧重点。虽然不同的课程类型和模式有着不同的目标导向，且需要有不同的具体条件予以支撑，但它们都渗透了指向完满个体培养的兼有学术内容和职业内容的课程知识，这恰恰符合了人本主义所要求的实现个体健全发展的载体形式。人本主义哲学规定，要达到全面发展个体的终极目标，必须通过提供多元内容的载体形式来实现，这就要求教育必须提供包含多种知识内容和技能传授的完整课程结构。美国职业教育课程整合的模式规避了个体能力单一发展的偏颇，实现了学术与职业能力的整合发展。学术倾向型课程通过在学术课程中渗透职业的要素，使得课程具有一定的职业导向性，在培养学术能力的同时，初步培养了个体的职业认知能力；职业倾向型课程通过在职业课程中渗透学术的知识，使得职业能力在学术能力的应用中实现与学术能力的整合发展，而不仅仅是单纯的技术能力的形成；综合型课程以新型的课程形式同时融合了学术与职业内容，指向了完整个体的发展；模块型课程以特定的职业集群或领域为中心设计一系列兼有学术和职业内容的课程体系，培养了个体在某一职业领域的综合职业能力。

最后，在教学实施中，美国职业教育也兑现了人本主义哲学的相关要求。一方面，人本主义要求健全的载体必须在合理的教学关系中实现，而美国职业教育的主要教学模式为整合式的职业教育课程内容的传输提供了可行的路径。情境教学法将理论联系实践，顺应了学术性课程尤其是应用学术性课程将理论应用于职业实践的需求；合作学习法能够通过合作讨论的形式将职业相关知识应用到课程理论的教学中去，或者在职业环境的合作中实现学术课程理论的应用，同时还非常便于综合课程以及模块式课程的顺利实施；沉思教学法不仅有利于学术课程的教学实践，而且也有利于个体对与生活相关联的职业课程的学习。另一方面，人本主义所追寻的完整个体的培养还需要在民主与和谐的教学关系中进行，在尊重个体的基础上发展个体。美国职业教育教学模式充分彰显出人本主义所要求的教学方法的主体性、自主性、民主化、和谐性与真实性的特点，不断实现着教学活动从教师"教"向学生"学"的方式转换，为个体自我潜能的发挥提供了有意义的情境、和谐的社区与民主的关系体，在充分尊重学生主体的教学氛围中渗透着对课程内容所达成能力的进一步补充，尤其是在诸如创造性思维、批判性思维和团队精神等高级学术和职业能力的培养方面意义重大。

第五章　美国职业教育人本主义
蕴意的现实个案调查

与大规模的随机抽样统计分析相比，非随机性"个案"研究能够实现对社会现象的"深度"描述与理解，以更好地进行新的现象的"外推"，而不是一般事实的"概化"。① 研究以独特的质的研究视角，通过实地调查美国当地一所职业技术学院，从教育权、培养目标、课程设置和教学实践四个方面详细描述职业教育人本主义蕴意的深层次现象，旨在为后续的经验移植提供充分的事实依据。

第一节　美国职业教育人本主义蕴意的现实个案调查方法设计

研究使用质的研究方法，通过抽取一所职业技术学院为研究个案，进而具体考察美国职业教育人本主义蕴意的现实状况。

一　研究目的与问题

研究旨在通过对美国职业教育实践的个案调查，了解美国职业教育人本主义蕴意的实然状态及其表现形式。研究的问题是，美国职业教育人本主义理念分别在教育权、培养目标、课程内容和教学实践四个方面的具体表现如何？

二　研究方法

从统计数据性质出发，研究方法有量的研究、质的研究和混合式研究三种方法，本书采用质的研究方法。与纯粹量的研究方法相比，通过质的

① Patton, M. Q., *Qualitative Research and Evaluation Methods* (3rd ed.), Thousand Oaks, CA: Sage, 2002, p. 46.

研究方法，研究者可以获得对社会现象的更为深度的理解，且研究结果具有丰富的"描述性"。[①] 在教育实践中，教育过程更多地体现为人的要素，作为具有主体性的教育行为更多地体现为即时性、境域性和复杂性，不能单纯地依靠事先制定的客观尺度与标准去衡量与评价，要更好地了解事实、弄清真相，就要通过质的研究方法进行深度感知。与此同时，研究的目的旨在探讨职业教育实践中所蕴意的更多主观性的人本主义要素，而不是更多的客观性行为要件，因此，质的研究方法更为适合。

以质的研究方法为基础，本书主要使用访谈法、观察法和文档分析法作为收集数据的具体方法。

（一）访谈法

访谈法旨在通过了解被试的主观世界，打开他们所经历的意义，发现其生活世界，从而为进一步的科学解释提供依据。[②] 它是一个旨在获得详细的测验理论知识、具有一定结构性和目的性的访谈式行为过程，在此过程中，知识在访谈者和受访者的提问和聆听的交互式行为中得以建构。通过访谈法，研究者可以理解和重建他未曾参与过的事实，可以在超越时间、阶级、种族、性别和地理位置限制的基础上扩展研究者的理性和情绪知识。[③] 研究试图通过与技术学院部分项目课程教师的半结构化访谈了解职业教育实践的背景信息与主观经验，进而从中提取所蕴意的人本主义要素。

（二）观察法

观察法的假设在于，它可以促使研究者通过观察和聆听获知在某一情境中理所当然的东西，进而探索最好的实践方式。[④] 通过观察，研究者可以获得日常社会行为的一手资料，这是回答经典实践问题"正在发生着什么"的基本手段。[⑤] 同时，也可以获得一些在非自然情境下被试所逃避

[①] Merriam, S. B., *Qualitative Research and Case Study Applications in Education*, San Francisco, CA: Jossey-Bass, 1998, p. 8.

[②] Kvale, S. and Brinkmann, S., *Inter Views: Learning the Craft of Qualitative Research Interviewing*, Los Angeles, CA: Sage Publications, 2009, p. 1.

[③] Rubin, J. and Rubin, I., *Qualitative Interviewing: The Art of Hearing Data*, Thousand Oaks, CA: Sage Publications, 1995, p. 1.

[④] Morse, J. M. and Richards, L., *Readme First for a User's Guide to Qualitative Methods*, Thousand Oaks, CA: Sage, 2002, p. 96.

[⑤] Schwandt, A., *Dictionary of Qualitative Inquiry*, Thousand Oaks, CA: Sage Publications, 2001, p. 179.

的信息，如在访谈中被试不愿传送的信息。研究旨在通过观察所访谈教师相关课程的教学活动，目睹课堂教学中真实的教师、学生行为以及他们的相互关系和有关客观场景，从中探寻所蕴含的人本主义性质的主体性与和谐性等要素。

（三）文档分析法

文档分析法是指通过分析和解释与特定研究主题相关的文档和记录①，而产生系统化研究数据信息的方法。这些文档是指手头上一系列与研究有关的书面的、图像的或物理的材料，主要包括公共记录、个人文件和物理材料三种类型。② 通过对这些特定主题文档的查阅、分析与总结，可以详细地了解通过观察法、访谈法掌握不到的更为深入的背景信息和实践痕迹。研究主要通过对技术学院相关专业的培养方案和部分基础课程与专业课程教学大纲的分析，从课程设置的视角解读职业教育实践中人本主义倾向的完整人的培养目标及其实施策略。

三　研究总体与样本

研究总体是一组个体化的人、事物或其他要素，研究样本是为获得总体信息而从统计总体中抽取的一个有所限定的部分。与量的研究随机抽取大规模样本不同，质的研究更深入聚焦于小规模的样本，甚至是有目的性选取的单个案例。③ 因此，为深度理解事实，研究并未使用概率的理论从总体中进行大规模的随机抽样，而是基于目的性取样原理通过抽取小样本的方式进行细致研究。

（一）研究总体

研究总体是数据收集和研究开展的总体集合，包括所有与研究目的有关的研究对象，本书的总体是美国职业教育实践。美国职业教育由中等职业教育和高等职业教育体系构成，中等职业教育实施的主体有综合中学和中等职业学校，高等职业教育实施主体主要有社区学院、独立的职业/技术学院和综合性大学下属的职业/技术学院。

---

① Schwandt, A., *Dictionary of Qualitative Inquiry*, Thousand Oaks, CA: Sage Publications, 2001, p. 75.

② Merriam, S. B., *Qualitative Research and Case Study Applications in Education*, San Francisco, CA: Jossey-Bass, 1998, pp. 112 – 113.

③ Patton, M. Q., *Qualitative Research and Evaluation Methods* (3rd ed.), Thousand Oaks, CA: Sage, 2002, p. 46.

（二）研究的一级样本

研究以标准个案的取样方式，将高等职业教育层次的俄克拉荷马东北技术学院的职业教育实践作为研究一级样本。[①] 标准取样的假设在于取得样本的信息符合预设的标准[②]，如蕴含人本主义要素。俄克拉荷马东北技术学院以提供一手的职业技术教育、拥有一流的设备和独特的校企合作关系而闻名遐迩于整个俄克拉荷马州。因此，该学校具备满足预设理论标准的条件，能够为研究目的提供足够的证据。

该技术学院主要提供各专业领域应用科学副学士（Associate of Applied Science，AAS）（60—90 个学分）、部分专业领域的科学副学士（Associate in Science，AS）（60—90 个学分）和技术学士（Bachelor of Technology，BT）（120—130 个学分）的教育。其中，应用科学副学士涉及应用健康科学、空调技术、汽车维修与服务技术、建筑技术、烹饪艺术、工程技术、重型设备与车辆技术、制表技术、信息技术和视觉通信技术等领域，旨在为各行业培养应用技术型人才；科学副学士主要在商业、企业发展、信息技术和基础教育领域提供向普通四年制大学转移的基础理论教育；技术学士学位为技术学院学生提供了进一步提升学位层次的机会，包括土木工程技术、信息安全与取证技术和仪器仪表工程技术三个领域。

（三）研究的二级样本

研究以俄克拉荷马东北技术学院为个案，以经典案例的取样方式，选取有代表性的信息技术系（Information Technologies，IT）和工程技术系（Engineering Technologies，EET）两个系科的职业教育实践作为研究的二级样本。经典取样是指为探究特定研究现象而从统计总体中抽取具有"典型性""一般性"和"平均性"样本的取样方式[③]，信息技术系和工程技术系在技术学院的各系科中具有一定的代表性，拥有多种学位层次和专业领域。

其中，信息技术系拥有信息技术和信息安全与取证 2 个专业领域，覆盖应用科学副学士、科学副学士和技术学士学位 3 个学位层次，聘有 7 名

---

① 注：为坚持取样的保密性原则，该学校名字为匿名。

② Patton，M. Q.，*Qualitative Research and Evaluation Methods*（3rd ed.），Thousand Oaks，CA：Sage，2002，p. 238.

③ Patton，M. Q.，*Qualitative Research and Evaluation Methods*（3rd ed.），Thousand Oaks，CA：Sage，2002，p. 236.

全职教师和 3 名兼职教师；工程技术系拥有工程绘图和设计制图、土木工程和测绘技术、仪器技术、电器电子技术、纳米科学仪器、电厂技术和制造技术 7 个专业领域，涵盖应用科学副学士和技术学士学位两个学位层次，聘有 15 名全职教师。表 5 - 1 和表 5 - 2 分别对两系科各专业领域的学位层次及相应的学生人数（调查时的实时数据）作简要统计。

表 5 - 1　　　　　信息技术系专业、学位及学生分布情况

专业领域	学位层次	人数
信息技术	应用科学副学士	85
信息技术	科学副学士	10
信息安全与取证	技术学士	56
合计		151

表 5 - 2　　　　　工程技术系专业、学位及学生分布情况

专业领域	学位层次	人数
电器电子技术	应用科学副学士	59
纳米科学仪器	应用科学副学士	6
制造技术	应用科学副学士	11
电厂技术	应用科学副学士	15
工程绘图和设计制图	应用科学副学士	17
土木工程和测绘技术	应用科学副学士	13
土木工程和测绘技术	技术学士	15
仪器技术	技术学士	28
合计		164

（四）研究的三级样本

为了能够尽量调查所有专业领域的教育现象，研究者采用分层目的取样方法，分别从信息技术系、工程技术系所属的项目领域以及基础课程所在的艺术与科学系（Arts and Sciences，A&S）所属的语言写作、语言交流、数学、科学、社会和人文 6 个学科领域中抽取 3 名、6 名和 5 名（数学与科学课程为同一教师）合计为 14 名教师的职业教育实践作为研究的

三级样本。分层抽样的目的在于获得主要的变量信息，[①] 从而有助于实现对不同小组个体访谈、课堂观察以及相应教学计划之特点和信息的深度理解。表5－3对抽取的14名教师的个人基本信息分别作简要统计。[②]

表5－3　　　　　　　　　参访教师基本信息统计

姓名	性别	系别	项目领域	观察课程
Tim	男	IT	网络技术	安全系统管理
Fitch	男	IT	网页设计	网页设计
Robin	男	IT	信息安全	网络安全
Kay	女	EET	纳米技术	纳米结构
Gavin	男	EET	电器电子	项目管理
Jenny	女	EET	土木工程	交通运输
Mike	男	EET	工程绘图	机械设计
Christ	男	EET	工程绘图	绘图技术
Grover	男	EET	制造技术	制造技术
Dora	女	A&S	写作（基础写作、研究写作、技术写作）	研究写作
Angela	女	A&S	交流（交流、小组交流）	小组交流
Carey	男	A&S	社会（历史、政治）	历史
Betty	女	A&S	人文（伦理、逻辑）	伦理学
Max	男	A&S	数学（代数、几何）、科学（物理）	物理

四　研究数据收集

2011年5月得到俄克拉荷马东北技术学院院长和相关系主任同意后，所有的访谈、课堂观察和文档数据收集发生于2011年6月7—24日，其间为学校夏季学期的前半阶段。由于时间紧张，三种数据来源的收集过程都是交叉同步进行的，尤其是访谈和课堂观察都是在征求教师同意并参考研究者总体时间基础上综合考虑的。

（一）访谈数据

访谈数据收集的工具是预先设计的访谈问卷（见附录一）。在访谈问

---

① Patton, M. Q., *Qualitative Research and Evaluation Methods* (3rd ed.), Thousand Oaks, CA: Sage, 2002, p. 240.

② 注：为坚持取样的保密性原则，全部教师的名字皆为匿名。

卷中，所有的访谈问题都是标准化、开放性和有目的的，在研究者保持人本主义研究目的的基础上，访谈问题采用开放性的问答方式而不是正误式或选择式的形式，在发展方式上采用阶梯式的树权型发展模式。访谈问卷将根据访谈对象类别的不同（专业课教师或基础课教师）进行有针对性灵活调整。在访谈之前，研究者还抽取部分非技术学院的学生对访谈问题做了前测验证，并根据他们的回答和反馈情况，对部分问题进行了相应调整和增删，使得问题进一步完善。访谈问题从教师的个人背景出发，以建立友好的访谈关系，并相继经历学生情况、培养目标、课程建设、教学实践等不同主题方面，最后回归到教师本身，以教师本人的优点和对其他教师的建议结束。

正式访谈进行之前，研究者首先将纸质知情同意书（见附录二）呈现给受访者。在研究者协助下，使他们对研究目的、访谈程序、参与风险和利益、被试隐私保护与权利等做到基本了解，并请他们作同意签字。在正式访谈进行的过程中，研究者用录音笔进行录音，同时对一些基本信息作简要笔录。在访谈的过程中，研究者基本按照事先拟定的访谈问题展开，并对部分细节问题作进一步的深度访问跟踪。由于被访者的个体差异如社会阅历、教学经验和性格特点等的不同，对他们的访谈时间往往呈现长短不一的现象。因此，对于善于交谈的被访者，研究者适度控制回答时间，对于不善于交流的被访者，研究者采用变换问题方式的形式尽量鼓励他们提供更多的数据信息，最终访谈时间一般持续在30—40分钟。访谈结束后，研究者雇用阿肯色大学的两名美国学生对每份录音均以第三人称和摘要性的方式做了文字整理，每份稿件的长度为5页左右。

（二）观察数据

课堂观察与访谈交叉进行，对同一教师的访谈和课堂观察视具体情况有先有后。其中，由于考察时间的限定和教室设施的影响，原本对历史学教师Carey的课堂观察计划被取消，但又偶然性地对另一位不方便采访的教师（电工电子）进行了课堂观察，因此观察的课堂总数仍是14个。其中，观察的课堂类型包括常规演讲以及实验、测验等，课堂的持续时间从30分钟到2个小时不等。

进入每一个课堂教室，研究者都尽量坐在靠后或靠边的座位上，以便以全局的方式观察整个教学过程中教师行为、学生行为以及师生之间行为等信息的变化。在课程进行之前，研究者首先记录下教室的场景模式、座椅安排和出席人数等基本信息。在课程进行的过程中，研究者详细地记录下教学过程中发生的各种现象，包括教学时间分配（如理论教学与实践教学的比例）、教学模式（如教师演讲、学生个体学习或团队协作）以及师生互动等信息，以充分地感知和了解真实的课堂情境中所发生的一切。与此同时，研究者还用数码相机对每个课堂的场景模式和经典课堂行为作了图片记录。

（三）文档数据

在个体化访谈和观察之前，研究者分别向信息技术系和工程技术系的管理秘书索取了各自系科相关专业项目的课程培养方案和学期计划，以整体了解各个项目的课程设置情况和当前学期课程的开设情况。项目课程方案包括不同专业项目和不同学位层次的课程类型组成、具体课程、开设学期及其总学时数和分学时数。当前学期课程表包括任课教师姓名、课程名称、周学时数以及课堂教学时间等具体信息。

在访谈或课堂观察的过程中，研究者还分别向各教师索取了他们所教部分课程的教学大纲，共计 27 份。教学大纲内容包括课程类型、学时数、课程目标和课程能力标准、课程活动组织、课程评价方式等与课程相关的数据信息。此外，部分教师还提供了相关课程的教学课件、教学资料和作业资料。教学课件和教学资料融合了课堂教学的基本内容，其中还包括很多的经典案例分析。课堂作业则为进一步了解课程评价的方式和模式提供了丰富的一手资料。

五　研究数据分析

数据分析是数据收集完成后对原始数据整理和解释的过程，也是整个研究过程的核心部分。在数据分析过程中，最为重要的意志品质特点是"沉浸"，即"阅读、阅读、再阅读数据"的过程。[①] 通过与数据亲密接触来详细了解信息，以进一步整合和解释信息。研究数据的分析过程主要包括对数据的组织、编码和解释三个基本步骤。

（一）组织数据

数据的组织分为数据盘点（详细目录）和统一标准两个步骤。[②] 其

---

① Rossman, G. B. and Rallis, S. F., *Learning in the Field: An Introduction to Qualitative Research* (2nd ed), Thousand Oaks, CA: Sage, 2003, p. 281.

② Mayring, P., *Qualitative Inhaltsanalyse: Grundlagen und Techniken Qualitative Content Analysis: Foundations and Techniques* (9th ed.), Weinheim, Germany: Beltz Verlag, 2007, p. 47.

中，数据盘点就是将所有收集的数据以列举清单的方式做目录梳理，以明确数据的种类和数量。经过研究者梳理，研究数据共涉及访谈稿 14 份、课堂观察记录 14 份、课程方案 9 份、教学大纲 27 份，以及其他一些辅助性材料。而后，研究者按照统一的标准对同一系科、同一课程项目甚至同一课程的相关资料相继归在一起，以便为进一步的数据编码做准备。

（二）编码数据

数据编码就是对数据碎片进行标签的过程[①]，它的本质意义就是从研究目的和问题视角，将材料逐步归类的过程。综合不同研究者观点，数据编码的过程可分为开放式编码、聚焦式编码和精选式编码三个步骤：首先，在开放式编码的过程中，研究者在反复阅读原始资料的基础上，将任何有意义的内容、事件或思想理念尤其是出现频度较高的数据信息进行逐一编码，并检查是否有意义重合的编码信息，从而形成最原始的类属信息；其次，研究者回归到研究目的和问题中，从原始的类属信息中选择或整合出与研究目的和问题最有关的类别以及它们的子类别，并将相关的数据信息归于对应的类别之下，这就是聚焦式编码的过程；最后是精选式编码，在此过程中，研究者将经过聚焦编码的类属进一步精选和整合，以标准化模式形成四个核心主题，即教育权、培养目标、课程和教学。

（三）解释数据

数据的解释就是将研究主题和类属中蕴含的意义用连贯性文本详细地进行描述，以让读者分享研究者理解的过程。[②] 在此过程中，除了对数据的描述外，也渗透有研究者自己的主观性解释，尤其注意与研究的理论基础和研究目的的联系，以体现研究的整体性和目的性，促使读者对研究的理论意义和现实意义的进一步了解。数据的解释是对研究过程的最大回馈和对研究结果的最终解释，同时也是对后续研究结论和建议的进一步指引。

六　研究质量控制

质的研究（trustworthiness）饱受争议，尤其是因其研究的主观性强而受到量的研究者的批评，但质的研究者仍提出了衡量其研究质量的基本指

---

① Mayring, P., *Qualitative Inhaltsanalyse*：*Grundlagen und Techniken Qualitative Content Analysis*：*Foundations and Techniques* (9th ed.), Weinheim, Germany：Beltz Verlag, 2007, p. 22.

② Rossman, G. B. and Rallis, S. F., *Learning in the Field*：*An Introduction to Qualitative Research* (2nd ed.), Thousand Oaks, CA：Sage, 2003, p. 270.

标及其控制策略。量的研究往往使用内在效度、外在效度和信度三项指标评价其质量水平，而质的研究者如 Lincoln 和 Guba 为解决质的研究问题和体现质的研究的本质特点，建议使用更为确切的可靠性、可移植性和可信性三项指标回答与量的研究的三项指标所解决的相同问题，这也是研究进行质量控制的主要依据。

（一）可靠性

可靠性，是评价研究结果是否真实性的指标，就质的研究而言，研究事实具有多元性和模糊性特点，因此相对量的研究，对它的评价更为复杂。[①] 有研究者指出，质的研究可靠性取决于三个基本要素，即严谨的研究方法、研究者的信誉和质的研究哲学理念的应用。[②] 基于此，首先在质性访谈的过程中，研究者随时记录下受访者所回答的关键信息并用录音设备进行录音，随后雇用当地的美国大学生对录音内容作详细的文本输出，并将每一份笔录稿反馈给受访者，鼓励他们作进一步的信息校正，以防对相关信息的曲解；在课堂观察的过程中，研究者详细地记录课堂中师生的言行以及相关场景内容，使其与访谈内容相互补充和取证；同时部分信息的真实性还在所收集的课程方案、教学大纲中得到进一步验证。其次，在执行研究之前，研究者通过阅读大量书籍和论文资料并在导师的协助下，对质的研究的基本程序和相关技术已经有了充分的认知和掌握，能够将理论知识娴熟地应用于研究的实践过程中。最后，在研究设计以及执行的整个过程中，研究者始终坚持质的研究的基本思路，应用质性访谈、观察和文档分析作为收集数据的基本工具，并使用目的抽样和归纳分析等质的研究手段。

（二）可移植性

可移植性，是回答研究结果在多大程度能够被应用到另一种情境中的指标。[③] 在质的研究中，研究往往不像量的研究那样进行大规模随机抽样进而概括社会的一般事实规律，而是以非随机性或目的性抽样方式抽取个

---

① Lincoln, Y. S. and Guba, E. G., *Naturalistic Inquiry*, Thousand Oaks, CA：Sage, 1985, p. 300.

② Patton, M. Q., *Qualitative Research and Evaluation Methods* (3rd ed.), Thousand Oaks, CA：Sage, 2002, pp. 552 – 553.

③ Lincoln, Y. S. and Guba, E. G., *Naturalistic Inquiry*, Thousand Oaks, CA：Sage, 1985, pp. 297 – 298.

案或小样本以实现对社会现象的深度描述与理解，以更好地进行新现象的外推而不是一般事实的概化。① 因此，在本书中，研究者主要使用标准个案取样、经典样本取样和分层目的取样的方式进行抽样。首先，在研究的一级样本中，研究者选取俄克拉荷马东北技术学院作为研究的标准个案，而不是从美国所有的职业技术学院中随机抽取一定规模的样本。虽然它不是代表性样本，但是仍能从中了解到很多对研究目的有效的事实及规律，就如同某研究者所指出的，"任何个案，在某些方面，都同其他个案一样"。② 其次，在二级样本取样中，研究者使用经典取样的方式，从学院中抽取两个具有代表性的系科作为样本，以使借鉴者更好地对比自身、汲取经验。最后，在三级样本的具体教师取样中，研究者分别从不同的学科领域中分层抽取一定数量的教师样本，以确保信息的全面性。此外，由于该研究是比较研究，最终目的是服务于中国的职业教育实践。因此，详细的数据描述也被作为一种增强研究可移植性的技术。研究者在收集、描述和解释数据的整个过程中，都力求研究数据以及相应背景的翔实性和确切性，以便为中国职业教育实践的借鉴找到更多的匹配点或相似情境。

（三）可信性

可信性，是指一项研究在相同或相似背景中被执行多次所得结果的一致性。③ 没有可信性，就没有可靠性，前者是后者的必要条件。由于质的研究现象的即时性和复杂性，在不同时间执行同一研究所得结果很难保证一致。因此，在质的研究中，可信性更多的是指研究结果与所收集数据的一致性，并可以通过研究者的立场、三角测量和审计追踪三项技术来确保这种一致性。④ 根据这种思路，首先，研究者在进行研究方法设计之前就详细阐述了研究者的理论依据即人本主义的内涵与维度，为研究过程的执行提供较为明确的理论基础和方向，确保后续研究的顺利开展。其次，由

---

① Patton, M. Q., *Qualitative Research and Evaluation Methods* (3rd ed.), Thousand Oaks, CA: Sage, 2002, p. 46.

② Wolcott, H. F., *The Art of Fieldwork* (2nd ed.), Walnut Creek, CA: Altamira Press, 2005, p. 167.

③ Lincoln, Y. S. and Guba, E. G., *Naturalistic Inquiry*, Thousand Oaks, CA: Sage, 1985, p. 299.

④ Merriam, S. B., *Qualitative Research and Case Study Applications in Education*, San Francisco, CA: Jossey-Bass, 1998, pp. 206 - 207.

于任何单一的信息来源都无法提供全部的数据，因此研究还使用三角测量的的技术，除使用访谈法外，还使用了课堂观察法和文档分析法，数据获得的多元渠道进一步确保所得信息的可信性。最后，在研究的过程中，研究者详细记录和叙述了数据收集、组织、编码和解释的全过程，以确保研究结果与原始数据的一致性，正如有研究者所指出的，"如果我们不希望别人去复制我们的账目，那么我们最应该做的就是描述我们是如何达到我们的结果的"。①

第二节 美国职业教育人本主义蕴意的现实个案调查结果分析

通过对大量研究数据的分析与总结得出结论：所调查职业学院之职业教育实践对人本主义理念的蕴意主要体现在学生群体的多元化、培养目标的全面性、课程内容的完整性和教学实践的人本性四个主要方面，每个方面都蕴意了浓厚的人本主义哲学的味道，从而确保职业教育在个体教育权利的获得、完整个体的发展、综合职业能力的达成以及主体性自我的尊重等方面履行着重要使命。

一 学生群体的多元性与特殊群体教育权利的维护

研究结果表明，俄克拉荷马东北技术学院开放的入学条件为所有愿意接受职业教育的个体提供了便捷的入学机会。他们不受性别、年龄、种族、民族、经济和身体条件等一切主客观背景影响，只要学术成绩达到学校规定的基本要求即可入学。

（一）学生群体的多元包容

根据 2010 年 6 月的统计数据，在 2009 年秋季注册入学的 3018 名学生中，有男性 1874 人（62.09%），女性 1144 人（37.91%）；平均年龄为 24.41 岁，其中，男性 23.7 岁，女性 25.6 岁；已婚者 448 人（14.84%），未婚者 2570 人（85.16%）；全日制学生 2113 人（70.01%），业余学生 905 人（29.99%）；住校生 823 人（27.27%），非住校生 2195 人（72.73%）。在这些学生中，就地域分布而言，有 2798 人

① Dey, I., *Qualitative Data Analysis*, London, UK: Routledge, 1993, p. 251.

（92.71%）来自本州 72 个县市，207 人（6.86%）来自周边其他 24 个州，另有 13 人（0.43%）来自世界其他 9 个国家或地区；就种族分布而言，有 1891 人（62.66%）是白人，744 人（24.65%）是土著居民、太平洋岛和阿拉斯加人，220 名（7.29%）是非洲裔人，71 人（2.35%）是西班牙裔人，29 人（0.96%）是亚裔人，其他 63 人（2.09%）为不明种族身份者。

从这些数据中不难看出，在入学条件上，学校对于性别、年龄、婚否、地域、种族等都没有任何限制，这就兑现了所有人接受教育机会的基本权利，从而也就出现了学生群体多元性的存在，也进而延伸出了学习形式的全日制和业余形式，以及住校情况的寄宿制和校外走读形式。统计数据虽然显示，社会优势群体诸如男性、本地人、白人仍占有总人数的优势比例，但这种结果的差异显然不是入学条件所造成的，而是其他综合因素影响的结果。例如，男性占优势比例很大程度上是源于专业性质的限制；本地人占优势比例主要源于就近入学的自然因素影响；白人占优势比例主要受总人口基数比例占优的影响。因此，从总体而言，学校开放的入学条件为多元群体接受教育提供了基本的选择路径。

（二）特殊群体权利的维护

学生群体的多元包容表明学校开放的入学政策，由于美国职业学院学生大多数是不同于普通高校的特殊群体，如经济不利者、社会成人甚至伤残者。因此，职业学院对这部分特殊群体给予了特殊的关照，以确保他们正常的受教育权。

首先，体现为对经济弱势者的关照。低廉的学费成本和充裕的校外资助使得该校吸引了大量经济弱势者，成为他们成功获得教育机会的一个重要助推剂。通过研究者与教师的对话得知，由于受到联邦政府［如自愿联邦奖学金（The Free Application for Federal Student Aid，FAFSA）］、当地政府和有关企业等相关基金的大力资助，该校的学费与普通州立大学的学费相比非常低廉，有些项目如土木工程专业甚至不需要学生个体去承担学费而全部由行业企业赞助。也正因如此，大多数接受访谈的教师皆指出，该校学生的大多数都是来自农村地区的中低收入者如土著美国人和非洲裔人，且其中的大多数都是第一代学生，即父母及以上世代从未接受过高等教育。一方面，由于没有受到良好的家庭教育和基础教育，造成学业成绩的相对劣势；另一方面普通高等教育的学费也相对高昂。这种情况使得成本低廉的职业学院对他们来说既是一个能接受高等教育的机会，又不失一个通往一份不错职业的重要路径。

　　其次，体现为对社会成人群体的关照。成人个体虽然理论知识学习能力有所下降，但他们接受技术经验的能力却比较强，从而促进他们有着继续深造或职业转行的内在需求，而职业学院的开放政策恰恰满足了他们这种需要。根据研究者的现场观察和对教师的访谈发现，在学生群体中存在有相当一部分社会成人个体。在研究者观察的 14 堂课中的 111 名学生人次中，有 41 人次（36.94%）为成人（非应届中学毕业生来源），其中在工程技术类领域如工程绘图、制造技术等专业领域中体现得较为明显。在工程绘图专业的一门课程教学中，研究者发现一位 60 多岁的白发苍苍的老者。经过研究者与他深入交流后了解到，该学生之前就职于电子行业，并拥有一个电子专业的副学士学位，但现在却对绘图行业产生了浓厚的兴趣，而正是该校开放的就学政策为他提供了进一步学习知识和技术的机会。此外，成人中还有部分退伍军人。研究表明，美国政府对退伍军人不予特定的职业安排，而是通过提供便利的就业服务满足他们的转业需求，其中，职业教育便是促使他们重新谋得职业的一个重要途径。经过研究者对有关教师的进一步跟踪与访谈获知，学校对这部分成人的入学门槛要求相对较低。

　　最后，体现为对残疾人的特殊照顾。通过研究者的现场观察发现，学校所有建筑物包括教学楼、办公楼、图书馆以及宿舍楼等都设有残疾人专用通道，并贴有显著的通道标志，进入楼内亦有电梯等辅助设施；而楼宇外的停车场也有专门的残疾人停车位，且位于离楼宇最近的区域。与此同时，学校还设有专门的残疾人服务办公室（Access Service Office），为残疾学生提供特殊的跟踪服务和文档记录。根据美国《残疾人法》规定，每个有身心残疾的学生都有义务向学校通报自身的残疾状况，进而申请特殊的照顾。因此，如果有学生认为自己有申请残疾的资格，在入学时就应当向学校残疾人服务办公室提供必要的证明材料以获得特殊照顾的资格，教师在得到学校正式通知后有责任为这部分学生提供必要的学习帮助。学校硬件设施和软件服务的双管齐下，为残疾人这一特殊群体接受正常的职业教育、解除学习的后顾之忧提供了坚强的后盾。

　　二　培养目标的全面性与个体综合职业能力的预设

　　通过对课程教师的访谈、课堂观察以及有关文档资料的分析显示，所调查的职业学院非常注重个体综合职业能力的培养，包括基本学术能力、岗位技术能力和高级通识能力三个方面，旨在实现个体的全面发展。

（一）基本学术能力

基本学术能力主要包括基本的听、说、读、写、算、数等基础性的通识能力，它是每个个体迈向现代社会文明所必须具备的基本素养，也是个体进一步驾驭其他能力的重要基础。阅读能力是个体能够识别、理解并判断文本信息的能力；写作能力是个体以书写的方式记录、组织和交流文字信息的能力；算、数能力是个体执行基本的计算和数学推理的能力。个体未来无论从事什么样的职业和进入什么样的岗位，这些基本的学术能力都是基础而必需的。根据受访教师解释，招收进来的职业学院大多数学生都存在基础知识薄弱、理论知识不扎实现象，来自中学的青年学生往往是不能进入普通高等教育的后进生，来自社会的成年人又往往由于之前未接受过系统的基础教育而理论知识不扎实，这就使得职业学院必须首先承担起培养个体基本的读、写、算、数等基本学术能力的职责。这些基础性学术能力的培养主要体现在一般基础性课程包括阅读、写作、算术和数学等课程的教学中。

（二）岗位技术能力

岗位技术能力是和特定的职业岗位相关的专业和技术能力，包括独特的心理运动机能、任务分析技能和行为操作技能。[1] 这些能力和特定的职业岗位捆绑在一起，不同的职业岗位具有不同的职业能力需求。心理运动技能是个体面对特定职业岗位任务所应具备的心理准备状态，任务分析技能是个体对于特定的职业任务所应具有的预测与判断能力，行为操作技能是个体与具体的职业任务相接触的具体操作能力。在受访的专业课程的教师中，他们一致表示，他们所教课程培养的职业能力主要就是动手能力。因为动手能力的培养才是职业学院区别于普通高等教育人才培养目标的独特之点。动手能力的达成需要经历心理准备、任务分析和行为操作等职业能力的贯通。岗位技术能力的培养在专业课程的教学中体现的较为明显。首先，在专业理论课程的教学中渗透相当比例的实验课程的教学；其次，

---

[1] Gray, C. and Herr, L., *Workforce Education*: *The Basics*, Boston, MA: Allyn and Bacon, 1998, p. 182.

每个专业都有一定学时的实习课程。这都特别锻炼了学生特定的职业岗位技术能力。

（三）高级通识能力

高级通识能力是个体适应全球化视野下后工业社会变化中的工作世界所必须具备的学术能力，主要包括团队工作能力、工作伦理素养和问题解决能力等。团队工作能力是在现代高度分工社会中依靠团队力量成就集体工作的基本能力，包括融合团队交流、认知情感和共同处事等方面的能力；工作伦理素养主要体现为现代工作世界所需要的个人道德与品质方面的高级素养，包括责任、诚实、友好、积极、耐心等高尚的工作态度；问题解决能力是个体应对现代复杂工作世界所必须具备的高级核心能力，渗透创新思维能力、批判思维能力和逻辑推理能力等高级通识能力。研究表明，大多数教师都非常重视这些高级通识能力的培养。如研究性写作教师通过研究性写作的教学培养学生的批判思维能力，伦理课程教师将基本伦理素养的培养渗透到行业岗位的案例教学当中，还有很多专业课程教师也通过团队学习、案例教学等各种教学方式培养学生的各项高级通识能力。

三　课程内容的完整性与个体相关职业能力的达成

全面发展培养目标的实现和个体综合职业能力的达成，必然要求课程内容的完整和课程结构的健全。通过对信息技术系和工程技术系两个系科专业领域课程方案（学习计划）的分析，所有项目的课程都由基础课（学术课）和专业课（职业课）两部分组成，二者所占的比例根据具体项目领域和学位性质不同有所差异。现将俄克拉荷马州立高等教育委员会（Oklahoma State Regents for Higher Education，OSRHE）对职业学院相应学位领域不同课程性质的学分比例规定，以及俄克拉荷马东北技术学院对两个系科不同项目和学位领域的学分比例的具体规定，分别通过表 5 - 4 和表 5 - 5 做一简要说明。

表5 - 4　　　俄克拉荷马州立高等教育委员会学分比例规定

学位性质	基础课学分	专业课学分	总学分
科学副学士	37	23	60
应用科学副学士	33	27	60
技术学士	40	80	120

表5-5　　　　　　　　　　俄克拉荷马东北技术学院信息技术系与
工程技术系专业项目学分比例

专业项目领域	学位性质	基础课程学分	专业课程学分	总学分
信息技术	科学副学士	39	24	63
信息技术	应用科学副学士	31	30	61
信息安全与取证	技术学士	54	67	121
电器电子技术	应用科学副学士	30	45	75
纳米科学仪器	应用科学副学士	37	38	75
制造技术	应用科学副学士	30	45	75
电厂技术	应用科学副学士	36	54	90
工程绘图和设计制图	应用科学副学士	30	45	75
土木工程和测绘技术	应用科学副学士	39	36	75
土木工程和测绘技术	技术学士	48	78	126
仪器技术	技术学士	52	76	128

从表中统计信息可以看出，俄克拉荷马东北技术学院在遵照州立高等教育委员会基本学分比例规定基础上，根据具体专业特点和需求作了灵活而具体调整，但在总学分数上都超过了相应学位性质中州所规定的总学分数。而增加的这些学分数，对于科学副学士和技术学士专业项目而言基本都分配于基础课程上，对于应用科学副学士专业项目而言则都基本分配于专业课程上，这主要源于前两者对学生基础能力的较高要求和后者对学生应用技术能力的较高要求。

从培养目标全面性视角出发，该技术学院的课程设置体现了课程内容的完整性特点，旨在实现个体综合职业能力的达成。其中，基础课程主要包括语言（写作与交流）、人文、社会、数学和科学五个领域，承担个体学术能力的培养；专业课程包括一般专业课程和项目综合课程两种类型，承担个体职业能力和高级学术能力的培养。[①] 为便于分析，围绕课程所培养的能力类型，研究者将所有课程包括基础课和专业课分为基本学术课程、高级学术课程、普通专业课程和高级专业课程共四种类型加以归类分析。

---

① 陈鹏、庞学光：《基于学术能力培养的美国高职课程实证研究》，《比较教育研究》2012年第6期。

（一）基本学术课程

基本学术课程是基础课中达成最基本的读、写、算、数、逻辑推理、运用自然规律等能力的课程类型，包括写作、数学与科学三种课程。在学分分配上，除科学领域所涵盖的课程分别占 4 个学分外，写作和数学领域的课程都分别占 3 个学分。

其中，写作课程主要承担个体阅读和写作能力尤其是写作能力的培养，主要包括基础写作、研究或创造性写作和技术写作等具体课程。在开设时间上，基础写作和研究写作一般在前两个学期进行，技术写作则一般在最后一个学期或倒数第二学期进行。前两者为所有学位专业领域的学生开设，而后者一般只为技术学士学位的学生开设。根据教师的描述和相关教学计划的描绘，这些课程都渗透了语法知识和短文写作内容的学习，但具体能力培养的侧重则有所不同。基础写作主要侧重于语法基本常识的掌握；研究写作或创造写作侧重于通过社会相关主题论文文本的分析以及创造性写作培养个体批判性思维的能力，进而提高他们以自我的思维、新的视野和多元的视角理解和认识社会政治和文化复杂性的能力；技术写作则是侧重于从专业技术领域的角度培养个体的应用写作能力，以更有利于个体专业领域技能的发展和提高。在具体的课程目标预设中，以研究写作为例，它的主要目的在于达成个体以下能力：理解语法、标点和拼写的能力，使用清晰、简明而有力的句子和段落创作具有良好的统一性和组织性的短文和论文的能力，组织和应用多种发展技能的能力，应用完整写作程序的能力，理解和使用基础研究和图书馆资源的能力，有效地整合个人观点和文档资料的能力，编写富有组织性和有效性争论的能力，使用现代语言学会标准格式化写作任务的能力，以及使用批判性思考技能的能力等九个方面。根据教师的进一步解释，这些阅读和写作的素材主要源于教科书、参考书、报纸杂志以及图书馆图书资料等渠道。

数学课程重点培养个体在不同数学领域中进行基础运算、空间想象、统计分析与逻辑推理能力等，主要包括高等代数、三角几何、微积分、离散数学、基础统计等课程。在信息技术系，高等代数是所有专业学生的必修课，离散数学和基础统计是技术学士学位学生的必修课；在工程技术系，高等代数和三角几何则是所有专业的必修课，而技术学士学位的学生则增加必修课微积分课程。在开设时间上，高等代数和三角几何分别在前两个学期陆续进行，而其他课程则在中间学期进行。在具体课程目标设置上，以高等代数为例，它旨在培养学生成功运用基本运算知识解决核心领域问题的能力，用不同方法评价和解决线性、非线性和绝对值等问题的能力，应用一元、二元方程解决问题的能力，识别和绘制函数和曲线的能力，应用矩阵于非线性系统的能力，解决指数和对数方程问题的能力等。这些基本运算能力都是在具体的技术领域如编程、工程测绘等行业职业中必须具备的运算技能。在教学策略的安排上，教师使用了说明讨论和质问的教学方式，同时还应用了一些问题有效解决的技术和方法，以培养个体正确解决各种不同问题的能力。

科学课程重点培养学生在对各种自然现象（包括人类自身）及其科学规律掌握基础上，运用各项基本原理解决实际问题的能力，主要包括物理、化学、生物和地理等自然课程。这些课程又具体分为普通物理学Ⅰ、普通化学Ⅰ、普通生物学、普通植物学、动物学、地球科学等课程，信息技术系科学副学士和学士学位的学生必须从中选择其二；而对于工程技术系的学生，普通物理学Ⅰ则是必修的，且部分专业如仪器、纳米和电厂技术也要必修普通化学Ⅰ课程。这些课程一般是被安排在中间学期进行，因为它们都需要有相应的数学理论基础。在具体的课程目标设计中，以普通物理学Ⅰ为例，它旨在使学生达到以下有关力学和能量方面的能力：利用动力学公式描述和分析物体直线加速运动的能力，通过牛顿运动定律分析净力与加速运动关系，运用运动、能量与力于认识真实世界问题的能力，描述和计算向心力因果以及大小的能力，应用冲量动量理论的能力，应用基本的热能原理与公式解决物体能量改变问题的能力等。这些物理学应用方面的能力在工程技术类尤其是机械设计、土木工程等建筑设计领域是必须应具备的基础性能力，其有利于相关专业技术能力的进一步掌握和提高。在教学实践中，教师采用理论联系实际的授课方式，设有专门的实验课，以提高学生对物理学原理的实践应用能力和相应的动手操作能力。

（二）高级学术课程

高级学术课程是基础课程中用于达成个体高级学术能力如团队合作、职业伦理和社会认知等能力的课程，主要包括交流、人文与社会三种课程类型。在学分的分配上，各种类型的课程均占 3 个学分。

根据教师描述，交流课程主要培养学生在不同情境下交流的能力，尤其是在工作的不同场合中与他人共事、欣赏多元性团队工作的能力。这种课程有演讲基础和小组交流两门课程，学生选择其一即可，一般被安排在中间学期进行。以小组交流课程为例，它旨在通过不同的社会团队维度如团队发展、领导力、冲突解决、口头和非口头交流战略等来培养学生在小组交流中的理解力和参与力。在具体课程目标的设计中，小组交流课程主要旨在实现以下七种能力：在小组情境中表现出对人类交流过程的理解力、在任务导向小组的问题解决情境中表现出有效交流的能力、在与不同团队的个体交往中展现出积极的人际关系能力、展现出与领导力有关的交流行为能力、解释小组绩效与个体绩效关系的能力、实践良好倾听行为的能力和表现交流责任感和健康工作伦理感的能力。交流课程在教学的过程中，教师会设计相关的案例以使理论应用于实践。例如，在小组交流座位布置上，教师指出圆桌式、直角式和同排式布置比教室课堂式和面对面式的布置方式更有利于交流；又如以南美国家为例，在人与人交往的空间距离上，教师强调应根据不同程度的亲密关系来确定最佳距离，从最为亲密交往的 0—18 英寸、一般个人交往的 18 英寸至 4 英尺、社会交往的 4—8 英尺到公共交往的 8 英尺以上。

人文课程领域有逻辑学和伦理学两门课程，它们分别承担个体逻辑思维能力和职业品质的培养，关切人类本身行为品质问题。信息技术系的部分专业同时开设了逻辑学和伦理学两门课程，被安排在中间学期进行；而工程技术系的大部分专业只开设了伦理学课程，且一般被安排在最后一个学期进行。以伦理学课程为例，其旨在通过对各种工作情境中所出现的伦理问题的考察以及相关伦理案例的探讨与分析，来培养个体的道德感、正直与诚实以及社会责任感等伦理品质。伦理学的具体课程目标旨在养成以下六种基本品格：识别工作情境中专业行为共有品质特点的能力，认可当今事务中的伦理关照，分析有关事务中伦理与法律关系的能力，评价与综合伦理决策主要手段的能力，应用渗透伦理和法律关照的决策技能以解决相关事务问题的能力，研究促进工作情境中伦理行为的能力。授课的形式一般通过相关专业领域的案例分析和专业访谈的形式进行，以培养和提高学生对伦理问题的认知能力。例如，有教师描述到，在一堂课中她曾经通过一些发生在具体工作情境中的有关性骚扰的真实故事，使学生深刻体会性骚扰事件的严重性以及有关的预防措施。又如在研究者观察的课堂中，该教师通过播放一组火药爆炸视频向学生们传输火药危害的严重性，以警惕和避免以后工作情境中类似事件的发生。

社会课程旨在通过对人类社会发展历史以及当今政治社会形势的教

育,促进学生对历史与现实各种问题的深度认知和理解,以更开阔的知识视野和敏锐的思考力来创新性、多角度解决工作中遇到的相关社会问题,包括历史与政治两门课程。在课时的安排上,该类课程一般被安排在最后一个学期进行,而历史课程又以1865年为界限分为前后两门课程,但学生只需选择其一即可。在具体的课程目标设计中,以历史课程为例,1865年之前的历史旨在使学生掌握和了解美国获得独立的基本历程及标志性事件,美国早期工业化的基本过程和相关重要事件以及南北战争爆发的原因;1865年之后的历史旨在使学生掌握美国工业化进一步发展的史实以及它对国内外事务的重要影响,经济大萧条的后果和相应的复苏政策,以及美国在两次世界大战中扮演的角色。通过对这些历史史实和重要现象的了解,学生可以基本了解社会演变的基本规律,进而更好参与现实的社会变革。在教学内容的安排上,教师虽然是遵循编年史的顺序进行授课的,但并没有触及每一个历史时期的相关事件,而是有选择地进行重点详细讲解。在教学资料的准备上,教师不是仅限于教科书的知识范畴,还适时选择了一些辅助性资料如教学光盘和经典案例。例如,所访谈的历史学教师经常会讲解一些发生在本州的历史史实和案例如印第安人历史,以使学生进一步了解曾经发生在他们周围的真实事件。

(三)普通专业课程

普通专业课程旨在培养个体特定专业技术能力,主要包括专业理论课程和专业实习课程两种类型,前者侧重于理论联系实际能力的培养,后者侧重于一线操作能力的培养,但二者同时也渗透有对专业相关的高级学术能力的培养。

其中,专业理论课程的目标主要在于培养相应专业领域理论应用于实践的能力,这些能力比基础课程培养的一般学术能力更具有专业性和实用性特点;而专业实习课程旨在进一步加强学生对职业认识的能力,进一步提高理论应用于实践的技能,这些技能相对于前者则更表现出应用性、可见性和真实性的特点。虽然培养的重点都是技术性能力,但经过研究者与诸位专业课程教师的访谈后发现,这种专业技能的培养过程绝不仅仅是行为主义视角的程序化训练,教育的结果也绝不仅仅是一系列的行为碎片,而是充满人本主义色彩的蕴含多元综合能力的理解性、渐进性的教育与学习过程。根据有关教师的叙述和研究者的现场观察,在专业理论课程的教学和专业实习课程的实施过程中,这些课程培养和渗透的学术目标和学术能力可总结概况为理解问题的能力、探索问题原因的能力、解决问题的能力、批判思维的能力、理解工作过程的能力、做中学的能力、学会做事的能力、独立工作的能力和团队协作的能力等。

高级学术能力以及相关的岗位技术能力的培养往往渗透到相关课程的教学过程中，最为常见的就是分别体现在专业理论课程中的模拟教学和专业实习课程中的真实情境性教学中。模拟教学和真实情境教学都是情境教学法的实践应用。情境教学法是建立在建构主义基础上的一种主客体互动的教学理论，是在真实的或模拟的自然场景中，通过学习者主体认知结构与外界客体环境的相互作用，通过意义的理解、问题的解决来重建认知结构的一种教学方式。情境教学法由于处于真实的或模拟的工作情境中，具有多元的背景因素和场域信息，因此也就有利于个体从多角度思考问题、从多层面理解问题、从真实情境中发现问题，在做的过程中解决问题，从而有助于个体综合职业能力包括专业技术能力和高级学术能力的养成。

就专业理论课程而言，这种岗位技术能力和高级学术能力的培养往往是通过实验课程进行的。以网络安全课程为例，该课程总学时为75个学时，其中理论教学时间30个学时，实验时间为45个学时，分15周进行，每周都进行相同比例的理论与实验课程的教学安排。其他课程也有类似的安排。这就进一步确保了学生对于理论知识的进一步掌握和应用，同时也在模拟情境的训练中锻炼了多元的综合职业能力，包括操作性的专业技术能力和高级学术能力。而在整个实习课程的进行过程中，学生的多元综合能力也得以渐进达成。该课程一般被安排在倒数第二个学期进行，具体学分数根据不同的专业和学位特点而定。以工程技术系为例，实习课程的学分在仪表仪器和土木工程与测绘两个学士学位专业和电厂技术应用科学副学士专业中皆为12个学分，在工程制图和设计制图应用科学副学士中为15个学分，在其他应用科学副学士专业中一般为5—6个学分，这就进一步确保了个体对综合职业能力尤其是岗位技术能力的掌握。除了实习过程本身外，实习课结束后各学生还要完成一份实习报告，在实习报告的写作过程中，学生的分析与总结问题能力和批判思维能力等高级学术能力也能得到培养和提高。

（四）高级专业课程

高级专业课程主要指顶点课程（Capstone），是在一个特定的专业项目领域的最后一个学期进行的综合项目课程，取名顶点课程或其他综合性课程名称，如项目研究与发展，旨在培养个体的高级职业能力和高级学术能力。

技术学院的顶点课程一般占 3 个学分、75 个学时的课时比例，分为理论教学和实验教学两部分。根据相关教师的描述和对课程教学计划的分析，该课程不是为了培养一般专业课程所设计的特定的专业技能，而是为了使学生应付未来专业领域中复杂性工作环境而实现在问题解决、项目执行、团队协作以及展现自我等高级职业和学术能力的达成。顶点课程的设计和教学工作要求项目小组所有专业课程的教师共同参与完成，以增强课程能力的针对性、普适应和综合性。现分别对信息技术系和工程技术系相关项目领域的顶点课程作举例说明。

信息技术系设计有两门顶点课程，分别为项目管理和应用研究与发展。就项目管理课程而言，其目的在于通过向学生介绍与计算机信息系统项目有关的项目管理技术的原理和应用，包括项目计划、团队设计、项目评价、项目报告、识别和控制项目风险与预算、质量保证等，来达到理解项目管理的起源，以及它对信息技术项目成功的重要性、解释项目知识和应用项目管理技术、通过长期的团队项目应用项目管理理念、使用计算机软件计划和管理项目以及以个人或团队的名义展现口头陈述等方面的能力。而应用研究与发展课程则被称为信息技术教育经验的顶点，它旨在使学生通过在多元团队中参与潜在设计的选择与分析、结果的解释与报道等应用性研究项目，来养成个体作为团队成员分析、设计和解决信息系统问题的能力、运用多元信息技术支持组织的运营和业务需求的能力、运用万维网和真实世界系统设计和发展解决现实问题的工具的能力等。两门课程分别从项目管理和项目应用的角度描述了计算机信息技术领域应该具备的综合素质与核心能力，尤其是项目跟踪、团队协作和问题解决等方面的能力。

工程技术系首先有一门总体的顶点课程，它是该系所有学生学习经验的顶点，该课程在学生实习期间通过预先设计的研究项目展开。学生通过团队工作考察影响业主潜在生产力真实问题的原因，进而通过分析与设计解决方案、检测最优方案、解释结果与反馈等实践过程，以养成识别设计问题、制定解决问题目标和战略的能力，应用项目管理技术设计生产线并跟踪结果的能力，估算制造或工程建筑系统成本的能力，使用工程图纸、装配和相关说明书设计文档系统的能力和创作工程或建筑系统陈述的能力等。其次，在具体项目领域，也设计有相对应的顶点课程。如在土木工程项目领域中，它的顶点课程要求学生独立地完成一项为期一个学期的研究主题，主题范围涉及建筑、岩土工程、水资源、交通运输和测绘等不同具体领域，学生根据自己的专业特点和兴趣爱好选择其一即可。每一主题项目都包括项目的计划、研究与设计和最终的论文与陈述三个基本环节，旨在培养学生执行整个项目过程的能力、独立完成工作任务的能力以及口头陈述的能力。项目顶点课程的开展锻炼了个体在专业领域中研究问题和分析问题的能力，增强了工作意识的整体性和工作责任的独立性。

四　教学实践的人本性与个体学习过程的人性关照

教学实践是教育实践的动态行为，一方面承担静态教育内容的传送，另一方面它本身也培养相应能力。根据现场观察以及对教师的访谈，研究者发现美国职业教育教学实践较大程度地渗透有人本主义的哲学思想，体现为明显的人本关照和人性关怀，主要表现在教学支持、教学关系和教学模式三个方面。

（一）教学支持的服务性

教学支持是确保教学过程顺利进行，进而确保教育质量最为重要的前提条件。经过对有关教师的访谈和具体的实地观察，所调查职业学院的人本主义的教学支持主要体现为高品质的教师支持和人性化的设施支持，这也分别是教学支持的软性支持和硬性支持两个方面。

在与教师的访谈中，当被问及职业教育教师最为重要的特质、自己最大的优势以及他们对其他教师的建议等问题时，他们提到最多的就是要耐心、鼓励、友好、善良、热情、公平地对待学生。对此，有教师解释，在一个教室的 18 名学生往往有 16 种不同的水平和背景。在个体来源上，他们有的是来自普通四年制中学的年轻学生，有的是来自社会在职的成人；在求学目的上还有部分试图转移到普通四年制大学的转移学生。因此，对于教师而言，就有必要去耐心地调查和了解不同学生的具体背景和差异，以做到有针对性地因材施教。有教师还进一步指出，要耐心地对待每一位学生发生的错误和遇到的困难。相同的问题可能在不同的学生身上频繁发生，但具体到每一个学生身上，教师就要时刻以新奇的眼光以第一次出现的问题来对待，分析问题背后的具体原因，并有针对性地去指导和解决。在教学过程中，为体现学习的主体性，有教师认为应尊重学生的学习特点和风格，给予他们足够的自我表现空间，满足学生的多元化学习需求；为激发学生的学习兴趣，避免持续听课的枯燥性，教师将一堂课分为不同片段，并渗透个体化和小组式学习活动；为时刻激发学生学习的积极性，有教师主张沿用传统的白板式教学方式，因为课件式教学方式容易限制学生的思维。此外，对于有学习困难的学生，教师也表现出高尚的师德精神，提供人性化的帮助，如为视觉障碍的学生提供阅读帮助等；对于重新回归学习生活的成人群体，教师们往往给予他们更多的鼓励和支持，帮助他们树立自信，使他们相信自己能够战胜困难。

根据研究者的观察，设施的支持主要表现为室内设施支持和室外设施支持。其中，在室外设施支持的一个重要方面就是体现为对残疾人的教学支持，这在前述对残疾人群体教育权利的关照方面已经有所提及。如在停车场建设方面，所有离教学楼最近的停车位都是残疾人专用停车位，学生凭借残疾人通行证方可停留此地，为残疾人入楼学习缩减了行程距离；在教学楼出入口建设方面，大多数的教学楼出入口都建有专为残疾人轮椅通行的斜坡道路，方便了残疾人的出入通行；在楼门的设置中，也建有方便残疾人行走的自动门，并在楼门的周围配有残疾人的通行标识，使得残疾人远观即可知晓自动门的位置；进入教学楼后，楼内皆配有电梯，便于残疾人通行。这一系列的室外硬件设施建设都在很大程度上为行走不便的学生接受正常的学习提供了便捷的绿色通道，体现了强烈的人本主义色彩。另一方面，在室内建设方面也体现出了较强的人性化特点。如在桌椅的布置方面，部分教室采用圆桌式的座椅结构，在观察的 14 个课堂教室中，有 5 个教室采用此种布局，这主要发生在专业课的教学中，有助于学生小组的主体交流；在采光设计方面，部分教室采用反光照射而非直射的采光方式，这主要发生在实验课的教学中，以免强光照射对学生眼球的刺激，使得学生在近似自然光的条件下学习；在实验设备的安排上，所有的专业课教学教室和部分基础课教学教室（如写作课）使用了将理论教室与实验室连为一体的模式，为学生理论联系实际提供了便利。

（二）教学关系的民主化

教学关系是教学实践中的主体性关系，体现为以教学内容为媒介的师生之间以及学生之间的互动性。人本主义哲学要求个体的完整发展需要建立和谐的社会实践关系，而民主化教学关系的建立则是实现和谐教学实践的必要条件。

一方面，民主型的师生关系是和谐教学实践建立的首要条件。经过研究者对教师的访谈以及对课堂教学的现场观察发现，大部分教师都能将民主化的师生关系应用到自己的教学实践中，将学生作为真正的主体人、个体人来看待，体现为与学生之间的平等性的师生关系，并且尊重学生的主体性、能动性，在教师的指导下，让学生成为自己的主人和学习的主宰者。在理论课的教学中，学生可以随时打断教师的讲课进程向教师提出疑问，而教师也会根据学生的疑点给予及时的、有针对性的回答，以避免问题解答的滞后性；在实验课的教学中，教师会给予学生更多的自我学习空间，但在实验进行中，教师也会不断穿梭于不同学生之间，以随时发现并帮助解决学生的学习困难；在课间休息中，有些学生甚至坐在桌子上与教师进行疑难问题的沟通交流，而教师也不会因此而责备学生，以便让学生以更加放松的心态畅谈问题并给予解决。良好的师生关系也延伸到了课堂之外的学习问题的解决中，如教师每周都会安排固定的时间接待学生来访、电话或邮件咨询，以提供相应学习问题的帮助。例如，一位写作课的教师这样告诉研究者，有时一个学生咨询电话会持续半个小时以上。所有这一切都源于平时建立的民主型的师生关系，而这本身也是一种和谐师生关系的实践。为了让学生成为自我学习的主宰者，对于部分有特殊学习兴趣需求和学习动机较高的学生，有些教师也会帮助他们建立较高的学习目标，并根据具体的自我学习需求提供相应的辅助性教学资料服务。

另一方面，友好的学生关系也是和谐与民主的教学实践建立的必要条件。根据教师的描述和研究者的现场观察发现，良好的学生关系也时刻体现在职业院校的教学实践中。研究表明，学生之间不是体现为竞争者的角色，而是表现为相互帮助与合作的朋友关系的角色，这也是未来工作世界的需求。如在一些课程的教学中，教师经常会以小组的形式将学生分为几个小组以培养和发挥学生的合作关系。在研究者观察到的部分课程的小组教学中，学生之间都以友好的态度对待彼此，在自我完全开放性地表达自我的同时，也善于聆听其他组员的建议和意见，有时虽然以不同的角色承担不同的组内任务，但每当其他学生有困难时，他们都会伸出援助之手。在其他自主性的教学方式中，如在绘图设计实验课中，在同样的任务分配中，如果有些学生按时完成了自己的学习任务，而另有学生却因存在困难而无法按时完成，前者也会主动和友好地去帮助后者，在相互帮助中达到共同提高。而在遇到有特殊学习困难的学习者时，学生们也会给予友好的帮助。根据部分教师的描述，当遇到班级里存在有视觉障碍的学生时，有些学生会主动为他们提供阅读方面的帮助。对于这种良好学生关系的建立，有位教师告诉研究者，一方面是源于教师的鼓励，另一方面出于学生自我建立的团队关系的效应。如在课堂之外的日常生活中，学生经常以小团体的形式生活在一起，而这也就进一步促进了教学实践中的良好学生关系的形成。

（三）教学模式的主体性

教学模式是根据一定哲学思想以及相应的主客观条件而建立起来的较为稳定的教学活动组织构架。根据人本主义观点，满堂灌式的说教式教学模式不符合个体发展的本质规律，而要根据学生特点和后续的职业需求适时运用多元教学模式。尤其是在教学过程中，要充分尊重个体的主体性与自主性，给予学生足够的时间和空间，使他们在自我表现和锻炼中发展自我、实现自我。根据教师的描述以及研究者的现场观察，大部分教师在课堂中都不同程度地渗透了人本主义导向的个体化的自主学习模式和团队式的合作学习模式。

其中，个体化的自主学习方式，就是在教学过程中，教师适度地为学生个体提供一定的时间和空间，使他们在学习过程中成为自己的主人，充分尊重个体的独立性和自主性，积极发挥个体在学习进程中的主观能动性，使他们根据自己的兴趣爱好和个性特点实现对学习资源的检索、学习进程的控制甚至是学习结果的评价的一种教学方式，教师在其中仅作为个体学习促进者的角色出现。根据教师的描述，这种独立性的学习模式更多地被用在理论性或基础性的课程如代数、普通物理学等课程的教学当中，因为这些课程基础知识更多地需要学生通过自己的领悟和理解去掌握；或更多地用在学期初的教学过程中，因为只有学生掌握一定的基础理论知识，才有更多资本参与其他学习模式，从而获得更大的益处；或者应用在对有特定学习需求的学生个体的教学支持过程中，以帮助他们建立更多的自信；或者用在规模较大的课堂当中，以节省学生更多的时间；或者部分教师更倾向于使用这种模式，他们认为独立学习可以帮助学生建立更多的自信，因为个体从学习到工作的顺利转换需要个体更多的自我努力而不是依赖他人。因此，对于这种自主性学习模式所带来的好处，教师们普遍认为，将有助于个体对基础知识的掌握、满足特定的学习需求、节约课堂时间、提高自信、增强个体角色转换的速度、提高个体独立思考和独立解决问题的能力。在研究者的课堂观察中，也发现了部分课堂使用这种个体化的自主学习方式的案例。如在一次研究写作课程中，教师在进行部分理论知识的讲解后，让学生利用计算机设备和图书馆资源独立完成各自的作业任务，而教师在其中充当协助者的角色。当个别学生出现问题时，教师会进行个别化的指导。在此过程中，个体的独立解决问题的能力得到了有效锻炼。

而团队式的合作学习模式，则是在教师指导下，根据学生特点进行随机或既定分组，使组内学生在合作中共同完成一项学习任务的学习方式。在团队小组中，每个个体都有自己的具体职责和任务，共同对小组整体负责。学习评价的结果要么是一个整体小组分数，要么是一个个水平不等的个体分数。根据教师的描述，这种合作学习模式更多地使用在实验课中，在其中学生可以共同交流问题、发生观点碰撞，但最终还是要完成各自的实验报告；或者单独安排学期末约3周的时间进行，其间教师为学生设计专门的团队研究项目，小组成员共同进行研究项目的执行，并获得相应的小组分数；或者发生在最后一个学期的顶点课程中，有共同研究主题的学生组成一个小组，相互探讨问题和解决问题，但最后学生还是分别得到一个属于自己的个体分数；或者发生在规模较小的课堂中，以充分利用现有资源；或者部分教师更倾向于使用这种学习模式，甚至在个体化学习环节也鼓励学生以互助方式进行，因为学生在帮助他人的同时，自己对知识的理解也会进一步深化。对于团队合作学习带来的益处，大部分教师一致认为，将有利于学生在相互帮助中共同提高，节省教师教学的时间；有利于多元信息的掌握和知识面的扩充，因为每个学生都是一个学习资源库；有利于培养批判思维能力和问题解决能力，因为多元的思想碰撞可以激发学生积极思考问题的态度；有利于培养个体的团队协作能力、领导力、交流能力和工作情境的适应能力，因为工作环境更多的是团队合作而不是个体独立工作。对于小组的规模，大多数教师认为，一般应保持在3—5人，因为人数太多会影响交流，人数太少会限制沟通。在研究者观察的一堂普通物理学的实验课中，教师在对力学的基本原理讲解结束后，将班级中的13名学生分为4组，每组3—4人，每个小组根据教师的要求完成相应的实验练习，且小组中的每个个体都有不同的分工。根据研究者的观察，在小组合作学习中，个体不仅锻炼了动手操作能力，还培养了问题解决能力、团队协作能力等多元的综合能力。

第三节　美国职业教育人本主义蕴意的现实个案调查结论与评价

上述研究结果表明，本书所调查职业学院的教育实践在人本主义内涵的基本维度即人之权利的维护、完整性个体的发展以及主体性自我尊重等方面蕴意深刻，从而产生了对多元群体尤其是弱势群体职业教育权的维护、培养目标的全面性和综合职业能力的预设、课程内容的完整性和各项能力的达成、教学实践的人本性与个体学习的人性关照四个方面的人本主义理念的践行领域，展现出美国社会对个体人本关照的社会底蕴与时代气息。

从人本主义视角出发，教育权是个体神圣而不可侵犯的权利之一，它是个体作为本体性自我存在与发展的必然要求。尤其是在美国普通教育仍是社会优势群体占主体的形势下，作为职业教育，理应为多元群体取得教育机会从而获得理想的职业提供畅通的路径。美国职业学院首先为广大个体接受教育的基本权利设立开放的入学条件，所有个体不分种族、民族、性别、年龄和身体等条件的限制，只要符合基本的学术成绩要求即可入学，这就从源头保证了每个个体接受神圣而不可侵犯的教育的权利。在此基础上，美国职业学院尤其重视特殊群体包括经济弱势者、成年人和残疾人教育权的维护，为他们提供绿色通道，以特定的优惠政策和措施保证他们与正常人享有同等教育权利。廉价的学费以及各项特殊的资助政策为广大农村等边缘地区的经济弱势者接受职业教育提供了基本的经济保障；开放的入学条件以及特殊的照顾政策为广大旨在转业的成年个体提供了进一步学习的机会；人性化的楼宇道路设施以及特殊的咨询服务为残疾人个体接受职业教育提供了便捷的渠道。凡此种种，都充分体现了美国职业教育对个体教育权利的人本主义援助。

人本主义哲学主张个体发展的完整性，这不仅是作为发展中的自我个体的终极追求，也是实现个体成功参与未来民主社会的必然要求。与此同时，职业教育是教育的一种类型，理应承担教育之发展全面个体的职责。因此，这就需要职业教育的人才培养目标不仅仅定位于培养个体应付职业岗位的技术性能力，而且还需要实现个体在综合职业能力方面的达成，尤其是包括基本的学术能力和高级通识能力在内的综合能力的达成。美国职业学院不是制造会说话"机器"的工厂，而是培养全面发展个体的教育机构。在能力目标方面，美国职业教育之全面发展个体的培养体现为综合职业能力的预设，其所造就的综合职业能力主要包括基本学术能力、岗位技术能力和高级通识能力。基本的学术能力包括基本的读写算数等的基础性通识能力；岗位技术能力体现为与特定职业岗位相关的心理运动机能、任务分析技能和行为操作技能；而高级通识能力则包括个体成功应付未来变化中的工作世界所必须具备的诸如团队工作能力、工作伦理素养和问题解决能力等核心能力与素质。综合职业能力的多元层面既是个体作为一个完整的职业人所必不可少的能力和素养，也是个体作为一个健全的社会人应付内在自我世界和外在客观世界的必要筹码。

人本主义哲学要求个体全面发展，这就使得职业教育全面发展个体培养目标的实现和个体综合职业能力形成必然要求课程内容的完整性和课程结构的健全性。不同类型的课程承担不同能力目标的培养，只有蕴含多元知识和能力的完整的课程内容和健全的课程结构才是造就全面发展个体的教育载体。美国职业教育的课程主要由学术课程和专业课程组成，学术课程分为基本学术课程和高级学术课程；专业课程分为普通专业课程和高级专业课程。其中，基本学术课程包括培养读写能力的写作课程、培养逻辑推理能力的数学课程和培养应用自然原理解决问题能力的科学课程；高级学术课程包括培养团队协作能力的交流课程、培养工作伦理素养的人文课程和培养社会认知能力的社会课程；普通专业课程主要包括培养理论联系实际能力的专业理论课程和培养动手操作能力的实习课程，而同时承担有高级学术能力的培养；高级专业课程即顶点课程承担着个体专业相关的高级职业能力以及高级学术能力的培养。可见，不同类型的课程承担有不同类型能力的培养任务。这些能力既有应付一般社会需求的基本学术能力，也有应付特定职业需求的岗位技术能力，更有应付当今复杂工作世界的高级学术和职业能力，这就共同促进了人本主义所要求的全面发展个体目标的实现。

教学实践一方面承担静态教育内容的传送，另一方面它本身也渗透着丰富的哲学理念。人本主义强调，教学过程要以学生为中心，要在和谐与民主的教学环境中尊重和满足学生的个体化和主体性学习需求，应积极发挥学生的主观能动性和创造性。在教育实践中，民主与和谐的教学实践是作为主体性自我的个体维护他们尊严的基本场域，也是进行完整性课程内容传输，进而达成全面发展个体的基本领地，而同时教学过程本身也培养了个体相关的学术与职业能力。美国职业学院人本主义的教学实践主要体现为教学支持的服务性和教学模式的主体性两个方面。在教学支持方面，教师具备了乐于服务学生的良好品质，诸如耐心、鼓励、友好等素养，而这尤其造就了对有特殊学习需求的学习者的满足上，从而兑现了人本主义所要求的完整个体之实现环境的主体性与服务性特点。在教学关系方面，构建了民主的师生关系和友好的生生关系，从而兑现了人本主义哲学所要求的实践氛围的民主与尊重、能动性与主体性的特点。在教学模式方面，应用了个体化的自主学习模式和团队式的合作学习模式，在兑现人本主义哲学所要求的实践过程的个体尊重、团队与合作特点的基础上，也实现了人本主义哲学所追寻的完整人发展所必需的个体核心能力的培养。

第六章　美国职业教育人本主义蕴意对中国职业教育的借鉴

比较教育研究最根本的目的就是"借鉴"，它能"提供崭新的国际视角，以新的认识框架来重新审视本国的教育"，从而促进本国教育的改革与发展。① 英国著名的比较教育学者萨德勒（M. Sadler）认为，"研究别国的教育能增进对本国教育的理解"。② 这种"理解"就是通过与他国教育的比较，找出本国教育的差距与缺失，在借鉴的基础上达到深层次的提升。经过对历史发展与现实情况的澄明可以看到，人本主义哲学的基本维度在美国职业教育发展的实践中得到了充分的彰显，为我国职业教育的改革与发展提供了可资借鉴的经验。在当前我国职业教育正面临从规模发展向质量提高逐步过渡的历史时刻，汲取美国职业教育的丰富而宝贵的经验，实现对人本主义哲学理念的更多蕴意，显得至关重要。

第一节　美国职业教育人本主义蕴意对中国职业教育借鉴的逻辑基础

中美两国在政治、经济和文化等方面都存在明显差异，这些差异影响和渗透到职业教育哲学范畴和实践领域，从而形成了具有中美两国不同特色的职业教育发展模式。但是，这并不等于说美国职业教育的实践经验对中国职业教育发展毫无借鉴价值。事实上，我们完全可以跨越社会多元背景的差异，从中找到双方的契合点，为职业教育经验的启迪找到合理的逻

---

① 冯增俊、陈时见、项贤明：《当代比较教育学》，人民教育出版社 2008 年版，第 5 页。
② 赵中建、顾建民：《比较教育的理论与方法——国外比较教育文选》，人民教育出版社 1994 年版，第 116 页。

辑基础。笔者认为，中美两国职业教育所追寻的终极目的是相同的，中国也有着有利于职业教育人本主义理念实践的社会境域，"以人为本"的理念和思路也是当代中国职业教育发展的历史选择。

一　职业教育追寻的终极目的

同一事物在不同社会境域应该有着共同的本质追求，处于不同区域和社会背景下的职业教育也必然有共同的终极追求。中美职业教育虽然存在社会背景、发展阶段等多方面的差异，但它们毕竟都是职业教育，因此，也就有着相同的终极目的。对于职业教育的终极目的，可以从以下两个方面进行分析：

其一，职业教育首先是教育，这就意味着它必然具有教育的共性。教育的终极目的是培养具有"真善美统一的完满人格"的人[1]，而不是把受教育者塑造成一种特别的"器具"，给抱有他种目的的人"应用"。[2] 从本质上看，职业教育的学生与普通教育的学生在发展的总体趋势上都是一致的，即都朝向于全面发展。[3] 这就决定了职业教育的终极目的的趋向于教育的终极目的。

其二，职业教育是面向职业的教育，与广义教育培养普适的社会人不同的是，职业教育培养的是职业人，这也就使得职业教育的终极目的是具有职业意义的教育终极目的。因此，综合两个方面，职业教育的终极目的就是培养具有真、善、美统一的完满职业人格的职业人。[4] 而这一终极目的也恰恰蕴含了人本主义哲学之培养完整人的深刻理念，这是我国职业教育借鉴美国职业教育实践经验的第一个逻辑基础。

美国职业教育虽然在历史的递演中经历了曲折的发展历程，但它对具有真、善、美统一的完满人格之职业人的追求却是一以贯之的。回顾美国职业教育发展史，无论是早期带有宗教性质的学徒制，或是拥有科学理念的学校教育，或是实用主义基础上的综合职业教育，或是人本主义心理学意义上的自我实现的教育，还是现代意义上的新职业主义教育，都共同致力于培养兼有岗位技术能力和通识学术能力的健全发展的个体，实现着在

---

[1]　庞学光：《教育的终极目的论纲》，《教育研究》2001 年第 5 期。
[2]　中国蔡元培研究会：《蔡元培全集》第 4 卷，浙江教育出版社 1997 年版，第 585 页。
[3]　黄尧：《职业教育学——原理与应用》，高等教育出版社 2009 年版，第 120 页。
[4]　陈鹏、庞学光：《培养完满的职业人——关于现代职业教育的理论构思》，《教育研究》2013 年第 1 期。

知识与技术上的求真、伦理上的求善、技艺上的求美的完满职业人格的达成。虽然由于社会发展形态不一致，致使中美职业教育在发展阶段上存有差异，但本着共同的终极追求，中国职业教育理应将培养兼有学术和职业素养的完满的职业人作为自己追寻并尽可能加以实现的目标。与此同时，虽然通向同一终极目标的中美职业教育发展的具体路径和基本模式是有差异的，但是不同实践形式的积极经验却是可以迁移的。因此，美国职业教育在实践培养尽可能多的具有真、善、美统一的完满人格的职业人的过程中积累的丰富经验，特别是其宝贵的课程与教学的实践经验，也是值得我国职业教育主动学习的。

二　职业教育存在的社会境域

人本主义哲学的实践需要有特定的社会氛围与历史境域，正如人本主义哲学所要求的，人的权利的满足和对完满人格的追求必须在民主与和谐的社会环境中实现。处于社会中的个体，不是孤立的个体，而是关系中的个体、系统中的个体。从人本主义出发，处于关系和系统中的个体的尊严应当赢得尊重。为此，在社会实践中，我们应确认个体的主人翁地位，发挥个体的主观能动性，让个体成为自我的主人，在服务个体中促进社会的整体进步。而这种对个体的尊重与服务必须建立在和谐的社会境域中，包括政治的、经济的和文化的多个领域。古希腊时期雅典城邦的一时繁荣与个体幸福的多元充溢，与领导人伯里克利所构建的渗透民主与开放思想的理想社会模式是分不开的。美国是在政体上实行民主共和制的国家，从独立的那天起，自由与民主的思想就逐步渗透到社会的各个层面。正如《独立宣言》开篇所指出的，"人人生而平等，造物者赋予他们若干不可剥夺的权利，其中包括生命权、自由权和追求幸福的权利"，这是"不言而喻"的"真理"。此外，在美国经济和文化领域，自由与多元的理念也是始终如一的。基于这种特有的社会文化境域，美国职业教育在发展过程中一直践行着对人本主义哲学理念的蕴意。

在我国，类似社会境域同样存在。首先，在政治方面，新中国成立后的中国政体虽然不是美国意义上的民主共和制，但经过不断探索和完善，逐步建立起有中国特色的、民主集中制基础上的人民代表大会制度。民主集中制是民主基础上的集中和集中指导下的民主相结合的制度。虽然它要求少数服从多数、个人服从集体，但它本质上是维护最广大人民群众的合法利益。就国体而言，我国是实行工人阶级领导的、以工农联盟为基础的人民民主专政的社会主义国家，领导的权利赋予工人阶级先锋队中国共产党来行使。中国共产党将马克思主义作为党的最高指导思想和首要行动指南，马克思主义将人的解放和全面而自由的发展作为社会发展的最高理想和目标。经过多年探索与实践，特别是 21 世纪以来，"以人为本"之人本主义的核心理念在党的指导思想中体现得越来越明显，并深入贯彻到职业教育的相关政策文件中，职业教育的公益性品质得到越来越充分的彰显。其次，在经济领域，随着社会主义市场经济体制的建立与不断完善，"政府主导、依靠企业、充分发挥行业作用、社会力量积极参与，公办与民办共同发展"的职业教育的多元办学格局逐步形成，这为职业教育公益性品质的进一步发挥提供了有效的路径。最后，在文化层面，中国传统文化也彰显着对人的"终极关怀"①，突出体现在"影响心灵和心性的品格关怀"、"探索生命存在和质量的生命关怀"以及"追求个人与社会融合的社会关怀"层面②，这也是职业教育追寻人本精神的深层次底蕴。因此，虽然中美两国存在政治、经济体制乃至文化领域不同，但我国仍具有有利于职业教育对人本主义哲学理念实践的社会境域。

三 职业教育发展的历史使然

职业教育的发展是一个逐步完善的过程，对人本主义理念的认识与实践也是一个逐步深入的过程。职业教育的发展是与特定的社会生产力水平相适应、随着社会生产力的发展而逐步发展和完善的。仅就现代职业教育而言，随着 19 世纪末 20 世纪初美国社会机器大工业生产方式的推进，建立在行为主义哲学基础之上的职业主义模式得以产生，以培养社会需求的大量技术工人为主要任务，并受到法律的确认与保护。但在当时受到以杜威为代表的实用主义综合职业教育思想的攻击，最后促成另一妥协物——综合中学的产生，以培养兼有学术能力和技术能力的职业人为任务。但总体而言，在整个 20 世纪上半叶仍是职业主义模式下的职业教育实践占据主导地位。第二次世界大战以后，社会形势开始发生变化，职业教育实践也随之推进。随着 20 世纪 70 年代以来社会生产方式信息化的到来以及随后的后现代主义思潮的涌进，以培养综合职业能力的职业人为主要目标的新职业主义思潮于 80 年代以后在美国职业教育实践中逐步得以应用。职

---

① 谭培文：《中国传统文化以人为终极关怀的当代价值研究》，《伦理学研究》2007 年第 1 期。

② 李华华：《传统文化中的人文关怀与心理和谐》，《教育评论》2009 年第 1 期。.

业教育历史的进展不仅体现在人才培养方面，还体现在教育权的维护层面。在教育权的供给上，美国现代职业教育从最初的仅面向普通工人的职业教育，发展到后来的面向包括所有弱势群体和普通青少年在内的全体公民的职业教育。尤其是随着 20 世纪 60 年代以来职业教育法律的不断健全以及七八十年代以来后现代主义多元思想的应用，美国职业教育越来越致力于服务每一位有职业教育需求的美国公民。

中国现代职业教育虽然与美国现代职业教育一样于 20 世纪初期建立，但是它在人本主义蕴意方面的发展命运却与后者有所不同。自现代职业教育产生近乎一百年的时间里，我国职业教育发展先后经历了实用主义、社会主义、重建主义甚至行为主义等哲学思潮的影响，更多地与社会的改良、国家的改革、集体利益的诉求以及社会经济的发展相联系，人本主义理念的贯彻力度较弱。究其原因，最主要的还是源于我国社会生产力一直比较落后，经济基础较为薄弱。由于西方列强的长期入侵，我国民族工商业进展缓慢，资本主义机器大工业生产方式难以推进，致使我国的经济发展水平远远落后于西方国家。因此，无论是战乱频繁的民国初年，还是刚刚接管权力的新中国成立初期，以及改革开放以来的很长一段时间内，经济建设一直以来是我国社会发展的一项核心任务。这也是造成我国职业教育发展和美国现代职业教育发展步调不一致的一个主要历史原因。长期以来，我国职业教育以培养社会经济发展需要的技术人才为主要任务，尤其是改革开放的头 20 多年时间里，这种特点体现得尤为明显。一方面，由于教育发展水平本身的限制，职业教育也不能覆盖到更为广泛的社会群体。但是，随着改革开放的不断深入，特别是随着 20 世纪 90 年代中后期以来社会主义市场经济体制的逐步建立，我国的社会生产力不断提高，人民生活不断富裕，经济发展达到一定规模和水平，社会越来越需要从综合实力方面得以建构和提升。这在一定程度上就需要职业教育逐步转变发展模式，从规模扩张转向质量提高，从注重经济效益转向关注人民福祉，实现"社会本位"与"个体本位"的统一发展。另一方面，随着职业教育的规模发展，职业教育也应触及更为广泛的社会个体，使职业教育"面向人人"成为可能。这是 21 世纪以来我国职业教育转型的主要任务。随着新时期中共中央、国务院坚持"以人为本"理念的不断深入，我国的职业教育迎来了前所未有的良好发展机遇，人本主义理念也将逐渐得以彰显。

第二节　美国职业教育人本主义蕴意对中国职业教育借鉴的措施建议

事实证明中美职业教育实践有诸多契合点，成为我国职业教育人本主义蕴意借鉴美国职业教育经验的重要逻辑基础，而不是毫无根据的空穴来风。但从另一个层面讲，有了借鉴的逻辑基础，并不等于说要全盘汲取美国职业教育的实践经验而无视我国职业教育已有的成就和发展思路，抑或超越我国的社会形势和文化背景而盲目借鉴。否则，就等于通过选择一种实践来批判、掩盖甚至取代另一种实践，这就如同"鹦鹉学舌"一样使另一种实践失去了本真的存在，从而也就难以达成对本国教育事实的深度"审视"与"理解"。倘若如此，也就无异于"用基督教的近代崇高美学和现代绝望美学来解决中国的问题"而造成的"秋瑾那样的悲壮但却寂寞的牺牲"的教训①，这种借鉴的"有限性"应引起我们今天每一位比较教育研究者的"警醒"。我们需要的借鉴在一定程度上是对发展规律和原理吸收的理性借鉴，而不是具体形式实体的全盘吸收。因此，要实现从美国职业教育人本主义蕴意的实践中成功借鉴经验，在寻求以双方契合点为突破口的基础上，还必须进一步认清我国职业教育实践的现实状况，在肯定成就、凸显特色和求同存异中予以合理的借鉴，以顺利推进我国职业教育的人本主义实践。而以人本主义哲学的三个维度为理论支撑，以职业教育的四个层面为逻辑思路，我国职业教育人本主义蕴意的理想路径主要应体现为以下四个方面。

一　教育权利的人人性与特殊群体权利的维护

个体的受教育权是个体所拥有的神圣而不可侵犯的权利之一。人本主义非常注重对人之教育权利的维护，以使教育面向人人成为可能。早在1948 年通过的《世界人权宣言》就指出，"人人都有受教育的权利"，同时还强调，"技术和职业教育应普遍设立"。② 从社会的层面来讲，"在民主的制度中，所有的民众皆应共同的计划，准备并参与，为实现一个更理

① 吴炫：《中国当代思想批判：穿越终极关怀》，学林出版社 2001 年版，第 5 页。
② 联合国大会：《世界人权宣言》，1948 年 12 月，http：//wenku.baidu.com/view/4a2ac3f59e3143323968935a.html。

想的社会而努力"。①"理想的社会"反过来又将会为个体提供更为人本的服务与人性的关怀,体现出更为强烈的人本主义色彩。因此,无论是从直接的个体权利而言,还是从间接的个体惠及而论,教育都应该向广大民众开放,承担起应有的职责。而职业教育作为教育的一种形式,也应该分担起面向人人的职责,推动我国高中教育的普及化和高等教育的大众化,进一步为广大社会个体接受教育增加机会或拓宽路径,并在此基础上进一步促使个体向职业路径的转向。

温家宝同志在 2005 年举行的第六次全国职业教育工作会议上的讲话中就提出了职业教育"面向人人"的重要思想,以"使更多的人能够找到适于自己学习和发展的空间",体现"人民性"的特点。②进入 21 世纪以来,在国家大力发展职业教育大政方针的指导与支持下,我国职业教育取得了重大发展,当前其规模无论是在高中教育阶段还是在高等教育阶段都分别占据着半壁江山的比例。这表明,在我国高中教育逐步实现普及化和高等教育已经进入大众化的今天,职业教育的规模发展已经为更多愿意接受职业教育的个体提供了更为可能的路径,机会进一步增加。然而,虽然我国职业教育在规模上已经取得了重大进展,但是在很大程度上仍存在教育不公平的现象,职业教育"面向人人"目标的实现仍有较长的路要走。尤其是如何维护广大特殊群体接受职业教育的权利,成为当前我国职业教育公平方面的重要议题。1991 年颁布的《国务院关于大力发展职业技术教育的决定》指出,我国职业教育应走符合国情的发展道路,重视并积极帮助"老、少、边、山、穷"地区职业教育的发展。但是,由于长期以来我国人口众多,结构复杂,个体在阶层、区域、民族等方面存在着显著差异,使得现阶段的职业教育很难完全照顾到广大弱势群体诸如经济弱势者、少数民族群体以及残疾人群对职业教育的基本需求。从人本主义维护个体教育权的视角出发,未来我国职业教育应该在合理借鉴美国职业教育注重特殊群体教育权维护之经验的基础上,广泛关注我国广大特殊群体接受职业教育的基本权利,以最终实现《国家中长期教育改革和发展规划纲要》(2010—2020 年)所憧憬的构建"面向人人""满足人民群

---

① 勒维克:《技职教育哲学——多元概念的探讨》,李声吼译,(台北)五南图书出版公司 2002 年版,第 65 页。

② 温家宝:《大力发展职业教育——温家宝总理在全国职业教育工作会议上的讲话》,2005 年 11 月,http://www.gov.cn/ldhd/2005-11/13/content_96814.htm。

众接受职业教育的需求"的现代职业教育体系的目标。

（一）经济弱势者

我国经济弱势者主要来自两类家庭：一是农村贫困家庭；二是城镇低收入家庭。根据国家统计局 2010 年第六次全国人口普查数据显示，截至 2010 年 11 月，我国大陆共有农村人口约为 6.74 亿，占全部人口的 50.32%。① 虽然并不是所有的农村人口都表现为经济弱势者，但经济弱势者却在农村人口中占据着相当大的比重，尤其是位于偏远山区的广大农村家庭，其子女教育问题一直以来是困扰他们的一个重大难题。另外，随着城市化进程的加快，广大的农村人口涌入城市，他们逐渐扎根于城市，但他们的生活却并不富裕；与此同时，也有部分拥有城镇户口的人口（如下岗工人）属于低收入者。这两种城镇家庭的子女在接受教育包括职业教育时存在严重的经济障碍。近年来，随着我国普通高中和四年制大学招生规模的快速扩张，广大社会个体接受教育的机会不断增加，但是高昂的学费却阻碍着我国广大经济弱势者顺利获得高等教育的机会。因此，在经济层面，作为中、高等教育的半壁江山，中、高等职业教育理应为广大贫困家庭的子女消除进一步接受教育机会的障碍。

为维护低收入者子女接受职业教育的基本权利，21 世纪以来一系列关于发展职业教育的方针、政策相继做出有关规定。2002 年颁布的《国务院关于大力推进职业教育的改革与发展的规定》和 2005 年颁布的《国务院关于大力发展职业教育的决定》先后指出，各级政府应增加职业教育专项经费，重点用于补助农村和中西部地区职业教育的发展；建立职业教育贫困家庭学生助学制度，资助农村贫困家庭和城镇低收入家庭子女。在 2007 年颁布的《国务院关于建立健全普通本科院校、高等职业学校和中等职业学校家庭经济困难学生资助政策体系的意见》和《中等职业学校国家助学金管理暂行办法》先后对高等、中等职业教育家庭贫困的学生资助的相关政策予以规定，要求中央和地方政府共同出资设立助学金、贷学金和奖学金，给予贫困生学费上的减免和贷助、生活费上的资助以及其他形式的奖助优惠。从 2009 年开始，国家逐步实施中等职业教育免费的资助政策，首先从涉农专业和家庭经济困难的学生做起。2014 年颁布

---

① 国家统计局：《2010 年第六次全国人口普查主要数据公报》（第 1 号），2018 年 4 月，ht-tp：//www. stats. gov. cn/was40/gjtjj_ detail. jsp？searchword = % C9% D9% CA% FD% C3% F1% D7% E5% C8% CB% BF% DA&channelid = 6697&record = 3。

的《国务院关于加快发展现代职业教育的决定》强调，通过建立公益性农民培训制度、促进东西部院校合作等政策，加大对广大农村和贫困地区职业教育的支持力度。种种奖助政策，都在一定程度上为广大的经济弱势者缓解了接受职业教育的经济负担。但源于我国目前学生规模大、教育总支出数额少等的原因，致使与美国职业教育生均教育经费较高、专项基金资助实施较易等相比，我国职业教育在维护经济弱势者接受职业教育权利方面仍有一定的差距。因此，从人本主义思路出发，要维护农村贫困家庭和城镇低收入家庭子女接受职业教育的权利，必须在认清我国经济发展和教育现实水平的基础上，逐步适宜地采取必要的优惠、资助措施。

在发展战略上，首先，应提高职业教育生均经费水平。长期以来，在教育经费的投入比例中，职业教育经费的增长速度明显低于教育总经费的增长速度，使得职业教育与普通教育相比处于不利地位，生均教育经费得不到保障。以中等职业教育为例，按照国际惯例，职业中学的成本大约是普通高中的 2.53 倍，而我国中等职业教育生均经费却与普通高中教育生均经费基本持平。[1] 为此，在新的时期我国应以总体教育经费支出占国内生产总值 4% 的预算指标为契机，增加对职业教育支出的经费比例，提高职业教育生均教育经费水平。只有在生均教育经费水平提高的基础上，才能为职业教育整体学费水平的降低、贫困生学费的减免以及相关资助政策的实施等方面提供基本的经费来源保障。其次，要通过各种方式促进有关资助政策的顺利落实。尽管国家职业教育的有关法规、政策先后对贫困生接受职业教育的资助方式做过相关规定，但仍存在形式单一、贯彻力度不足等问题。有鉴于此，一方面，各级地方政府要确保各项资助政策落实到位；另一方面，职业教育机构也必须充分利用各级政府提供的教育经费、专项经费，通过多种形式实施对广大经济弱势者接受职业教育的资助。在完成国家规定的定额资助贫困生基础上，通过自主创立各种专项基金形式，如农村学生创业基金、城镇低收入子女绿色发展基金等，以多种形式激发贫困家庭子女接受职业教育的热情和动机，解除他们接受职业教育的后顾之忧。最后，除接受各级政府的资助外，还应通过校际合作、校企合作等形式积极争取东部沿海地区职业院校的支持和吸纳行业企业、社会团

---

① 李延平：《职业教育公平问题研究》，教育科学出版社 2009 年版，第 132—133 页。

体以及个人的相关资助，以多元资源、资金的形式进一步增强对经济弱势者接受职业教育的支持力度。

（二）少数民族群体

我国是一个统一的多民族国家。国家统计局 2010 年第六次全国人口普查数据显示，截至 2010 年 11 月，我国大陆共有少数民族人口约为 1.14 亿，占全部人口的 8.49%。[①] 这部分人不仅有着接受普通教育的需求，还有着接受职业教育的强烈需求。对少数民族接受职业教育需求的满足是实现少数民族和民族地区两个根本性转变、提高劳动者素质的必要而有效的手段，是民族地区走向经济振兴的必由之路。少数民族职业教育不仅关系民族地区的经济发展和民族的福祉，而且还关系我国社会主义现代化建设的大局，事关我国整个社会的稳定与和谐发展。因此，加快少数民族职业教育的发展，不仅是一个重大的教育与经济问题，还是一个重大的社会与政治问题。

在 2000 年，国家民委、教育部联合印发了《关于加快少数民族和民族地区职业教育改革与发展的意见》（以下简称《意见》）。《意见》指出，改革开放以来我国少数民族和民族地区的职业教育有了长足的进展，涌现出一批成效显著、示范性的骨干职业学校，促进了当地经济社会的发展和少数民族群众的脱贫致富。在此基础上，21 世纪以来，党和政府又对少数民族和民族地区职业教育的发展投入了更大支持。有数据显示，"十一五"期间，我国共投入资金 15 亿元，在各民族自治区建设职业教育项目 483 个[②]，并通过民族学生奖助政策、支持东部职业院校招收内地民族学生等形式为广大少数民族学生提供和开拓接受职业教育的路径。尽管党和政府已经做出很大努力，但不可否认的是，从总体上看，西部少数民族地区职业教育的发展水平与东部沿海地区的职业教育发展水平还有较大差距，在办学规模、层次结构、学校布局、专业设置以及办学形式等方面尚无法满足广大少数民族群体对职业教育的基本需求，在办学条件、教学质量、师资水平、管理机制和办学效益方面还有待提高。中国是一个由多民族组成的国家，在民族结构上与一个由多种族、民族组合成的"联

---

① 国家统计局：《2010 年第六次全国人口普查主要数据公报》（第 1 号），2011 年 4 月，http：//www. stats. gov. cn/was40/gjtjj_ detail. jsp？searchword = % C9% D9% CA% FD% C3% F1% D7% E5% C8% CB% BF% DA&channelid = 6697&record = 3。

② 民宗：《民族地区职业教育需要大力发展》，《人民政协报》2013 年 12 月 16 日第 6 版。

合国式"的美利坚合众国比较相似，美国职业教育正是在多民族形势基础上满足了各民族接受职业教育的需求。要推动我国少数民族和民族地区职业教育的改革与发展，既要认真学习美国职业教育的先进经验，更要从我国社会主义初级阶段的基本国情和少数民族与民族地区的实际出发，努力探索符合少数民族和民族地区特点的职业教育发展模式。

在战略举措上，一方面，中央财政应定额拨款资助少数民族职业教育的发展。美国职业教育法相继规定对土著人等边缘群体接受职业教育实施每年固定比例财政拨款资助政策，这对维护少数民族接受职业教育提供了基本的经济保障。我国少数民族众多、人口比例大，且大部分地处偏远地区，职业教育实施起来较为困难。对此，我国的职业教育法规和文件应专门做出相关规定，尤其在应对关系国家安全和民族统一的部分重点地区如西藏和新疆地区的职业教育的资助额度和资助方式作出具体规定，以确保中央财政对职业教育拨款的固定比例顺利投入到少数民族和民族地区的职业教育建设与发展上，保障少数民族群体享有职业教育的基本权利。另一方面，应实施东部与西部地区联合办学的战略。目前，我国尝试探索的职业教育集团化区域间合作办学，可以作为促进少数民族地区职业教育发展的一种战略模式，以实现教育资源的整合与优化配置，弥补少数民族地区职业教育资源的不足，进一步提高面向少数民族地区职业教育的教学质量。西部少数民族地区与东部沿海地区的联合办学与资源共享不应仅仅体现为师资的单向输送，还应体现为学生的逆向交流，东部职业院校应为西部少数民族个体提供学习的空间和平台，使他们亲身体会到东部教育资源的优势，以实现少数民族群体综合职业能力的达成。经费的保障和资源的共享，能够为少数民族学生接受职业教育提供基本的机会保障和质量保障。

（三）残疾人群体

残疾人群体在我国也是一个特别需要关注的社会群体。国家统计局最新统计数据（2006 年第二次全国残疾人调查）显示，截至 2006 年 4 月，我国大陆共有各类残疾人口 8296 万人，占全国总人口的 6.34%，其中包括视力残疾 1233 万人，听力残疾 2004 万人，言语残疾 127 万人，肢体残疾 2412 万人，智力残疾 554 万人，精神残疾 614 万人和多重残疾 1352

万人。① 对于他们的教育需求，一方面，通过专门的特殊教育机构予以满足；另一方面，有部分轻度残疾者参与到正规教育机构中来，其中包括职业教育机构。发展残疾人职业教育，既是提高残疾人就业能力和整体素质的重要途径，也是我国教育事业的重要组成部分。对于参与正规职业教育机构中的残疾人，相关职业院校有必要为他们提供特定的职业指导与帮助，以满足他们参与未来社会生产以及实现完满职业生活的需求。

对于残疾人正常职业教育权利的维护，目前在我国已经取得了一定程度的进展。在立法方面，1990 年颁布的《残疾人保障法》指出，国家应保障残疾人享有平等接受教育的权利；中等职业学校和高等学校必须招收符合国家规定的录取要求的残疾考生入学，不得因其残疾而拒绝招收。1994 年颁布的《残疾人教育条例》作为我国第一部有关残疾人教育的专项法规，强调各级政府应将残疾人职业教育纳入职业教育发展的总体规划，残疾人职业教育体系由普通职业教育机构和残疾人职业教育机构组成，以普通职业教育机构为主体。1996 年颁布的《中华人民共和国职业教育法》也指出，国家应采取措施扶持残疾人职业教育的发展；残疾人职业教育除由残疾人教育机构实施外，各级各类职业学校应当按照国家有关规定接纳残疾人学生；职业教育机构对于经济困难的残疾学生应当酌情减免学费。2001 年由教育部、中国残联等部门联合印发的《残疾人职业教育与培训"十五"实施方案》指出，各级政府应足额拨款职业教育经费，并鼓励依法多渠道筹措残疾人职业教育资金，设立残疾人职业教育奖学金、助学金和贷学金。以上有关法律规定在一定程度上从法律、政策的层面维护了残疾人接受职业教育的合法权利，凸显了职业教育权利的人人均等性，在一定程度上促进了我国残疾人职业教育事业取得显著成效。以 2013 年的数据为例，当年共开办残疾人中等职业学校（班）198 个，在校生达 11350 人，毕业生为 7772 人，其中有 6200 人获得职业资格证书。② 此外，在法规的支持下，部分普通职业院校也开始逐步尝试软、硬件特殊设施的建设，如一些新建楼宇的设计开始体现对残疾人的特殊照顾。尽管如此，由于社会发展水平等总体条件的制约，与美国职业教育对残疾人的

① 国家统计局：《2006 年第二次全国残疾人抽样调查主要数据公报》（第 1 号），2008 年 1 月，http：//www. cdpf. org. cn/sytj/content/2008 - 04/07/content_ 30316033. htm。

② 中国残疾人联合会：《2013 年中国残疾人事业发展统计公报》，2014 年 3 月，http：//www. cdpf. org. cn/sytj/content/2014 - 03/31/content_ 30456260. htm。

特殊照顾相比，我国残疾人职业教育还有很长的路要走。法律针对性不强，无明确的量化资助形式；软、硬件设施建设不足，尚未得到全面推广。解决诸如此类问题都是我国职业教育今后需要努力的方向。

基于此，首先，应完善残疾人职业教育立法工作。英国功利主义哲学家边沁（Bentham）认为，"提供生计""产生富裕""促进平等"和"保证安全"是法律的四项功能。① 对于残疾人，职业教育立法首先应体现为"提供生计"和"促进平等"两个方面功能。这源于他们一方面有着生存的需求，另一方面有着获得公平教育权的需要。我国虽然颁布了《残疾人教育条例》等法规，但与美国《残疾人教育法》相比，法律条文抽象且笼统，尤其在资金落实方面，存在资助形式不明确、资助额度不具体等缺陷。为此，笔者认为，我国应制定和颁布《残疾人教育法》。以法律的形式对残疾人教育包括职业教育的实施形式作出具体规定，通过法律要求各种教育机构以各种方式为残疾人的教育包括职业教育需求提供有针对性的指导与服务，并在具体的资助方式中明确相应的财政支出比例与实施形式。就《职业教育法》而言，应增强对残疾人职业教育需求保障的针对性与明确性，以单章形式列出对残疾人职业教育需求的保障性措施与资助形式，以量化形式规定对残疾人职业教育需求资助的年度经费支出比例或额度，积极号召职业教育机构以及社会各部门加强对残疾人职业教育需求的关照与尊重力度。其次，加强职业教育院校相关硬件设施的建设与落实工作。在已有初步实践的基础上，以美国为借鉴，结合我国职业教育的现实条件，除了建立专门的面向残疾人的特殊职业院校外，广大的普通职业院校也应适宜地实施在楼宇、道路以及停车位等设施方面的保障性建设，逐步实现楼宇周围有滑坡、楼宇内部有电梯、道路不坑洼、停车近靠楼宇的设施性保障，为残疾人群体尤其是身体残疾者提供基本的道路通行服务。最后，在职业院校应设立相关的咨询服务机构，增强对残疾人的服务力度。虽然目前我国的很多职业院校有也设有专门的心理咨询机构，但其更多的是为心理障碍者提供相应的心理咨询服务，对身体障碍者的指导力度不足。因此，在一方面加强咨询机构对心理障碍者提供指导与服务的基础上，也要增强它对身体障碍者的服务面向，应对这部分人进行专门的入

---

① ［英］吉米·边沁：《立法理论》，李贵方等译，中国人民公安大学出版社2004年版，第120—122页。

学档案记录与备案，以便以后对他们的学习与生活方面的困难进行有针对性的跟踪和服务。

二　培养目标的全面性与个体能力的综合发展

职业教育作为教育的一种形式，首先应具有教育的本体功能。因此，职业教育应在教育终极目标基础上实现职业人的全面发展，追寻职业人的真、善、美的完满人格，从而实现个体综合能力的达成，而不仅仅是单方面能力的提高。洪堡指出，一个全面发展的人不只是"掌握了丰富的知识"，更不只是"一台在某个狭窄领域中精准工作的机器"，而是一件"艺术品"。① 一方面，职业教育虽然以"职业性"的教育为冠名而从教育的母体中脱胎而来，以培养面向职业岗位的技术能力为突出特点，但是它与母体之教育的血缘关系却一直存在着，任何外在的力量都无法阻隔这种由脐带传送过来的"全面发展"的基因。另一方面，作为职业人，要完全参与未来工作世界和适应工作岗位的不断变化，也必须具备综合职业能力，以实现完满的职业生活。就如同美国职业教育学者勒维克（Lerwick）从存在人本主义视角指出的，职业教育的目标在于帮助个体"发展内在的自我"，"使学生成为具有真正人格的个体"，实现对"工作意义的自我认知及自觉"，"视工作体验为个人生命计划的一部分"。② 因此，职业教育不能单纯地以培养岗位技术能力为自身所追求的唯一目标，还要从教育的总体目标和复杂的职业环境出发，实现个体的完整发展，指向主体的自我实现，这也是人本主义哲学的要义之一。

面对生源的日趋萎缩和工作世界的复杂多变，当前我国的职业教育正面临从规模发展到质量提升的过渡阶段。然而，由于社会发展水平等因素所限，我国职业教育的实践往往把职业教育与社会经济发展紧密联系在一起，较少顾及职业教育与人之发展之间的联系性；职业教育办学机构仍然存在着严重的生源竞争行为，而不是注重自身的人才培养质量。面对后工业社会的发展与需求，自20世纪80年代以来，美国职业教育在人才培养目标的制定中就越来越注重个体综合职业能力的提升，而不仅仅是工业社会阶段经济利益驱使下的行为训练。正如《教育——财富蕴藏其中》一

---

① 斩希平、吴增定：《十九世纪德国非主流哲学——现象学史前史札记》，北京大学出版社2004年版，第23—24页。

② 勒维克：《技职教育哲学——多元概念的探讨》，李声吼译，（台北）五南图书出版公司2002年版，第77—78页。

书所指出的，教育不仅仅是为经济界提供人才，它不是把人作为"经济工具"而是作为"发展的目的"加以对待，因为"一种单纯追求提高生产力的模式必然走向死胡同"。① 因此，职业教育不能只是被理解为"技术学习"，致使它在实践过程中成为名副其实的"职业训练"，从而失去现代教育所应当具有的培养"人"的规定性。② 虽然目前我国社会发展重心仍是经济发展，但随着社会主义现代化建设的逐步推进，我国职业教育在培养目标上应坚持以人本主义哲学发展完整人的目标为终极追求，将培养具有综合职业能力的完满的职业人作为改革和发展的基本指向。完满的职业人所具有的综合职业能力主要包括基本的学术能力、岗位技术能力和高级职业能力，其中高级职业能力还囊括了职业伦理和职业审美方面的素养。

（一）基本学术能力

基本学术能力是个体应付基本的学习与工作所必须具备的基础性能力，更多地体现为一种工具性功能，主要包括听、说、读、写、算、数等基本的学术能力，这些能力也是个体进一步提高其他职业能力的重要前提和基础。与美国的职业教育相似，无论是在中等职业教育阶段还是在高等职业教育阶段，我国职业院校的大多数学生也主要是来自前一教育阶段学业成绩较差的学生群体。他们在基础性的听、说、读、写、算、数等能力方面不及普通高中和四年制大学的学生，表现为基础知识薄弱、基本能力水平较低的特点。遗憾的是，现实的职业院校对此却没有给予足够的重视。因此，为了补偿职业学生基本能力的缺失，无论是中等职业学校，还是高等职业院校，都必须加强对学生基础学术能力的培养，以便为他们综合职业能力的提升奠定坚实基础。

有必要予以说明的是，在职业教育中，所谓的基本学术能力，不应是简单地听、说、读、写、算、数的基础性能力，而应是具有一定职业导向性的基础能力。听的能力是个体在未来的工作世界中能够以正确的姿态倾听或欣赏，进而合理接受他人意见或建议的能力；说的能力是个体能够在未来团队的工作世界中正确地运用职业语言与他人沟通和交流的能力；读的能力是个体能够理解与识别与专业相关的文字或图表性文件如说明书等

① 联合国教科文组织国际教育发展委员会：《教育——财富蕴藏其中》，联合国教科文组织总部中文科译，教育科学出版社1996年版，第70、66页。

② 米靖：《论现代职业教育的内涵》，《职业技术教育》2004年第19期。

的能力；写的能力是个体能够以书面语言的形式记录、组织和交流职业事务的能力；算和数的能力是个体能够在未来的工作世界中运用基本运算公式和数学语言对专业相关信息进行简单计算与数学推理的能力。虽然这些基本的学术能力是个体应对未来每一项工作都必须具备的基础能力，但对于每一个专业领域甚至岗位却具有相对的差异性。因此，职业教育机构应根据不同的专业和职业类别对学生个体基本学术能力的培养做出一定的职业性引导，以确保这些能力更具有相对的针对性和实用性。这些能力的培养不仅要体现在课程内容的设置上，而且还特别要体现在教师的教学过程中。例如，在课堂中可以引入适当的职业案例进行教学渗透。

（二）岗位技术能力

岗位技术能力是体现职业教育不同于普通教育所培养个体能力的特色能力要素，对这种能力的培养是职业教育在脱胎于教育母体过程中不断滋长的具有自身特色的重要职责与任务，是"职业性"教育的充分体现。就教育本身而言，教育的价值主要体现为经济价值和精神价值两个层面；对学生个体而言，则分别指向个体的生存价值与发展价值两个方面。其中，第一种价值是第二种价值实现的基础。因为，"如果教育不授予学生谋生的本领，他们的生存和物质生活缺乏保障，便谈不上对知识、道德和审美的享受"。[①] 那么对于职业教育，传授个体一技之长的谋生能力，则显得格外重要。岗位技术能力是与特定的职业岗位相匹配的技术能力，在不同的职业岗位之间具有强烈的不可替代性特点，是一个岗位在人才培养的需求方面区别于其他岗位需求的根本性所在。在能力培养的层次上，同一种岗位技术能力在中等职业教育阶段对应于中初级水平的岗位技术能力，而在高等职业教育阶段则对应于高级水平的岗位技术能力。但是，无论何种层级的技术能力，它们的本质特点都是实用性与应用性，特别体现为直观的动手操作能力。虽然现实的职业教育机构往往以此能力的培养作为自身的直接培养目标，但是这种目标的出发点和实现形式却存在不同程度的缺陷。

一方面，我国的职业教育机构往往把培养岗位技术能力作为其人才培养的唯一目标，并指向于社会经济的发展。这种人才培养目标的单极取向

<hr>

① 庞学光：《一个理想的教育世界——学校教育哲学导论》，天津教育出版社 2011 年版，第 52 页。

不符合人本主义哲学范式对完整人发展的终极追求，其培养的出发点也不符合结构功能主义所蕴意的和谐社会构建的需求。如果一味地追求社会的经济利益，势必会导致"分裂的人"和"不完整的人"遍及社会，最终将不利于整个社会的和谐构建。与此同时，在"不完整的人"之才培养目标的指引下，培养方式也不甚合理。在日常的教学实践中，基于行为主义导向的项目教学法不断受到推崇。这种教学法以工作任务分析的方式将技术能力分解成一个个技能碎片，在能力培养的过程中，处处"分裂"着人、"肢解"着人，没有将岗位技术能力与其他非技术能力整合地加以培养，这也将最终导致"分裂的人"和"不完整的人"。虽然现阶段职业教育的社会经济发展功能尤为重要，但不健全个体的发展也势必会影响个体服务社会的水平。因此，我国的职业教育机构不仅要将岗位技术能力的培养作为自己的首要任务，更为重要的是，要立足人本主义之人的全面发展的视角，将岗位技术能力的培养与其他相关职业能力的培养融合在一起，以养成健康的完满职业人。

（三）高级职业能力

高级职业能力是个体应对快速发展、高度发达的现代社会复杂多变的工作世界所必须具备的核心性和关键性的高层次职业能力。它是当今个体参与任何一项工作都必不可少的综合能力，在不同职业岗位之间具有迁移性和普适性，在不同的生涯时期具有连续性和柔韧性，与基本学术能力相比，更体现为它的现代性和高级性。这种能力主要包括创新思维的能力、批判思维的能力、逻辑推理的能力、问题解决的能力、交际的能力和团队工作的能力、学会学习的能力、复杂想象的能力、情感认知的能力、职业审美的能力以及职业道德素养等。它们一方面是处于现代社会境域中的个体追求完整性发展的必要组成部分；另一方面也是促进个体"长效性"生长，增强人的"持久"和"强劲"的"可持续性发展"的能力。[①] 在现代工业社会，这些能力虽然和岗位技术性能力似乎没有直接的联系，但却有着千丝万缕的间接性联系，它们伴随个体计划和执行技术能力过程的始终，高超的高级职业能力能有效地促进个体对技术能力的运用。正如杜威所言，"劳动力市场动态的和变化着的需求对思维能力越来越多地替代体力技能提出了要求"，因此，"职业教育计划应该人文化和宽基础化，

---

① 黄尧：《职业教育学——原理与应用》，高等教育出版社 2009 年版，第 118—119 页。

以提高适应性"。① 他所指的"思维能力"是高级职业能力的重要组成部分。然而，在我国职业教育的现实实践中，还未充分地注重这种高级职业能力的培养，而更多的是着力于简单的技术操作能力的训练。虽然目前我国的职业教育以培养社会经济发展需要的人才为重任，但是，也面临新时期经济全球化和工业信息化的严峻挑战。因此，我们必须从社会发展总体需要出发，在借鉴美国职业教育经验基础上，以关注人的整体发展为基本指向，重视对个体高级职业能力的培养。

这种高级职业能力的培养一方面体现在课程内容的设置中，另一方面蕴意于教学实践的过程中。在课程设置方面，可以围绕单项或多项能力的培养独立设置相应的课程。但更多的是要整合在一般的学术或职业课程当中，以便使这种高级职业能力与一般的学术能力和专项职业技术能力形成完整的模块组合，而不是分化的碎片，以养成完整的个体。在教学实践中，可以通过多种教学模式或教学方法的应用和组合在职业知识的实际应用中培养复杂的高级职业能力，如合作学习可以培养个体的团队合作能力，自我导向学习可以培养个体的独立解决问题的能力，情境教学法也有利于个体问题解决能力的养成。当然，对于不同的职业岗位，这些高级职业能力也有一定的区别和差异，如针对不同的技术岗位，逻辑推理的序列方式可能不同。因此，在高级职业能力的培养中，也应结合具体的专业案例加以推进，以使这种能力具有适切的职业导向性。

（四）职业伦理和职业审美素养

职业伦理即职业道德与职业态度，职业审美是个体对所从事职业生活的审美的能力，都是个体高级职业能力的重要组成部分。研究者之所以将它们单独列出，是因为它们在现代社会中对个体的职业成功起着越来越重要的作用。著名的奥地利教育人类学家茨达齐尔（Zdarzil）认为，那些正在为职业做准备的青年人除了必须获得职业知识和技能之外，还应当"形成那种有望获得未来职业地位和对他有利的个性特征"。② 其中的"个性特征"就是他所指的专门的"职业'道德'"，这是职业人走向职业成

---

① ［美］约翰·杜威：《民主主义与教育》，王承绪译，人民教育出版社2001年版，第334—335页。

② ［奥］茨达齐尔：《教育人类学原理》，李其龙译，上海教育出版社2001年版，第102页。

功的必要条件。著名的德国理论物理学家韦尔（Weyl）直言，"我们的工作总是力图把真和美统一起来，但当我们必须在两者中选择一个时，我总是选择美"。① 可见，"美"对个体职业生活的重要性。对于职业伦理与职业审美素养的培养在职业教育中的地位，黄炎培也做过论述。他指出，职业教育如果"仅仅教学生职业，而于精神的陶冶全不注意"，就会从一种很好的教育沦落为一种低级的器械教育，如此一来，一些儿童便没有自动的习惯和共同生活的修养，这种教育最好的结果不过是造就一种改良的"艺徒"，而不是"良善"的公民。② 这里的"精神的陶冶"、"自动的习惯"和"共同生活的修养"是职业伦理与职业审美素养的重要表现，是职业教育培养"良善"职业人所必需的。

就职业伦理素养而言，早在西方中世纪的学徒制教育中就渗透着朴素的职业伦理精神的培养，当时的职业伦理品质更多地指向对职业机密的保护。随着近代工业社会的兴起，职业伦理素养逐渐被广大从业者视为走向"救赎"之路的重要品质。他们把职业作为一种"天职"，怀着对上帝的虔诚，将"守时、勤劳和节俭"③ 等职业素养作为"美德"精神。而随着现代社会的推进，工作世界越来越复杂，工作环境越来越多变，使得个体的工作伦理素养已不仅仅限于起初对职业本身的虔诚之朴素方面，而是要求个体具有多方面的职业道德和品质。这些多方面的工作伦理主要表现为对工作的高度责任感与使命感、良好的团队精神、诚实的工作态度、耐心的工作方式、积极的进取心、自尊与他尊，如此等等。对于职业审美素养，在当代社会中对个体的职业成功也是必需的，因而审美教育在职业教育中也是不可或缺的。一方面，审美教育可以为个体知识的习得、技能的获得、创造力和判断力的养成等提供"美"的基础；另一方面，还可以通过"以美储善"，促使职业人道德素质的发展。尤其对于职业人技术能力的获得而言，很多人可能认为"美"和"技术"毫无相干。其实不然。职业美育可以通过"培养"职业人的"欣赏美和创造美的能力"以及发展"美的人际关系"④，进而达到提高以"技术能力"为主导的劳动生产

---

① ［印］钱德拉萨克：《美与科学对美的探求》，《科学与哲学》1980 年第 4 辑，第 76 页。
② 田正平、李笑贤：《黄炎培教育论著选》，人民教育出版社 1993 年版，第 84 页。
③ ［德］马克斯·韦伯：《新教伦理与资本主义精神》，于晓等译，生活·读书·新知三联书店 1987 年版，第 36 页。
④ 庞学光：《试论美育的经济功能》，《教育与经济》1996 年第 2 期。

率的目的。对此，我国很多学者和职业教育实践工作者早已达成了共识。不过，仅仅停留在认识层面上是毫无意义的。我们必须在进一步提高认识的基础上，尽快将职业道德教育和职业美育纳入职业教育实践的议事日程中来。

对于职业伦理和职业审美素养的培养，一方面，应设置专门的职业伦理课程和职业美育课程。当前，我国职业院校设置的思想政治教育课和思想品德课，一定意义上属于职业道德教育课程的范畴。但是，这些课程的设置从一定程度上说还存在问题，体现不出职业的针对性和实践的应用性，与普通高中教育和高等教育的课程没有什么两样。与此同时，在我国现实职业院校的课程设置中，很难发现有美育课程的设置。为此，职业院校应以自身的定位为立足点，根据不同的专业类别，设置具有一定职业倾向的职业伦理课程和职业审美课程，使其与其他的职业课程相得益彰。另一方面，在教学实施过程中，伦理和审美课程教师也应从不同的专业或岗位类别出发，引入不同的职业案例，实现对职业伦理素养和职业审美品质的有针对性地培养；其他课程教师也应在教学过程中有意识地通过不同的教学形式和方法培养学生相应的职业道德素养和职业审美素质，例如可通过营造寓"德"于教、寓"美"于教的教学氛围，促使学生的职业伦理和职业审美素养形成于日常的教学实践中。

三　课程内容的完整性与课程结构的合理构建

从人本主义视角出发，教育要实现完整个体人的培养就必须具备完整的课程结构与内容。由此决定，职业教育要实现职业人的全面发展，也应具有完整的课程结构和内容。只有如此，才能实现个体在不同类别和多个层面职业能力的达成。如前所述，全面发展的人才培养目标不仅包括岗位技术能力的培养，还包括一般学术能力和高级职业能力的培植，而不同的能力往往渗透在不同课程类别中。交流、团队合作和职业道德等通识能力和素养主要渗透在人文社会课程当中，逻辑思维、推理能力等学术能力主要渗透在自然科学课程当中，而岗位技术能力主要蕴意在专业技术课程中。与此同时，一些高级的通识能力和技术能力尤其是前者还可以通过一些综合型课程来实现。

职业教育课程的设置首先应体现职业教育的"教育性"特点，凸显课程设置的完整性，融合包括上述从不同能力培养所推导出来的人文社会、自然科学、专业技术和项目综合方面的全部课程。当然，作为"职业性"教育，其课程设置也应体现面向职业的特点，职业教育机构要根据自身的优势和专业特点，设计富有特色和针对性的专业技术课程。对于这种课程设置的功能指向，我国的大多数职业院校也正在努力探索和实践着，并取得了一定进展。尽管如此，我国职业教育的课程设置仍存在很大问题。一些基础课程尤其是人文社会课程往往形同虚设，专业技术课程特色不明显，项目综合课程更是屈指可数。为此，我国职业教育的课程设置应以美国职业教育的课程实践为借鉴，并结合中国的社会发展特点和职业院校本身的特色，从全面发展人的哲学范式出发，构建完整的且富有特色的课程体系。

（一）人文社会课程

人文社会课程主要承担个体社会认知、情感、交流以及职业道德等能力素养的培养，这些能力素养是个体未来从事任何职业所必需的。现代大学之父洪堡曾指出，"有些知识应该是普及的，有些巩固思想和性格的教育应该是每个人都获得的。不论其职业，只有一个良好的、正直的、启明的人和市民，才能成为一个好的手工业者、商人、士兵和企业家"。[①] 这种普及的教育知识在很大程度可以认为是人文社会课程所传输的知识内容。在洪堡看来，这些知识主要应放在基础教育阶段进行，以便为未来的专门学校和普通的大学教育做准备。职业教育主要是培养未来不同行业领域内的技术工人，他们要成为一个好的职业人，首要应成为一个良好的市民。但笔者并不主张洪堡所倡导的普通教育与专门教育完全相剥离的状态，而是主张在专门教育内部渗透相应程度的通识教育，而人文社会课程则是践行通识教育的重要载体。从我国的实际出发，并借鉴美国经验，我国职业教育的人文社会课程主要应由语言课、政治课、历史课、伦理课、美育课等构成。在这里主要简单介绍语言、政治、伦理和美育四种课程。

语言课程是培养个体包括写作、阅读、听力和交流等语言能力的课程，而职业教育语言课程的目标则体现为培养与职业相关的听说读写能力。在我国，无论是中等职业教育还是高等职业教育，其语言课程的落实都存在严重不足，课程形同虚设，专业指向不明，学生学习兴趣不足。职

---

① 威廉·冯·洪堡，http://zh.wikipedia.org/wiki/%E5%A8%81%E5%BB%89C2%B7%E9%A6%AE%C2%B7%E6%B4%AA%E5%A0%A1。

业教育语言课程包括汉语言课程和英语语言课程，不仅要体现对个体基础语言能力的培养，还应注意与专业领域的联系，以提高个体专业语言尤其是专业阅读与写作方面的能力。因此，在语言课程设置中，要适度建构相关的专业语言模块，通过渗透经典的专业案例，提高个体对专业说明书、检测报告等文本的阅读能力，培养个体对项目报告和总结的写作能力。与此同时，在语言课程教学实施中，还可通过渗透专业主题的讨论或设置专门的小组交流课程来培养个体团队交流与合作能力。

政治课一方面旨在培养个体对国内与国际政治与社会形势的认知与理解，以政治的眼光和视野分析当今与历史上国内外发生的重大事件；另一方面旨在培养个体的政治意识，以特定的政治意识实现对国家的维护。在我国，政治课承担的一个重要任务就是培养个体的社会主义精神。职业教育作为培养社会主义现代化建设者的重要方式，也必须充分认识到政治课这种职能的重要性。我国中、高职院校应顺应当前实际，分别开设思想政治课和马克思主义理论课，促使学生对马克思主义基本原理的掌握尤其是对社会发展历史规律的把握。与此同时，在政治课的教学中，也应将政治思维的培养与特定的职业相联系，使得学生意识到未来职业与中国特色社会主义建设的重要联系，增强爱国主义精神和集体主义精神，提高学生服务于社会主义现代化建设的责任感与使命感，以实际行动投入到未来的社会主义现代化建设当中。

伦理课主要承担个体职业意识、职业道德与职业精神的培养，诸如诚实守信、热爱工作、良好的团队精神等方面的个人素养。西方国家基督教的盛行，使得新教伦理精神渗透到大多数个体的职业实践中，体现出对职业的高度责任感与使命感。而在我国社会，由于人们对官职盲目推崇，使得大多数人不能忠于本职和乐于其业，缺少基本的职业伦理素养。职业教育培养的个体是面向未来一线职业岗位的技术工人或专业技术人员，他们占据社会岗位的相当比重，对自我职业的忠诚程度将大大影响我国社会的整体进步。因此，我国职业教育必须设置单独的伦理课程，由专业的伦理课程教师任教。而在教学过程中，教师则应有意识地将基本的伦理知识与特定的职业情境相联系，用专业的教学案例增强个体对特定职业的责任感与使命感，在虚拟情境教学中增强个体的职业认知和职业伦理精神。

美育课程主要培养个体健康的审美精神、正确的审美态度、良好的发现美、鉴赏美和创造美的能力以及和善的人际关系等方面的素养，通过开拓学生的艺术视野来增强技术能力发挥的艺术品位，从而成就完满的职业人。在我国职业教育课程的现实实践中，很难发现有对美育课程的设置。这种课程不完整的现实很难满足完整职业人培养的终极目标，也无法兑现工作世界对高效率技术工人的强烈需求。职业美育课程通过对个体审美能力与审美素养的培育，不仅可以贡献于具有真、善、美完满人格职业人培养目标的实现，而且还可以通过艺术品格的蕴意增强个体技术能力服务的效率。为此，我国职业院校必须要引以为重，设置相应的职业美育课程。在美育课程内容的建设中，学校应根据其专业类型和项目特点，构建具有一定职业导向的美育课程。在教材中通过渗透与"美"有关的专业案例，强化学生审美意识的养成。在教学过程中，美育课程教师也应加强审美理念与行业领域的联系，以实现审美价值的应用性和职业导向性。

（二）自然科学课程

自然科学课程主要培养个体遵循和运用自然原理或规律进行逻辑运算、思维和推理的能力，主要包括数学课程和科学课程。此外，计算机课也属于广义自然科学课程范畴。这些课程不仅具有培养个体基本学术能力的普通教育性质，还具有促进职业院校学生专业技术能力培养的基础功能。新技术的产生源于新科学知识的应用，而新科学知识的建构必须建立在对前人积累起来，并得到社会普遍认可的客观真理掌握的基础之上，这就需要加强对蕴含客观真理的自然科学课程（数学和科学）的学习。自然科学课程还可以培养个体"勇于探索""求真""唯实"和"创造"的科学精神[1]，这种科学精神不是对人文精神的排斥和压抑，而是蕴意人文精神的科学精神。正如杜威所言，"一个人没有养成科学精神"，他就"没有人类为有效地指导的思考所设计的最好的工具"，"这种人不但不能利用最好的工具从事研究和学习"，而且还"不能理解知识的丰富意义"。[2]

数学课程的目标在于培养个体数学运算和空间思维能力，主要包括代数和几何课程。数学课程不仅对普通教育领域学生的发展十分重要，而且对于职业教育学生的全面发展也特别重要，我国职业教育机构应根据不同层级学生的水平和需求设置相应类别和层次的数学课程。在中等职业教育

---

① 潘新民、张燕：《关于科学教育的几点哲学省思》，《教育学报》2008年第5期。
② ［美］约翰·杜威：《民主主义与教育》，王承绪译，人民教育出版社2001年版，第207页。

阶段，由于来自初中阶段的学生在数学功底方面还比较薄弱，要加强他们对未来职业的远景规划，就必须实施与普通高中阶段水平相当的数学课程内容的教学，巩固他们的数学基础，并体现与职业的初步联系。而在高等职业教育阶段，一方面源于学生数学基础成绩较差，另一方面源于大多数专业都是理工科专业，因此，数学课程的设置也很有必要，尤其是要加强与专业课程的衔接和联系。在教学实践中，教师应培养学生使用数学公式或原理解决专业问题的能力，增强数学课程的职业导向性。

科学课程旨在培养学生利用自然规律解决实际问题的能力，主要包括物理、化学、生物和地理等课程。由于职业院校的大多数专业都是理工科专业，因此，这些科学课程的学习对于学生专业技术能力的达成有着重要的基础性作用。但这些课程并不要求每一个专业的学生全部学习，职业院校应根据不同的专业类别和特点，为学生提供有针对性的选修课程方案。例如，电子、电气与通信类专业可选修物理课程，化学化工类专业应选修化学课程，生物医学专业应选修生物课程，地质勘探与地球科学类专业应选修地理课程。科学课程的教学在通过使个体对自然规律掌握来培养他们逻辑思维和推理能力的同时，也应加强与专业和特定职业岗位之间的联系，通过专业案例或情境性教学的渗透，提高个体运用自然科学规律解决专业问题的能力。

计算机课程主要是一种工具课程，具有培养个体运用计算机设备和相关软件处理文本、图表、图画与视频等数据信息能力的效果，包括计算机基础、程序语言、绘图等具体课程。首先，计算机基础课是当代社会任何一个专业领域的学生都必须学习的课程，以培养个体计算机应用的基础能力，包括公文处理、信息录入、图表设计等基础能力。而对于其他高级性的计算机课程，则需要根据具体的专业（除计算机相关专业外）需求而进行灵活的课程方案设计，如电子、通信等专业需要开设 C 语言课程，而土建类、机械类等专业则需要开设 CAD 制图、工程制图等绘图课程。计算机课程的教学具有较强的应用性特点，因此，在课程的实施过程中，教师必须将理论知识与计算机实体教学结合起来，使学生在做中学，通过实际训练来培养他们相应的计算机应用能力。

（三）专业技术课程

专业技术课程是最能体现职业教育办学特色的课程，它的目标在于培养个体应付特定岗位的专业技术能力，尤其是一线的动手操作能力。在黄炎培看来，"职业教育，以广义言之，凡教育皆含职业之意味……若以狭义言，则仅以讲求实用之知能者为限"。① 可见，无论从广义的"职业"而言，还是狭义的"实用"而论，职业教育都体现出明显的专业性特点，这也就凸显出具有培养专业能力功效的专业课程在职业教育课程体系中所占据的重要位置。美国当代社会批判学家丹尼尔·贝尔（Daniel Bell）指出，"后工业社会的主要问题是要有足够数量的受过训练的具有专业和技术能力的人才"。② 虽然他的"训练"学说在后工业社会具有一定的局限性，但却进一步印证了职业院校设置专业技术课程的重要性。对于正处于工业社会发展阶段的中国职业教育，也没有理由不去培养学生的专业技术能力。因此，职业院校必须深刻领悟专业技术课程的基本使命，科学合理地设置与实施相应的专业技术课程。根据课程性质和教学形式的不同，专业技术课程主要分为专业理论课程和专业实习课程两种类型。

专业理论课程是职业院校课程体系中的主干核心课程，旨在从学科规律和专业理论发展的视角培养学生理论联系实际的专业知识和能力。职业院校核心课程的设计，一定要按照工作过程的实际需求，并在遵循个体发展与知识规律的基础上进行。课程内容的选择应力求体现专业领域中的新知识、新技能、新工艺和新方法，以特定职业岗位对专业知识和技术能力的需求来设计课程。在课程的实施中，应坚持理论教学与实验教学相结合的方式进行，每完成一定学时的理论教学，就要辅之以一定学时的实验教学。在实验课的教学中，让学生在模拟的工作情境中通过理论知识的应用掌握相关的专业知识，并通过直接的动手操作形成相应的专业技术能力。当然，这种课程的设计与实施也要综合考虑与人文社会和自然科学等基础课程的衔接与融合，以体现培养完整人的目标。

专业实习课程是职业院校培养个体专业技术能力必不可少的应用型课程，旨在使学生通过在真实的工作场景中的实践训练实现他们对技术能力的养成。这种课程的设计要充分考虑学生已有的专业基础知识和初步的专业技术能力，并结合真实工作场景的特点与性质进行。课程的主要内容恰恰体现为教学实施的行为，教学实施就是学生在实际的工作岗位中通过专业知识的应用以及初步技术能力的进一步尝试，实现对专业技术能力的最

---

① 中华职业教育社：《黄炎培教育文选》，上海教育出版社1985年版，第44页。
② ［美］丹尼尔·贝尔：《后工业社会的来临：对社会预测的一项探索》，高锋等译，新华出版社1997年版，第256页。

终掌握、巩固与提高。专业实习课程也是最能体现校企合作、工学结合人才培养模式的课程类型，因此，为了更好地实现实习课程的设计与实施，学校应与企业加强合作，从企业对人才的实际需求和学校设定的人才培养目标出发，并在充分考虑个体工学实际的基础上，为学生提供合理的岗前适应职位和锻炼机会，并提供有针对性的教学和实习指导。

（四）项目综合课程

综合课程是将具有内在逻辑或价值理念相互关联的原有分科课程和其他形式的课程内容整合在一起，以消除各类知识之间的界限，使学生形成关于世界的整体认识和整合观念，以培养学生灵活运用相关知识解决实际问题能力的一种课程类型。[①] 格式塔心理学理论认为，认知主体具有整体性的特质，强调经验与行为的整体性，要求认知客体也应具有整体性的特点。[②] 从整体主义的视角，将蕴含相互联系的多元成分的经验和活动内容整合在一起就形成了综合课程的内容。这种整体主义的心理学理论具有较强的人本主义性质，符合人本主义哲学所要求的个体综合而整体性发展的倾向。综合课程的建设往往以某一领域、某一主题或某一问题为中心进行组织和设计，以培养项目领域所需的综合职业能力。根据美国职业教育实践的经验，项目综合课程主要有旨在培养多学科视野的横向交叉课程和旨在培养整体性视野的纵向顶点课程。

横向交叉课程是将学科内或学科间相近的几门课程相互交叉融合在一起而形成的综合性的新型课程，其目的在于培养个体在某一职业领域的整合式的多学科观点。因此，这种交叉课程，一方面体现为学科内部几门相近课程尤其是基础性课程间的交叉，诸如综合文科、综合理科等，旨在培养某一专业人才的多元基础学科视野。综合文科旨在养成个体之哲学、伦理、社会、文学、艺术等多学科方面的人文素养，综合理科在于养成个体之数学、计算机、物理、化学、生物、地理等多学科的科学素养。另一方面是在不同学科间相近课程之间的交叉，如生物伦理学、教育人类学等，旨在为彼此学科的学生提供另一种学科思维视角，增强职业能力的灵活性和创新性，如教育人类学课程，可以培养职业院校学前教育学专业的学生从人的可塑性和个体发展规律等人类学的学科视野出发指导幼儿学习的能

---

① 有宝华：《综合课程论》，上海教育出版社 2002 年版，第 25 页。
② 蔡桂真：《试论综合课程的心理学基础》，《教育探索》2011 年第 3 期。

力。交叉课程的设计与实施，需要学科内与学科间相关课程教师的共同合作。

纵向顶点课程，在美国也称为高级项目课程。它是指在最后一个学期设置的、从整个专业项目的视野、以培养个体应付未来多变工作世界的综合性、高级性的职业能力（诸如问题解决能力、项目组织与执行能力、团队协作能力等）的课程。目前在我国设立的毕业设计就是这种综合课程的一种重要形式。这种课程在组合方式上体现为纵向的贯穿性与总结性，在能力的培养上体现为高级性和综合性，与横向交叉课程相比较它又具有项目的针对性。这种课程的设计，一方面要考虑同一专业领域不同工作岗位对个体能力的共同需求，另一方面也要充分考虑整个专业对个体全局工作视野的培养需求。在课程内容设计方面，不仅体现对所有不同阶段课程的纵向衔接，也应体现对所有基础课与专业课的横向融合，通过对不同课程内容的融会贯通实现对整体项目视野的高级职业能力的培养。为此，在课程设计与实施的过程中，同样需要不同课程教师的通力合作和共同协作，以实现课程内容的贯通性和能力培养的整合性。

四　教学实践的主体性与教学过程的人本关怀

人本主义要求，教育要通过建构和谐的教学实践关系来实现课程内容的传输和相关能力的达成。以此为出发点，职业教育要促使全面发展人才培养目标的实现以及完整性课程的实施，也必须营造充满人本关怀的主体性的教学实践氛围。教学实践是最能体现动态性、主体性和能动性的教育实践状态，因而，教学实践也最能体现人的要素，最能发挥主客体各方要素来促进人的发展与成长，满足主体性个体的需求。但与此同时，这也是最容易发生埋没人性等负面效应的教育实践。因此，要实现职业教育之个体教育权的维护、人的整合发展以及完整课程的实施，就必须坚持人本主义的哲学视野，规避工具主义漠视人、践踏人的取向，使得服务性、主体性、人本性与和谐性等关照人的要素充溢整个教学过程。

在现阶段，我国中、高等职业教育分别占据普通中等教育和普通高等教育的半壁江山，因而职业教育的教学质量将直接关系我国整体的教育质量和水平，关系未来社会主义社会建设者的总体素养。长期以来，由于我国职业教育过分注重规模增长，较少关注质量提高；过分注重社会经济发展，较少关注个体成长；过分注重企业需求，较少关心学生需要，从而导致教学总体质量不高的现实境况。处于后工业社会时期的美国职业教育教学实践，已经充分认识到人本主义要素的重要性，在教学支持的服务、教学方法的选择和教学关系的营造方面都蕴意为强烈的人本主义内涵，教学质量较高。虽然我国目前尚处在以经济建设为中心的工业社会阶段，但是职业教育在培养人的过程中不应过多地受功利主义取向的牵制。我国职业教育要实现教学质量的全面提高，必须引进人本主义的哲学理念，将服务人、关照人和体现人的人本主义要素应用到整个教学实践过程中去。

（一）教学支持的人性化

教学支持是教学实践的一个重要方面，是保证教学正常运行的前提条件，而体现人本主义哲学要义的人性化教学支持则是职业教育教学质量赖以提高的关键。其中，高素养教师支持和高质量设施支持是教学支持最为重要的两个要素。

高素养的师资是高质量教学支持的"人"的力量，是促进教学质量提高的关键要素。从人本主义视角出发，高素养的教师不仅仅体现为拥有广博的知识基础和高明的专业技术，还必须要有良好的情感认知水平和高尚的伦理道德品质。正如国际 21 世纪教育委员会指出的，学生要克服的障碍如贫穷、身体残疾、困难的社会环境越是繁重，对教师的要求就越多，其中就包括要求教师具有情感同化、耐心和谦虚等方面的人文品质。① 相对于普通教育的学生，职业教育的学生结构相对复杂，面对的问题也相对较多，这就决定了职业教育教师必须要具有高度的素养。长期以来，我国职业教育的教师评价往往把专业知识和技术能力尤其是后者的评价作为考核教师水平的重要指标，而忽略或弱化了从人本主义哲学出发考察教师的情感和道德素养，致使教师对学生的人本关怀动力不足。以美国职业教育教师支持为借鉴，我国职业教育应加强教师的师情与师德建设，使每一位教师在教学过程中以平和与友善的态度积极对待每一位学生，以热情和鼓励的品质行为满足每一位学生的学习需求，以公平和公正的责任感对待来自各种社会背景中的个体，以人性化和慈善性的胸怀满足身心障碍、有特殊学习困难学生的学习需求。而这种高素养师资的培养，一方面需要职业师范院校对师资进行系统的教育和长远的生涯规划，将伦理道德教育蕴意于日常的教学中；另一方面也需要专门的师资培训机构对

---

① 联合国教科文组织国际教育发展委员会：《教育——财富蕴藏其中》，联合国教科文组织总部中文科译，教育科学出版社 1996 年版，第 139 页。

于即将或已经上岗的职业教育教师进行专门的职业道德的岗前培训或继续教育，有针对性地提高他们的伦理素养和品质，增强服务学生的动力和能力。

高质量的设施支持也是实现高质量教学支持的重要砝码，其中既包括纯硬件的教学设施的支持，也包括渗透"软"性要素的教学辅助设施的支持。纯硬件教学设施支持主要是指教学设施支持中"物"的因素，包括课堂外的硬件设施支持和课堂内的硬件设施支持。课堂外的硬件设施支持在前述弱势群体的关照方面已经有相应论述，而课堂内的硬件设施支持主要包括教室桌椅的布置、采光的设计、仪器的配备等方面。以美国为借鉴，并结合我国职业教育现实特点，我国职业院校的教室内部可以适时地采用圆桌式的座椅安排，以方便学生主体间性的讨论和以问题为中心的教学；实验室和理论课程的教室可以根据专业需求有选择性地整合在一起，便于理论联系实际的教学；室内灯光可因地制宜地部分采用反射光形式的采光设计，以弱化对学生眼睛的刺激。事实上，当前我国的广大职业院校已经充分意识到了这一点，并做了大量工作，使得硬件设施有了较大改善。然而，在软件支撑方面却依旧严重不足。因此，广大职业院校必须根据学生的实际需要，有针对性地设立一些特殊的教学辅助机构，将"人"的要素渗透其中，实现对学生个体的特殊关照。例如，针对学习困难学生的需要，我国职业院校可尝试设立学习救助办公室，配有专门的服务人员对身心残疾者、基础知识较差学生实行入学资料备案，以便在教学过程中进行实时跟踪和提供有针对性的服务；对于在学习过程中出现困难的学生也应及时地进行问题记录，及时地发现问题并采取有针对性的解决方案，将信息反馈给课程教师，有效促进学生对知识与技能的掌握。

（二）教学关系的民主化

完整性个体的发展与主体性自我的彰显体现在和谐的社会关系中，而教学关系作为社会关系在教育领域中的一个子关系，要实现对个体独立性与自主性的尊重，就必须营造和谐而民主的教学氛围。对于教学关系的实践，德国近代浪漫主义学者如费希特、谢林、洪堡等人都主张，教学要实现从"独白"到"对话"的转化，由"一言堂"转向"群言堂"。[①] 这种

---

① ［德］彼得·贝格拉：《威廉·冯·洪堡传》，袁杰译，商务印书馆1994年版，第76—77页。

教学关系一方面可以培养"自由之思想"、"独立之人格"① 等批判性思维和创造性思想；另一方面对于职业教育则可以通过形成"大家动手"、"共同参与"的课堂氛围来增强对职业知识的记忆与职业能力的提升。这种教学关系充分尊重了学生的自主性特点，有利于学生人格与能力的充分发展，是一种民主型的教学关系。民主型的教学关系主要体现为主体间性的师生关系和合作性的生生关系。

师生关系是教学关系中一对主要的主体间关系，是教学得以顺利实施的关键。和谐型教学关系的建立首先需要有和谐师生关系的建立，而这主要体现为主体间性师生关系的构建。正如存在主义学者马丁·布伯所指出的，长期以来，人类在社会中的关系常常体现为"我与它"的主客体的关系，其中也包括教育实践中的主客体关系。在我国职业教育的教学实践中，也要规避压抑个性的主客体师生关系的践行，从尊重人、关照人的人本主义哲学思想出发，建立平等性、人性化的主体间性的师生关系。师生之间仅仅是教育角色的不同，教师是教学任务的主导者和学生学习的促进者，学生是自我学习任务的主导者和支配者。由于相对于普通教育而言，职业教育的教学更具有实践性和应用性的特点，因此，这种主体间的师生关系应该体现得更具普遍性和急需性。在课程的教学实践中，尤其是在实验课教学和实习课教学中，学生不再是接受知识的"输入器"，而应成为转换知识的"主体人"。教师要将学生当作"活生生"的主体人来对待，放下自我权威，放下原有的高高在上的架势，勇于接受每个学生提出的专业领域中的各种问题，与学生分享情感认知和专业问题，并在与学生平等交流中找到合理的解决办法。当然，另外，也需要学生对教师做出"主体人"尊重的态度，以形成主体间性师生关系的良性循环。

民主型教学关系的构建也离不开和谐型学生之间关系的建立，这也是关系到教学实践能否获得高质量的重要因素。在教学实践中，学生之间要实现共同的学习进步，就必须建立起合作性的民主型关系。古希腊伯里克利时代雅典城邦的短暂繁荣，正是应用了当时历史学家修昔底德所描绘的人本主义的"合作"与"民主"理念。教学关系作为社会关系的一个子集，要实现成功的教学实践，也应渗透人本主义所倡导的"合作性"和

---

① 何卫平：《关于"Seminar"方式的意义——兼谈德国大学文科教学中解释学与辩证法的传统》，《高等教育研究》2011 年第 4 期。

"民主型"的关系理念。在职业教育的教学中，由于教学任务的特殊性，会经常性地建立学习小组或活动团队，学习小组以及组中每个个体学习任务的如期完成都需要有一个合理性的关系的建立，这就是民主型的合作关系。在这种学习小组中，可以使用人本主义心理学者所提出的"意义社区"的概念。在意义社区中，拥有共同学习任务的学生组成一个团队，在共同学习的过程中，组中的每个个体都相对自由地存在着，在充分地不可保留地表达自我的同时，还以坦诚的态度对待每一位其他个体，以开放的姿态接受他人提出的意见和建议，并展示感激的心理，实现在民主关系中的成长与进步。在这种民主型的学生合作关系中，教师也承担着义不容辞的关系协调者的角色。当学生之间的合作关系出现危机甚至破裂，教师应出面调停，实现对合作关系的及时维护。

（三）教学方法的主体性

科学的教学方法也是职业教育教学有效实施的重要推动因素。基于现代知识观视野下的"主动构建"、"主客体交互作用"、"情境关联性"和"默会性"理念，职业教育不应再视学生仅仅为接受知识的"容器"，而应积极发挥学生的主观性和能动性，鼓励他们按照自身经验、兴趣和条件学习。① 这种现代知识观体现为较强的人本主义色彩，它关照学生的学习规律，关心个体的生活实践。以此为基础，职业教育的教学方法主要有情境教学法、个别教学法和合作学习法。

情境教学法是一个基于建构主义理论的教学方法，旨在通过在自然场景中促使学习者的主体认知结构与外界客体环境发生交互作用，实现对知识的掌握和能力的形成。建构主义理论规避了行为主义所强调的单极的客体环境的偏颇，引入了"人"之主体性要素，体现为人本主义的哲学要义，由此而出的情境教学法之"情境"也类似于人本主义心理学家弗兰克所提出的"主体性"的"存在中"的人们所必须要经历的"情境"。由于职业教育具有实践性和应用性的特点，使得这种方法成为职业教育教学实践的重要教学方法。学习者个体接受职业教育的一个重要目的就是为了在未来的真实工作世界中实现对自我知识和外界环境的有机融合，这就使得教学实践必须为学习者提供真实的或模拟的工作场景，使得学习者在情境中提取知识、培养技能和提升态度。情境教学法更适于实验课和实践

_____

① 张晋：《当代知识观与职业教育改革的价值取向》，《职教探索与研究》2007 年第 2 期。

课的教学。应用这种方法，教师要将实验室或实地工厂车间作为教学场景，并在相应的场景中有意识地渗透在真实工作岗位中可能发生的社会的、文化的要素，同时需要结合学生的自我知识结构如已经学习的理论课程知识，以便实现学生个体认知结构和客体场景的有效交互和融合。在情境教学中，教师充当的角色是引导者和促进者，以指导和促进个体对相应职业能力的达成。

个别教学法是从人本主义哲学"主体性"个体人需求的思想出发，体现"因材施教"教育基本理念的教学方法。在职业教育教学中，不可避免地会遇到来自不同社会背景的学生个体，这些学生之间存在不同程度的差异性。例如在知识背景方面，就高等职业教育阶段的学生而言，有些可能来自普通高中，有些可能来自职业高中等中职学校，二者由于接受了不同模式的教育，因而知识基础存在着一定程度的差异。这就使得教学不可能以"一刀切"的模式进行，必须要考虑到不同群体之间的差异和需求。个别教学方法的使用恰好迎合了这些不同群体和个体的差异性需求。正是这种允许个体多元存在、凸显主体性个体的教学氛围的营造，才能促使后现代主义所提出的"从容行为"的达成，这种"从容行为"在职业教育中可谓个体的相关职业能力。因此，在职业教育教学中，教师应善于发现学生的个体差异和不同学习需求，在集体授课过程中渗透个别教学方法，并运用"沉思教学法"基本原理，给予学生更大的自我空间，使学生在学习过程中真正成为自己的主人，积极发挥个体的主观能动性。例如，在理论课教学中，教师应根据学生知识基础的不同安排有差异的学习进度和作业任务，并有针对性地进行个别跟踪与指导；在实验课和实践课的教学中，教师可以根据学生对理论知识掌握程度的不同分配不同水平的实验和实践任务，并在学生实验或实践的过程中随时发现学生的学习问题和困难，及时地予以有针对性的指导。

合作学习法就是以特定的教学任务为主题，在教师的指导下，根据学生特点进行随机或指定的分组，使得小组内的学生个体在合作关系中完成既定任务的教学方法。这种方法也恰恰迎合了人本主义哲学对和谐与民主的关系体建立的需求。正如人本主义学者拉蒙特所指出的，只有人类自由的"合作"才能构建地球上永恒的"和平"状态，以实现"幸福生活"的最大化。在课堂关系中同样如此。学习任务不仅仅是基于个体知识与能力达成的个别化任务，而且也是一个需要学生集体共同努力才得以完成的任务。在未来的工作世界中，学生更多的是处于一个复杂的关系体中工作，个别任务的完成得益于其他个体给予的合作，而自我在关系体中的表现也有益于其他个体任务的有效完成，并进而实现对整个工作任务的达成。因此，职业教育教学的一个重要任务就是要培养学生的合作能力、交往能力等复杂关系体中所需要具备的能力，而这种能力的培养在很大程度上蕴意于合作学习的教学实践中。在合作学习中，每个个体一般都要承担不同的具体任务，并为小组整体负责。而在个体任务的执行过程中，每一个个体又必须参与到关系体的合作中，绝不能脱离集体而行之。在小组合作的教学中，教师充当着教学的促进者、协调者和记录者的角色，以确保小组成员通过学习任务的完成实现对职业能力的共同掌握。

第三节　美国职业教育人本主义蕴意对中国职业教育借鉴的辩证思考

以启迪的逻辑基础为契合点，以人本主义哲学蕴含的三元素为理论基础，以美国职业教育人本主义实践的丰富经验为借鉴，以我国社会发展和职业教育的现实形势为背景可以发现，我国职业教育应维护人们尤其是特殊群体的受教育权利，以实现职业教育的人人性；应制定全面发展的培养目标，以促进个体综合职业能力的发展；应设计完整的课程内容与结构，以实现全面发展的培养目标；应建立主体性的教学实践环境，以彰显对个体的人本关怀。这些观点和思路对于指导今后我国职业教育的稳定、健康和可持续发展应该有重要意义。但是，中美两国更多的是差异，两国社会存在明显的政治、经济和文化等不同。虽然双方有着共同的契合点，但这仅仅是为了提高经验横向移植的外在效度而寻求的共融之处。为此，我们在借鉴美国经验的同时，还应关注中国社会不同于美国的社会之处，以及由此对我国职业教育带来的不同于美国职业教育的发展特点，做到发展模式的求同存异，在遵循相同发展规律中寻求具有中国特色的践行路径。

首先，就教育权利的普惠而言，我们必须认识到我国人口众多、教育的普及率和普及层次较低的特点。美国早在20世纪70年代就已经实现了高中教育和高等教育的普及化，这就使得美国社会有理由在职业教育领域为广大有职业教育需求的人特别是弱势群体提供职业教育的援助与资助。

但是，在我国，由于长期以来受人口众多以及教育条件的限制，以致到20世纪末期才基本实现九年义务教育的普及，如今正在努力向高中教育的普及化迈进，而正在进入大众化阶段的高等教育距离普及化还有一段路要走。因此，我国职业教育对广大民众教育权的维护必须考虑到我国社会和教育的现实情况，不可能做到一蹴而就。我们要在顺应社会发展和整个教育体系发展的过程中逐步向前推进，在迎合高中教育普及化和高等教育大众化的过程中促使职业教育贡献自己应有的力量。在对特殊群体教育权的关照方面，要在国家总体方针指引下，借助中央、地方各级政府以及社会集团和个人的共同力量，稳步实现对特殊群体教育权的合法维护。

其次，在人才培养目标方面，应深刻认识我国社会主义社会的基本性质，培养具有一定思想觉悟和政治素养的社会主义应用型人才。也就是说，要求职业教育所培养的人才在思想道德方面具有马克思主义的世界观、坚定的共产主义信念、维护人民民主专政的基本品质。马克思主义是当前我国社会主义社会的根本指导思想，它的最高理想就是解放全人类，实现人的自由而全面发展。美国社会虽然一直蕴意有民主与自由的人本理念，但是其社会性质毕竟是资本主义的，因此，美国社会的人本主义思想也就具有一定的阶级局限性。而蕴意有人本主义思想的马克思主义却是面向最广大的人民群众，代表最广大人民群众的根本利益，以服务全人类为宗旨。因此，为了人类自身权利的全面解放和自由的充分实现，每一位具有中国公民身份的职业人都必须坚定马克思主义的基本立场，坚信共产主义社会的最终实现。这就要求当前我国的职业教育必须在中国共产党的思想指导下，在培养完整职业人的过程中渗透社会主义性质的思想品质与道德素养的培养，以塑造健全的中国特色社会主义建设者和接班人。

再次，课程设置要以培养社会主义性质的应用型人才为基本指南，设置合理的政治课程。如前所述，政治课一方面旨在培养个体对国内与国际政治与社会形势的认知与理解，以政治的眼光和视野分析当今与历史上国内外发生的重大事件；另一方面旨在培养个体的政治意识，以特定的政治意识实现对国家的维护。美国政治课承担有培养个体广泛政治视野的职责，而在社会主义国家，政治课就具有特定的社会主义理念弘扬的政治使命，以培养公民的社会主义政治意识。在当代中国，政治课渗透有以马克思主义基本思想为主要内容的传输，以养成具有建设中国特色社会主义使命感的建设者与接班人。因此，我国职业教育在课程设置过程中，政治课应成为必不可少的基础课程之一。与此同时，也要注意体现职业教育的特色，与职业岗位需求相联系。在中等职业教育阶段，应设立与普通高中政治课水平相当，且有职业倾向的思想政治课；在高等职业教育阶段，应以普通高等教育"两课"教学为基础，设立适应完整职业人发展需要的有针对性的政治课程。

最后，在教学实践中，应根据我国课堂教学的特殊性，灵活使用人本主义的教学方式和方法。尽管与美国教育相比，我国教育普及率较低，但由于人口基数大和教学条件的限制，现有的教育教学资源依然紧张。因此，与美国教育的课堂教学不同，在我国教育（无论是普通教育还是职业教育）的课堂教学实践中，课堂规模大、学生人数多、师生比低是长期以来困扰我国教育质量提高的一个重要屏障。与此同时，这种特殊的课堂形式也是阻碍人本主义教学方法顺利实施的重要因素。这就要求我国的职业教育实践必须灵活地运用人本主义的教学方式，而不是刻板地、盲目地借鉴美国的教学模式。例如，在职业教育的教学中，即使使用的教学模式是集体班级授课制，也可以灵活地渗透人本主义性质的教学方法。虽然不可能保证每位学生都能得到与教师和其他学生直接对话的机会，但其中也可以部分地渗透小组教学，由小组负责人代表小组意见与教师和其他小组代表交流；或者集体使用沉思教学法，给每位学生以独立思考的时间，积极发挥个体的主观能动性。

结　语

人本主义作为一种哲学理念，它在本质上强调对人的本体自由权利的维护，追寻完整性个体的发展，并要求通过建立民主与和谐的实践场域，实现对人的尊严与权利的维护以及个体的完整发展，以此为基本范式建立起来的教育实践包括职业教育实践，也需要体现人本主义哲学思想的基本维度，即分别在教育权、培养目标、课程设置和教学实践方面体现为对个体教育权利的维护、全面发展目标的规定、完整性课程内容的整合以及民主型教学实践的建立。美国职业教育在历史发展过程中，具有丰富的人本主义理念渗透经验。在当前我国职业教育转型的历史时刻，也应以人本主义哲学的合理内核为参照，积极借鉴美国职业教育的历史与现实的实践经验，推进我国职业教育的健康、可持续发展。

研究以人本主义哲学的基本维度为理论框架，使用历史与现实相结合、总体与个案相结合的技术路线，考察与分析了美国职业教育人本主义蕴意的四个基本方面，采用借鉴国际经验与立足本土特点相结合的方式构建我国职业教育人本主义实践的理想路径。正是以人本主义哲学的基本维度为出发点，才使得无论是对美国职业教育人本主义实践的历史追踪还是现实考察，无论是对美国职业教育人本主义现实考察的总体研究，还是具体个案的深入调查，以及对中国职业教育的启迪构想，都体现在四个基本层面，即对"人人"尤其是包括特殊群体在内的广大民众教育权利的维护、全面发展目标的设定、健全课程的设置和主体性教学实践的建立。因此，总体而言，研究以人本主义哲学在教育领域中四个方面的应用为基本骨架，将人本主义哲学的"三维度""精髓"贯穿于全书始末，使得研究在实践分析中不乏理论品格，在理论应用中体现出与现实的对话。

从整个篇幅来看，本书的研究更多的还是处于认识问题与提出问题阶段，在我国职业教育人本主义未来路径的勾画上仅仅是点到为止。限于本书主题以及时间有限，研究还尚未对未来路径的四个方面做出全面展开和详细论述，对于具体的发展战略和举措、实践模式和方法的认识还不够全面，且其应用性和可操作性也有待实践的进一步检验。要在理论和实践上寻求更大的突破，需要分别以职业教育的权利、目的、课程与教学作为研究分主题，深度剖析相应主题与人本主义哲学思想的契合性和关联性，并以此为基础构想更具全面性和可操作性的实践发展思路。从法律健全和政策实施角度，研究个体职业教育权获得的政策保障机制；从人的完整发展视角，构建完满职业人培养的目标规格和能力素养结构；从完满职业人发展视角，探索科学的职业教育课程与教学的实践模式和运行机制，从而推动我国职业教育实践对人本主义哲学的全面而深刻的蕴意。

附　录

附录一　访谈问卷
(Interview Questions)

1. Hi, how are you doing today? What should I call you?

2. I'd like to talk about your background firstly.

   a. What is your academic background? What degree do you have?

   b. What is your industry background? Where have you worked?

   c. How did you come to work in this field?

3. How long have you been a teacher?

   a. When and where did you start teaching?

   b. How did you decide to become a teacher?

   i . Why did you decide to start teaching?

   ii . What attracted you to teaching?

   c. What other teaching experiences did you have before coming to [College Name]?

4. Why do you teach here at [College Name]?

   a. Why did you decide to teach at [College Name]?

   b. What interested or fascinated you about [College Name]?

   c. How long have you been here?

   d. Which courses have you taught here?

   e. Do you teach on site, online, or hybrid? Which do you prefer, and why?

5. How do you develop your course goals and content?

    a. Who in your department takes part in course design?

        ⅰ. Who helps develop course content?

            1. How do you decide which course content to include? Which criteria do you use?

                a. Which technical content do you want students to learn?

                b. Which academic content do you want students to learn? Why?

        ⅱ. Who develops course competencies?

            1. How do you decide which competencies to include? Which criteria do you use?

                a. Which technical competencies do you want students to learn?

                b. Which academic competencies do you want students to learn? Why?

        ⅲ. How is assessment handled (course and program level)?

    b. What do you wish were different about course content, objective, and competency development?

6. What types of students do you have in your program?

    a. What is the background (places/ economic/ academic...) of your students?

    b. How many students generally in one of your classes?

    c. What are your students' goals?

        ⅰ. Do they want to enter the workforce or continue toward a higher degree?

        ⅱ. How do you help your students reach their goals?

7. Let's talk about your teaching.

    a. Do you prefer to teach in a regular classroom or in a lab? How do you decide which one to choose?

    b. How about the internship class in the industry?

    c. When do you let students work independently and in teams?

    d. What do you see as the benefits of independent or team learning?

e. How do you address students' special learning needs?

    i . For example, if students encounter difficulties in their tasks, how do you help them?

    ii . Which individual teaching methods designed for different students do you use?

f. How do you work on academic competencies in your teaching practice? Which strategies have you used?

g. How do you assure that students apply these academic competencies in practice?

8. What would you say is the most important attribute of a technical college instructor?

9. Now what is your most important strength as a teacher? How do you promote student learning?

10. How has your teaching changed since you came to [College Name]? Why do you think this change has happened?

11. What is your greatest teaching achievement here?

12. Do you still see yourself teaching five years from now? Ten years from now? Why or why not?

13. If you had some advice for other teachers in technical colleges, what would that be?

14. Is there anything else that you forgot to mention or that I should have asked and you think needs to be said?

Thanks for your time.

附录二　访谈知情同意书
(Informed Consent Document)

Project Title: Lessons from Humanist Elements in U. S. Vocational Education
　　　　　　for the Development of Vocational Education in China

Investigator: *Peng Chen , Visiting Scholar*

　　　　　　College of Education and Health Professions

　　　　　　Rehabilitation, Human Resources, and Communication Disorders

　　　　　　117 J2 Graduate Education Building

　　　　　　University of Arkansas

　　　　　　Fayetteville, AR 72701

　　　　　　479 – 799 – 0616

　　　　　　pxc009@ uark. edu

Purpose: *The purpose of this study is to investigate the philosophy of humanism
and its practice in U. S. vocational education. You are being asked to
participate as an instructor at the [College Name] to talk about your
teaching philosophy and how it manifests itself in daily classroom prac-
tice. The study wants to investigate reasons for and advantages of in-
tegrating humanistic methods and ideas into vocational education.*

Procedures: *You are invited to participate in one interview of approximately 45 to
60 minutes in length on the [College Name] campus. Interview
questions will cover topics such as course objectives, curriculum,
and instructional design and methods. Your interview will be audio
taped with a digital voice recorder with your permission and tran-
scribed for the purpose of accuracy. You will receive a copy of the
transcript so that you may verify that your words have been captured
correctly. The interviewer will also take written notes during the inter-
view. You may also be asked to permit the researcher to observe one
or more of your classes.*

Risks of Participation: *There are no known risks associated with this project that are greater than those ordinarily encountered in daily life.*

Benefits: *No direct benefits are associated with this research. However, the results may have implications on policies, practices, and procedures in Chinese vocational education and also contribute to a re-evaluation of your classroom practices.*

Confidentiality: *Names of participants, the names of any persons mentioned in the conversation, and names of places will be changed to protect participant identity and maintain confidentiality. Original recordings will be stored on Mr. Chen's computer hard drive, which is password protected.*

The responses and their analysis will be distributed in several ways:

1. Responses will be used in Mr. Chen's dissertation.

2. Responses will be published with the results of this study in scholarly journals or books.

3. Responses will be used for presentations at conferences, workshops, and other public forums.

As a result of the plans for distribution, the original recordings will be kept for a minimum of seven years. There are no foreseeable risks in maintaining confidentiality. After the transfer of files to the computer hard drive, they will be erased from the digital voice recorder. At the end of the seven-year time period, sound files will be erased from the computer hard drive. Interview transcripts will also be kept in a locked file cabinet in Mr. Chen's office. At the end of the seven-year time period, these transcripts will be shredded.

No interview transcripts, sound files, or other information obtained from participants will be made available to [College Name] administrators, staff, or other faculty.

The University of Arkansas Institutional Review Board has the authority to inspect consent records and data files to assure compliance with approved procedures.

Compensation: *No compensation will be offered for participation in this study.*

Contacts: *For questions about this research, you may contact the following persons:*

For questions about this study, contact Peng Chen, College of Education and Health Professions, Department of Rehabilitation, Human Resources, and Communication Disorders, 117 J2

Graduate Education Building, University of Arkansas at Fayetteville, Fayetteville, AR 72701, Tel. 479 – 799 – 0616, Email pxc009 @ uark. edu.

For concerns about this study, contact Dr. Carsten Schmidtke, Assistant Professor of Workforce Development Education, Department of Rehabilitation, Human Resources, and Communication Disorders, College of Education and Health Professions, 101 Graduate Education Building, University of Arkansas, Fayetteville, AR 72701, Tel. 479 – 575 – 4047, Email cswded@ uark. edu.

For information on subjects' rights, contact Iroshi Windwalker, Compliance Coordinator,

210 Administration Building, University of Arkansas, Fayetteville, AR 72701, Tel. 479 – 575 – 4572,

E – mail iwindwal@ uark. edu.

Participant Rights: *As a participant in this research, you are entitled to know the nature of my research. You are free to decline to participate, and you are free to stop the interview or withdraw from the study at any time. No penalty or risks are associated with withdrawing your participation. Feel free to ask any questions at any time about the nature of the research activity and the methods I am using.*

Signatures: *I have read and fully understand the consent form. I sign it freely and voluntarily. A copy of this form has been given to me.*

_____   _____

Signature of Participant   *Date*

I certify that I have personally explained this document before reques-
ting that the participant sign it.

_____   _____

Signature of Researcher   *Date*

附录三 机构审查委员会批准书

(Approval from IRB)

UNIVERSITY OF
ARKANSAS

Office of Research Compliance
Institutional Review Board

May 27, 2011

MEMORANDUM

TO: Peng Chen
Carsten Schmidtke

FROM: Ro Windwalker
IRB Coordinator

RE: New Protocol Approval

IRB Protocol #: 11-05-657

Protocol Title: *Lessons from Humanist Elements in U.S. Vocational Education Practice for the Development of Vocational Education in China*

Review Type: ☒ EXEMPT ☐ EXPEDITED ☐ FULL IRB

Approved Project Period: Start Date: 05/27/2011 Expiration Date: 05/26/2012

Your protocol has been approved by the IRB. Protocols are approved for a maximum period of one year. If you wish to continue the project past the approved project period (see above), you must submit a request, using the form *Continuing Review for IRB Approved Projects*, prior to the expiration date. This form is available from the IRB Coordinator or on the Research Compliance website (http://vpred.uark.edu/210.php). As a courtesy, you will be sent a reminder two months in advance of that date. However, failure to receive a reminder does not negate your obligation to make the request in sufficient time for review and approval. Federal regulations prohibit retroactive approval of continuation. Failure to receive approval to continue the project prior to the expiration date will result in Termination of the protocol approval. The IRB Coordinator can give you guidance on submission times.

This protocol has been approved for 20 participants. If you wish to make *any* modifications in the approved protocol, including enrolling more than this number, you must seek approval *prior to* implementing those changes. All modifications should be requested in writing (email is acceptable) and must provide sufficient detail to assess the impact of the change.

If you have questions or need any assistance from the IRB, please contact me at 210 Administration Building, 5-2208, or irb@uark.edu.

210 Administration Building • 1 University of Arkansas • Fayetteville, AR 72701
Voice (479) 575-2208 • Fax (479) 575-3846 • Email irb@uark.edu

The University of Arkansas is an equal opportunity affirmative action institution.

附录四　调研学校批准书

Office of the President

May 24, 2011

Mr. Peng Chen
c/o Carsten Schmidtke, Ph.D.
Assistant Professor of Workforce Development Education
University of Arkansas
101 Graduate Education Building
Fayetteville, AR 72701

Dear Mr. Chen:

I am pleased to know that you have an interest in visiting our campus to conduct research on vocational education philosophy. Please allow this letter to serve as your invitation to and my approval for you to conduct research as indicated.

Sincerely

Interim President

/cb

create / innovate / educate / Go STATE

参考文献

一　中文参考文献

［奥］茨达齐尔：《教育人类学原理》，李其龙译，上海教育出版社2001年版。

［德］彼得·贝格拉：《威廉·冯·洪堡传》，袁杰译，商务印书馆1994年版。

［德］雅斯贝尔斯：《人的历史》，田汝康、金重远译，《现代西方史学流派文选》，上海人民出版社1982年版。

［法］卢梭：《社会契约论》，何兆武译，商务印书馆2005年版。

［法］托克维尔：《论美国的民主》下卷，董果良译，商务印书馆1997年版。

［美］丹尼尔·贝尔：《后工业社会的来临：对社会预测的一项探索》，高锋等译，新华出版社1997年版。

［美］赫根汉：《心理学史导论》，郭本禹译，华东师范大学出版社2004年版。

［美］约翰·杜威：《民主主义与教育》，王承绪译，人民教育出版社2001年版。

［西］塞万提斯：《堂吉诃德》，杨绛译，人民文学出版社1987年版。

［意］彼特拉克：《歌集》，李国庆、王行人译，花城出版社2001年版。

［意］但丁：《神曲》，王维克译，人民文学出版社，1992年版。

［英］吉米·边沁：《立法理论》，李贵方等译，中国人民公安大学出版社2004年版。

［英］罗素：《西方哲学史》上卷，何兆武、李约瑟译，商务印书馆1996年版。

蔡桂真：《试论综合课程的心理学基础》，《教育探索》2011年第

3 期。

曹迪：《高中阶段职业教育与普通教育沟通模式研究》，辽宁师范大学，2003 年。

陈鹏、庞学光：《基于学术能力培养的美国高职课程实证研究》，《比较教育研究》2012 年第 6 期。

陈鹏、庞学光：《激荡中的沉淀：沉思教育学的原理与应用》，《全球教育展望》2012 年第 6 期。

陈鹏、庞学光：《培养完满的职业人——关于现代职业教育的理论构思》，《教育研究》2013 年第 1 期。

陈鹏：《20 世纪以来中国职业教育哲学研究综述》，《中国职业技术教育》2011 年第 3 期。

陈鹏：《美国职业教育学术与职业课程的整合研究》，《外国教育研究》2013 年第 3 期。

陈鹏：《中美比较视野中的职业教育个体取向研究述评》，《职教通讯》2011 年第 7 期。

陈新文、周志艳：《论高等职业教育的目的》，《职业技术教育》2001 年第 4 期。

方光罗：《试论职业教育公平》，《高等教育研究》2008 年第 2 期。

房震：《近现代西方民主法治与宪政发展及相互关系的梳理》，载张文显《法学理论前沿论坛》第 1 卷，科学出版社 2003 年版。

冯增俊、陈时见、项贤明：《当代比较教育学》，人民教育出版社 2008 年版。

高宝立：《高等职业院校人文教育问题研究》，厦门大学，2007 年。

何卫平：《关于"Seminar"方式的意义——兼谈德国大学文科教学中解释学与辩证法的传统》，《高等教育研究》2011 年第 32 卷第 4 期。

黄碧珠：《职业教育与人的个性自由发展》，福建师范大学，2009 年。

黄尧：《职业教育学——原理与应用》，高等教育出版社 2009 年版。

姜大源：《职业教育学研究新论》，教育科学出版社 2007 年版。

勒维克：《技职教育哲学——多元概念的探讨》，李声吼译，五南图书出版公司 2002 年版。

李华华：《传统文化中的人文关怀与心理和谐》，《教育评论》2009 年第 1 期。

李军：《追寻人的价值：当代中国职业教育的哲学反思》，《河北大学成人教育学院学报》2009 年第 4 期。

李向东：《后现代主义思潮与职业教育变革》，《中国职业技术教育》2005 年第 23 期。

李延平：《论职业教育公平》，《教育研究》2009 年第 11 期。

李延平：《职业教育公平问题研究》，教育科学出版社 2009 年版。

联合国大会：《世界人权宣言》，http：//wenku. baidu. com/view/4a2ac3f59e3143323968935a. html，2004 - 3 - 11。

联合国教科文组织国际教育发展委员会：《教育——财富蕴藏其中》，联合国教科文组织总部中文科译，教育科学出版社 1996 年版。

林升乐：《以人为本发展高等职业教育的主元素》，《职业技术教育》2010 年第 21 期。

刘晓：《论职业教育的本质属性》，《教育与职业》2010 年第 20 期。

卢洁莹：《生存论视角的职业教育价值观研究》，华中师范大学，2008 年。

马克斯·韦伯：《新教伦理与资本主义精神》，于晓、陈维纲译，生活·读书·新知三联书店 1987 年版。

么子国：《留住人才》，中国时代经济出版社 2002 年版。

米靖：《建构主义与当代职业教育教学观的转变》，《天津大学学报》（社会科学版）2007 年第 1 期。

米靖：《论现代职业教育的内涵》，《职业技术教育》2004 年第 19 期。

民宗：《民族地区职业教育需要大力发展》，《人民政协报》2013 年 12 月 16 日。

潘新民、张燕：《关于科学教育的几点哲学省思》，《教育学报》2008 年第 5 期。

庞学光：《试论美育的经济功能》，《教育与经济》1996 年第 2 期。

庞学光：《一个理想的教育世界——学校教育哲学导论》，天津教育出版社 2011 年版。

庞学光：《教育的终极目的论纲》，《教育研究》2001 年第 5 期。

邱小健：《构建促进教育公平的中等职业教育财政体制》，《教育科学》2010 年第 2 期。

荣艳红：《美国联邦职业技术教育立法研究（1917—2007）》，河北大学，2008 年。

桑宁霞：《终身教育理念下职业教育的人文走向》，《教育理论与实践》2006 年第 10 期。

沈小勇：《反思与超越：人文主义视野下的技术教育》，《职业技术教育》2010 年第 13 期。

孙晓玲、郑宏：《高职"人格本位"教育的"职业人文"路径初探》，《职教论坛》2010 年第 4 期。

谭培文：《中国传统文化以人为终极关怀的当代价值研究》，《伦理学研究》2007 年第 1 期。

汤广全、赵清良：《试论教育价值视野下的职业教育》，《教育学术月刊》2009 年第 10 期。

汤广全：《职业教育的人性分析》，《教育学术月刊》2010 年第 8 期。

田正平、李笑贤：《黄炎培教育论著选》，人民教育出版社 1993 年版。

万恒：《社会分层视野中职业教育价值的再审视》，华东师范大学，2009 年。

王清连、张社字：《职业教育社会学》，教育科学出版社 2008 年版。

王嵩：《德国全面职业教育研究》，天津大学，2009 年。

威廉·冯·洪堡：《维基百科》，http：//zh. wikipedia. org/wiki/% E5% A8% 81% E5% BB% 89% C2% B7% E9% A6% AE% C2% B7% E6% B4% AA% E5% A0% A1，2011 - 12 - 20。

魏明、郝理想：《论我国职业教育投资公平性的缺失及制度创新》，《中国职业技术教育》2009 年第 9 期。

温家宝：《大力发展职业教育——温家宝总理在全国职业教育工作会议上的讲话》，http：//www. gov. cn/ldhd/2005 - 11/13/content _ 96814. htm，2011 - 11 -13。

吴地花：《高职通识教育的可行性研究》，华东师范大学，2007 年。

吴炫：《中国当代思想批判：穿越终极关怀》，学林出版社 2001 年版。

夏基松：《现代西方哲学教程》，上海人民出版社 1985 年版。

肖朗、陈家顺：《杨贤江的"全人生指导"思想——"人的全面发展"教育思想本土化的范例》,《教育研究》2006 年第 9 期。

谢文静:《建构主义学习理论对职业教育教学改革的启示》,《中国高教研究》2005 年第 6 期。

徐国庆:《激进建构主义与职业教育的课程与教学改革》,《全球教育展望》2002 年第 8 期。

徐平利:《教育性还是训练性:职业教育的哲学思考》,《教育发展研究》2007 年第 17 期。

有宝华:《综合课程论》,上海教育出版社 2002 年版。

斩希平、吴增定:《十九世纪德国非主流哲学——现象学史前史札记》,北京大学出版社 2004 年版。

张焕庭:《教育辞典》,江苏教育出版社 1989 年版。

张建:《人性提升:高职教育人才培养目标的思考》,《职业技术教育》2003 年第 19 期。

张晋:《当代知识观与职业教育改革的价值取向》,《职教探索与研究》2007 年第 2 期。

张少兰:《生态人文主义:职业人文教育新论》,《教育理论与实践》2009 年第 3 期。

张增田、靳玉乐:《马丁·布伯的对话教学哲学及其对现代教育的启示》,《高等教育研究》2004 年第 2 期。

赵中建、顾建民:《比较教育的理论与方法——国外比较教育文选》,人民教育出版社 1994 年版。

中国蔡元培研究会:《蔡元培全集》第 4 卷,浙江教育出版社 1997 年版。

中国残疾人联合会:《2013 年中国残疾人事业发展统计公报》(第 1 号),2008 年 1 月,http://www. cdpf. org. cn/sytj/content/2014 - 03/31/content_ 3045 6260. htm。

中国大百科全书出版社编辑部:《中国大百科全书·教育》,中国大百科全书出版社 1985 年版。

国家统计局:《2006 年第二次全国残疾人抽样调查主要数据公报》(第 1 号),2008 年 1 月,http:// www. cdpf. org. cn/sytj/content/2008 - 04/07/content_ 30316033. htm。

国家统计局:《2010 年第六次全国人口普查主要数据公报》(第 1

号），2011 年 4 月，http：//www. stats. gov. cn/was40/gjtjj ＿ detail. jsp？
searchword ＝% C9% D9% CA% FD% C3% F1% D7% E5% C8% CB% BF%
DA&channelid ＝6697&record ＝3。

国家统计局：《2010 年第六次全国人口普查主要数据公报》（第 1
号），http：//www. stats. gov. cn/was40/gjtjj ＿ detail. jsp？ searchword ＝%
C9% D9% CA% FD% C3% F1% D7% E5% C8% CB% BF% DA&channelid ＝
6697&record ＝3，2011 －4 －28。

中华职业教育社：《黄炎培教育文选》，上海教育出版社 1985 年版。

周翠彬：《论职业培训教育公平的立法保障》，《长沙理工大学学报》
（社会科学版）2010 年第 1 期。

朱科蓉：《英美教育市场化改革评述》，《清华大学教育研究》2003
年第 1 期。

二　英文参考文献

ACT，Workplace Essential Skills：Resources Related to the SCANS Com-
petencies and Foundation Skills［M］. Iowa City，IA：ACT，2000.

American Humanist Association. Humanist Manifestos 1 and 2 ［M］.
Washington D. C. ：American Humanist Association，1973.

Anderle，S. T. ，The Integration of Academics into Career – technical Ed-
ucation in two California Charter Schools ［D］. University of Southern Califor-
nia，2008.

Anderson，L. ，*Pestalozzi* ［M］. New York，NY：McGraw-Hill Book
Company Inc. ，1931.

Felder，R. M. ，Brent，R. and Elhajj，I. ，Turning Student Groups Into
Effective Teams ［J］. *Journal of Student Centered Learning*，2004，2 （1）.

Babbitt，I. ，Humanism：An Essay at Definition. In N. Foerster （ed. ），
Humanism and America：Essays on the outlook of modern civilization ［M］.
New York，NY：Farrar and Rinehart，1930.

Bailey，T. R. and Matsuzuka，Y. ，Integration of Vocational and Academ-
ic Curricula Through the NSF Advanced Technological Education Program
（ATE）［EB/OL］. ERIC，2003.

Baker，R. ，Education for Employment：Programmatic Propositions ［M］.
Auburn，AL：Center for Vocational Education，Auburn University，1984.

Ballantine, J. and Larres, P. M. , Cooperative Learning: A Pedagogy to Improve Students' Generic Skills [J] . *Education Training*, 2007, 49 (2) .

Barlow, M. L. , 200 Years of Vocational Education, 1776 – 1976 [J] . *American Vocational Journal*, 1976, 51 (5) .

Barlow, M. L. , History of Industrial Education in the United States [M] . Peoria, IL: Chas. A. Bennett Co. , 1967.

Beaumont, J. , Philosophical Implications of the Vocational Education Amendments of 1968. In G. Law (ed.), Contemporary Concepts in Vocational education [M] . Washington D. C. : American Vocational Association, 1971.

Bennett, C. A. , History of Manual and Industrial Education up to 1870 [M] . Peoria, IL: Manual Arts, 1926.

Black, R. S. and Schell, J. W. S. , Learning within a Situated Cognition Framework: Implications for Adult Learning [EB/OL] . ERIC Document Reproduction Service1995.

Blackham, H. J. , *Humanism* [M] . Harmondsworth, UK: Penguin, 1968.

Bloom, B. , *Stability and Change in Human Characteristics* [M] . New York, NY: John Wiley and Sons, Inc, 1964.

Bode, B. , Why Educational Objectives [J] . *School and Society*, 1924, (10) .

Bottoms, G. and Sharpe, D. , Southern Regional Education Board, A. A. Teaching for Understanding through Integration of Academic and Technical Education [EB/OL] . EBSCO host, 1996.

Bourne, R. , The Radical Will [M] . Olaf Hansen (ed.) . New York, NY: Urizen, 1977.

Bragg, D. D. , Reger, W. , Thomas, H. , Illinois Community Coll, Board, S. D. , Integration of Academic and Occupational Education in the Illinois Community College System [EB/OL] . EBSCO Host. 1997.

Brolin, D. E. and Gysbers, N. C. , Career Education for Students with Disabilities [J] . *Journal of Counseling & Development*, 1989, 68 (2) .

Brooks, J. G. and Brooks, M. G. , In Search of Understanding: The Case for Constructivist Classrooms [M] . Alexandria, VA: Association for Supervision and Curriculum Development, 1993.

Brown, B. , Applying Constructivism in Vocational and Career Education [M] . Columbus, OH: ERIC Clearinghouse on Adult, Career, and Vocational Education, 1998.

Brown, B. and Eric, Clearinghouse on Adult, C. H. Applying Constructivism in Vocational and Career Education [J] . *Information Series*, 1998.

Brown, D. J. , McHugh, D. , Standen, P. , Evett, L. , Shopland, N. and Battersby, S. , Designing Location-based Learning Experiences for People with Intellectual Disabilities and Additional Sensory Impairments [J] . *Computers & Education*, 2011, 56 (1) .

Buber, M. , *I and thou* [M] . Edinburgh, UK: T &T Clark, 1937.

Bugental, J. F. T. , *Challenges of Humanistic Psychology* [M] . New York, NY: McGraw-Hill, 1967.

Buhler, C. , Human Life Goals in the Humanistic Perspective [J] . *Journal of Humanistic Psychology*, 1967, 7 (1) .

Calkins, H. , The First Annual Report of the National Advisory Council on Vocational Education [J] . *School Shop*, 1969, 29 (3) .

Carlton, F. T. , The Industrial Factor in Social Progress [R] . *NEA Report*, 1910.

Chenault, J. , Syntony: A philosophical Premise for Theory and Research [J] . *Journal of Humanistic Psychology*, 1966, 6 (1) .

Cheyney. Humanism. In E. R. Seligman (ed.), *Encyclopedia of the Social Sciences* (IV) [Z] . New York, NY: Macmillan, 1937.

Cooper, P. , *Paradigm Shifts in Designed Instruction: From Behaviorism to Cognitivism to Constructivism. In Emerging Issues in HRD Source Book* [M] . Amherst, MA: Human Resource Development Press, 1993.

Crubb, W. N. , Badway, N. , Bell, D. and Kraskouskas, E. , Community College Innovations in Workforce Preparation: Curriculum Integration and Tech-prep [M] . Mission Viejo, CA: A Joint Publication of the League for Innovation in Community College, National Center for Research in Vocational Education, and National Council for Occupation, 1996.

Dare, D. E. , Learner-Centered Instructional Practices Supporting the New

Vocationalism [J] . *New Directions for Community Colleges*, 2001, (115) .

Davidson, T. , A History of Education [M] . New York, NY: AMS, 1990.

Dewey, J. D. , *emocracy and Education: An Introduction to the Philosophy of Education* [M] . New York, NY: The Macmillan Company, 1916.

Dewey, J. , Industrial Education-a wrong Kind [J] . *New Republic*, 1915, 2 (20) .

Diderot, D. , Oeuvres Complètes de Diderot: Revues Sur les Editions Originales, Comprenant ce qui a été publié à diverses époques et les manuscrits inédits, conservés à la Bibliothèque de l'Ermitage, notices, notes, table analytique [M] . Paris: Garnier frères, 1875.

Donna , P. , Jennifer, S. etc. , Capitalizing on Context: Curriculum Integration in Career and Technical Education: A Joint Report of the NRCCTE Curriculum Integration Workgroup [R] . Louisville, KY: National Research Center for Career and Technical Education, 2010 – 03 – 01.

Doolittle, P. E. and Camp, W. G. , Constructivism: The Career and Technical Education Perspective [J] . *Journal of Vocational and Technical Education*, 1999, 16 (1) .

Drost, W. H. , *David Snedden and Education for Social Efficiency* [M] . Madison, WI: University of Wisconsin Press, 1967.

Dutton, S. T. and Snedden, D. , *The Administration of Public Education in the United States* [M] . New York, NY: Macmillan, 1908.

Editor, Marland on Career Education [J] . *American Education*, 1971, .

Elias, J. and Merrian, S. (2005) *Philosophical Foundations of Adult Education* [M] . Malabar, FL: Krieger Publishing Company, 2005.

English, H. B. , Education of the Emotions [J] . *Journal of Humanistic Psychology*, 1961, 1 (1) .

Essex, Foreword in U. S. Department of Health, Education, and Welfare, Office of Education. Vocational education: The bridge between man and his work [R] . General report of the Advisory Council on Vocational Education, 1968. Washington D. C. : U. S. Dept. of Health, Education, and Welfare, Office of Education, 1968.

Finch, R. and Crunkilton, R. , *Curriculum Development in Vocational and Technical Education: Planning, Content, and Implementation* [M] . Boston, MA: Allyn and Bacon, 1999.

Findlay, H. J. , Philosophy and Principles of Today's Vocational Education. Anderson, C. and Rampp, L. C. (ed.), Vocational Education in the 1990s, Ⅱ: A Sourcebook for Strategies, Methods, and Materials [M] . Ann Arbor, MI: Prakken Publications, Inc. , 1993.

Flynn, T. R. , *Existentialism: A Very Short Introduction* [M] . New York, NY: Oxford University Press, Inc. , 2006.

Foucault, M. , Les Mots et les Choses [M] . Paris: Gallimard, 1966.

Frankl, V. , Self-transcendence as a Human Phenomenon [J] . *Journal of Humanistic Psychology*, 1966, 6 (2) .

Garrison, J. , The Role of Postpositivistic Philosophy of Science in the Renewal of Vocational Research [J] . *Journal of Vocational Education Research*, 1989, 14 (3) .

Geiger, H. , Science and Peace [J] . *Journal of Humanistic Psychology*, 1962, 2 (3) .

Gillies, R. , Structuring Cooperative Group Work in Classrooms [J] . *International Journal of Educational Research*, 2003, 39 (1) .

Gordon, H. R. D. , *The History and Growth of Vocational Education in America* [M] . Needham Heights, MA: Allyn & Bacon, 1999.

Gordon, H. R. D. , *The History and Growth of Vocational Education in America* [M] . Prospect Heights, IL: Waveland Press, 2003.

Gray, C. and Herr, L. , *Workforce Education: The Basics* [M] . Boston, MA: Allyn and Bacon, 1998.

Grubb, W. N. , Working in the Middle: Strengthening Education and Training for the Mid-skilled Labor Force [M] . San Francisco, CA: Josset-Bass, 1996.

Grubb, W. , Kraskouskas, E. , National Center for Research in Vocational Education, B. A. A Time to Every Purpose: Integrating Occupational and Academic Education in Community Colleges and Technical Institutes [EB/OL] .

EBSCOhost. 1992.

Grubb, W. , National Center for Research in Vocational Education, The Cunning Hand, the Cultured Mind: Models for Integrating Vocational and Academic Education [EB/OL] . EBSCOhost. 1991.

Gutek, G. L. , *Philosophical and Ideological Voices in Education* [M] . Boston, MA: Pearson Allyn & Bacon, 2004.

Haight, R. , The Classroom is a Sangha: Contemplative Education in the Community College [J] . *New Directions for Community* Colleges, 2010, (151) .

Halliwell, M. and Mousley, A. , *Critical humanisms: Humanist/anti-humanist dialogues* [M] . Edinburgh, UK: Edinburgh University Press, 2003.

Hoachlander, G. and Klein, S. , Answering to Perkins [J] . *Techniques*, 1999, 74 (2) .

Hoachlander, E. G. and Center for Education Statistics, Vocational Education in the United States. 1969 – 1990 [M] . Washington D. C. : U. S. Dept. of Education, Office of Educational Research and Improvement, National Center for Education Statistics, 1992.

Hogg, C. L. , *Vocational education: Past, Present*, and Future. In Pautler, A. J. (ed.) *Workforce Education: Issues for the New Century* [M] . Ann Arbor, MI: Prakken Publications, Inc. , 1999.

Horkheimer, M. , Eclipse of Reason [M] . New York, NY: Continuum, 1973.

Hull, D. and Souders, Jr. J. C. , The Coming Challenge: Are Community Colleges Ready for the New Wave of Contextual Learners [J] . *Community College Journal*, 1996, (67) .

Huston, D. , Waking Up to Ourselves: The Use of Mindfulness Meditation and Emotional Intelligence in the Teaching of Communications [J] . *New Directions for Community Colleges*, 2010, (151) .

Hutchins, R. M. , *The Higher Learning in America* [M] . New Haven, MD: Yale University Press, 1936.

Illinois Community College Board, Blurring the Lines: Integrating Academic and Occupational Instruction at the Community College [M] . Springfield, IL: Illinois Community College Board, 1997.

ILO., R195, Recommendation Concerning Human Resources Development: Education, Training and Life Learning [R]. Hugo Barretto Ghione, 2004.

Isbell, T., As Worlds Collide: A Central Arizona College Learning Community [M]. Coolidge, AZ: Central Arizona College, 1996.

Jacobs, J. and Teahen, R. C., We're Doing It: Michigan Models for Academic and Occupational Integration [EB/OL]. EBSCOhost, 1996.

Johnson, B. W., Children Differ in Vocational Aims: Industrial Education in the Elementary School [R]. National Education Association Proceedings, 1910.

Johnson, D. W. and Johnson, R. R., *Learning Together and Alone: Cooperative, Competitive and Individualistic Learning* [M]. Englewood Cliffs, NJ: Prentice-Hall, 1987.

Johnson, D. W., Johnson, R. R. and Smith, K. A., Cooperative Learning: Increasing College Faculty Instructional Productivity [R]. ASHE-ERIC Higher Education Report 4, The George Washington University, School of Education and Human Development, Washington D. C., 1991.

Kelley, D. R., *Renaissance Humanism* [M]. Boston, MA: Twayne Publishers, 1991.

Kincheloe, L., *How do We Tell the Workers? The Socioeconomic Foundations of Work and Vocational Education* [M]. Boulder, CO: Westview Press, 1999.

Kincheloe, L., *Toil and Trouble: Good Work, Smart Workers, and the Integration of Academic and Vocational Education* [M]. New York, NY: Peter Lang Publishing Inc., 1995.

Knight, E., Donahue, J. and Knight, P., ACE TECH: The Fourth Year of CTE and Academic Integration [J]. *Techniques: Connecting Education & Careers*, 2008, 83 (8).

Laden, B., Serving Emerging Majority Students [J]. *New Directions for Community Colleges*, 2004, (127).

Laertius, D., *Lives of Eminent Philosophers* [M]. New York, NY: Putnam, 1925.

Lamont, C., *The Philosophy of Humanism* [M]. New York, NY:

Continuum, 1990.

Larochelle, N. Bednarz and J. Garrison, Constructivism and Education [M] . Cambridge, UK: Cambridge Press, 1998.

Law, G. (1982) 19th Century Roots to the American Vocational Movement [R] . Pater Presented at the Convention of the American Vocational Association, St. Louis, MO, 1982 – 12 – 06.

Lichtmann, M. R. , Community College as Liminal Space [J] . *New Directions for Community Colleges*, 2010, (151) .

Lucas, C. , Humanism, In J. Chabliss (ed.), *Philosophy of Education: An Encyclopedia* [Z] . Oxford, UK: Elsevier Sience Ltd. , 1994.

Magney, J. R. , Using Cooperative Learning in the Technical Classroom [EB/OL] . ERIC Digest, 1996.

Marcuse, H. , *One Dimensional Man* [M] . Boston, MA: Beacon Press, 1964.

Maslow, A. H. , Comments on Dr. Frankl's Paper [J] . *Journal of Humanistic Psychology*, 1966, 6 (2) .

Maslow, A. , *Motivation and Personality* [M] . New York, NY: Harper & Row, 1954.

Mays, A. B. , The Concept of Vocational Education in the Thinking of the General Educator, 1845 – 1945 [M] . Urbana, IL: College of Education, University of Illinois, 1946.

McClure, A. F. , Chrisman, J. R. and Mock, P. , *Education for Work: The Historical Evolution of Vocational and Distributive Education in America* [M]. Rutherford, NJ: Fairleigh Dickinson University Press: 1985.

McKeachie, W. J. , Teaching Tips: A Guidebook for the Beginning College teacher [M] . Lexington, MA: D. C. Heath and Company, 1986.

McNeil, J. , *Curriculum: A Comprehensive Introduction* [M] . New York, NY: Harper Collins, 1996.

Merriam, S. B. , *Qualitative Research: A Guide to Design and Implementation* [M] . San Francisco, CA: John Wiley and Sons, 2009.

Misiak, H. and Sexton, V. S. , Phenomenological, Existential, and Humanistic Psychologies: A Historical Survey [M] . New York, NY: Grune and Stratton, 1973.

Molina, F. R. , *Existentialism as Philosophy* [M] . Englewood Cliffs, NJ: Prentice-Hall, 1962.

Mourad, R. P. Jr. , Postmodern Philosophical Critique and the Pursuit of Knowledge in Higher Education [M] . Westport, CT: Bergin and Garvey, 1997.

Moustakas, C. E. , Honesty, Idiocy, and Manipulation [J] . *Journal of Humanistic Psychology*, 1962, 2 (2) .

Naylor, M. , Work-Based Learning, *Eric Digest*, 1997.

Nhat, Hanh T. , *The Miracle of Mindfulness* [M] . Boston, MA: Beacon Press, 1999.

Noll, J. and Kelly, S. , *Foundations of Education in America: An Anthology of Major Thoughts and Significant Actions* [M] . New York, NY: Harper & Row, 1970.

Oakley, B. , Felder, R. M. , Brent, R. and Elhajj, I. , Turning Student Groups into Effective Teams [J] . *Journal of Student Centered Learning*, 2004, 2 (1) .

Ozmon, H. A. and Craver, S. M. , *Philosophical Foundations of Education* [M] . Englewood Cliffs, NJ: Prentice Hall, 2007.

Page, G. , Thomas, J. and Marshall, A. , *International Dictionary of Education* [Z] . New York, NY: Nichols Publishing Co. , 1977.

Parks, M. B. and Moreton, R. E. , Research Priorities and Needs in Vocational Education. In Pautler, A. J. (ed.), *Workforce Education: Issues for the New Century* [M] . Ann Arbor, MI: Prakken Publications, Inc. , 1999.

Patton, M. Q. , Qualitative Research and Evaluation Methods [M] . 3rd ed. Thousand Oaks, CA: Sage, 2002.

Pearson, D. and Park, T. , Curriculum Integration: Evidence from Studies in science and Literacy [R] . Nashville, TN: ACTE, 2009.

Reese, C. W. , *The Meaning of Humanism* [M] . Boston, MA: Beacon Press, 1945.

Repetti, R. , The Case for a Contemplative Philosophy of Education [J] . *New Directions for Community Colleges*, 2010 (151) .

Ridl, J. , Degrading the Grade [EB/OL] . http: //ridl. wordpress. com/2008/02/19/degrading-the-grade/2008 − 02 − 19.

Roberts, R. W. , Vocational and Practical Arts Education: History, Development, and Principles [M] . New York, NY: Harper, 1957.

Roberts, R. W. , Vocational and Practical Arts Education [M] . New York, NY: Harper and Row, 1971.

Rogers, C. R. , *Freedom to Learn: A View of What Education Might Become* [M] . Columbus, OH: C. E. Merrill Pub. Co. , 1969.

Rogers, C. R. , Toward a Science of the Person [J] . *Journal of Humanistic Psychology*, 1963, 3 (2) .

Roubiczek, P. , *Existentialism for and Against.* Cambridge [Eng.] . University Press, 1964.

Sartre, P. and Mairet, P. , *Existentialism and Humanism* [M] . London, UK: Methuen & Co. Ltd. , 1948.

Scheffler, I. , Reflections on Vocational Education. In Howard & Scheffler (ed.), *Work, Education & Leadership Essays in the Philosophy of Education* [M] . New York, NY: Peter Lang Publishing, Inc. , 1995.

Schlager, M. S. , Poirier, C. and Means, B. M. , Mentors in the Classroom: Bringing the World Outside In. In H. McLellan (ed.), *Situated Learning Perspectives* [M] . Englewood Cliffs, N. J. : Educational Technology Publications, 1996.

Schuchat, T. , The Vocational Education Act of 1963: What's in it for You [J] . *School Shop*, 1964, 23 (8) .

Scott, J. and Wircenski, M. , *Overview of Career and Technical Education* [M]. Homewood, IL: American Technical Publishers, Inc. , 2008.

Secretary's Commission on Achieving Necessary Skills (SCANS) . What work Requires of Schools: A SCANS Report for America 2000 [R] . Washington D. C. : U. S. Department of Labor, 1991.

Seybolt, R. E. , *Apprenticeship and Apprenticeship Education in Colonial New England and New York* [M] . New York, NY: Teachers College Press, Columbia University, 1917.

Shotwell, R. A. , Scientific Literacy: A Non-traditional Approach to Science for Students Outside of Technical Fields [R] . Paper Presented at the National Institute for Staff and Organizational Development Conference on Teaching and Leadership Excellence, Austin, TX, 1996.

Snedden, D. , Education for the Rank and File [J] . *Stanford Alumnus*, I, 1990.

Snedden, D. , Fundamental Distinctions between Liberal and Vocational Education [R] . NEA Proceedings, 1914.

Starobin, S. S. and Laanan, F. , Broadening Female Participation in Science, Technology, Engineering, and Mathematics: Experiences at Community Colleges [J] . *New Directions for Community Colleges*, 2008 (142) .

Steffe, L. P. and Gale, J. , Constructivism in Education [M] . Hillsdale, NJ: Erlbaum, 1995.

Stein, D. , Situated Learning in Adult Education [EB/OL] . ERIC Digenst, 1998.

The Carl D. Perkins Career and Technical Education Improvement Act of 2006, Public Law 109 – 270.

The Carl D. Perkins Vocational and Applied Technology Amendments of 1990, Public Law 101 – 392.

The Carl D. Perkins Vocational and Technical Education Amendments of 1998, Public Law 105 – 332.

The National Center on Education and the Economy, America's Choice: High Skills or Low Wages [R] . The Report of the Commission on the Skills of the American Workforce, New York, NY: National Center on Education and the Economy, 1990.

The National Education Association, U. S. Cardinal Principles of Secondary Education: A Report of the Commission on the Reorganization of Secondary Education [R] . Bureau of Education, 1918, (35) .

The National Education Association, U. S. Vocational Education at the National Education Association [J] . *Industrial Arts Magazine*, 1919, 8 (9) .

The United Sates Constitution [EB/OL] . http: //www. usconstitution. net/const. html, 2011 – 03 – 06.

Thompson, J. E. , *Foundations of Vocational Education: Social and Phil-*

osophical Concepts [M] . Englewood Cliffs, NJ: Prentice-Hall, 1973.

Thornbrough, E. L. , *Booker T. Washington* [M] . Englewood Cliffs, NJ: Prentice-Hall, 1969.

U. S. Department of Health, Education, and Welfare, Office of Education. Vocational Education: The Bridge between Man and His Work [R] . Reneral Report of the Advisory Council on Vocational Education, 1968. Washington D. C. : U. S. Dept. of Health, Education, and Welfare, Office of Education, 1968.

U. S. Department of Health, Education, and Welfare, Office of Education. Work in America [R] . Report of a Special Task Force to the Secretary of Health, Education and Welfare, 1972. DC: U. S. Government Printing Office, 1972.

U. S. Department of Health, *Education, and Welfare, Office of Education, Work in America* [M] . Cambridge, MA: MIT Press, 1973.

Vocational Education Act of 1963, Statutes at Large 77.

Walter, R. A. , Development of Vocational Education, In Anderson, C. and Rampp, L. C. (ed.) *Vocational Education in the 1990s*, II : *A Sourcebook for Strategies, Methods, and Materials* [M] . Ann Arbor, MI: Prakken Publications Inc. , 1993.

Watkins, B. T. , More and More Professors in Many Academic Disciplines Routinely Require Students to do Extensive Writing [J] . *Chronicle of Higher Education*, 1990. 36 (44) .

Weinberg, C. , *Humanistic Foundations of Education* [M] . Englewood Cliffs, NJ: Prentice-Hall, 1972.

Westfall, R. S. , *Science and Religion in 17th Century England* [M] . New Haven, CT: Yale University Press, 1958.

Winch, C. , Vocational Education-A Liberal Interpretation [J] . *Studies in Philosophy and Education*, 1995, (14) .

Winthrop, H. , Humanistic Psychology and Intentional Community [J] . *Journal of Humanistic Psychology*, 1962, 2 (1) .

Wirth, A. G. , *Education in the Technological Society: The Vocational-liberal Studies Controversy in the Early Twentieth Century* [M] . Scranton PA. :

Intext Educational Publishers, 1972.

Yarbrough, S. R. , *Deliberate Criticism: Toward a Postmodern Humanism* [M] . Athens, GA: University of Georgia Press, 1992.

Yonghong, Jade X. and Martz, E. , Predictors of Employment among Individuals with Disabilities: A Bayesian Analysis of the Longitudinal Study of the Vocational Rehabilitation Services Program [J] . *Journal of Vocational Rehabilitation*, 2010, 32 (1) .

Youth and America's Future: The William T. Grant Foundation Commission on Work, Family, and Citizenship. The Forgotten Half: Non-college Youth in America [M] . Washington D. C. : Author, 1988.

Zajonc, A. , What is Contemplative Pedagogy? In Contemplative Practice in higher Education. In M. Bush (ed.), Unpublised Manuscript [M] . Northampton, MA. : Center for Contemplative Mind in Society, 2008.

致　　谢

　　本书是在我的博士论文基础上修改而成的。回想起在天津大学博士三年的学习与生活期间，对我帮助最大的当数我的导师庞学光教授。无论是对学术还是在生活中，庞老师对我的指导与关照都无以言表，再多的文字描述都显得苍白无力。正是导师高贵的哲学品格和精湛的学术造诣，使我对学术研究充满了浓厚的兴趣，并注意打造自己的哲学功底。尤其是在博士论文的写作过程中，导师虽平时公务繁忙，但仍利用周末和晚上的时间为我废寝忘食、逐字逐句地修改论文。在生活中，庞老师将自己德育研究的理论深入到对弟子的知冷知热、嘘寒问暖的行为关怀中，身为老师却有慈父般的关爱。数不尽的感化与帮助，弟子定当感激不尽，奋勇向前。在天津大学学习期间，论文的写作与完成也得到了周志刚教授、米靖教授的悉心指导与大力帮助，在此表示感谢。学业的完成也离不开以王世斌教授为院长的各位学院领导的关怀，对此一并作出谢忱。同时，还要感谢教务主任李颖杰老师、研究生指导主任朱红春老师、教学秘书卢月萍老师，学业的完成也离不开他们的帮助。

　　虽仅有三年的博士生活，却有幸身居大洋彼岸的美利坚合众国做一年的访学研究。为此，在美国南部的 Fayetteville 小镇，也有太多的人需要言谢。首先，要感谢阿肯色大学教育与健康学院 RHRC 系主任哈格斯特龙（Hagstrom）博士的邀请，使我有幸获得访美留学的机会。在此期间，我的美方导师施米特克（Schmidtke）博士在学习和生活上给予我莫大的帮助。在研究执行的过程中，从文献的收集、方法的设计到调研学校的落实，导师都给了我一丝不苟的指导和热心的协助。在生活中，施米特克博士也给予我无微不至的关怀。留美期间，也得到过贝克（Beck）博士、陈平（Chenping）博士以及办公室同窗杰基（Jecky）博士和戴维（David）博士的帮助，尤其需要指出的是，台湾同胞陈平博士在生活中给予我姐弟般的关切，在此深表诚挚的感谢。此外，在孤寂的北美小镇，有华人恩典教会和中国学生学者联谊会的兄弟姐妹们的帮助，也令我深感家庭般的温暖。那人、那事至今令我念念不忘，那恩、那情也并未因大洋的阻隔而被遗忘。

除了老师们的关心与指导之外，我也得到过很多亲朋好友的帮助与支持。同门师兄张建鲲博士的学术感化、张成涛博士的促膝交谈、王博博士的茶语交流、刘奉越博士的执着鼓舞，都给了我学习上的信心与生活上的勇气；还有同门的博士王浪、亓俊国、单振涛、康红芹、陈伟、徐宏伟、孙长远也给了我学习与生活上的支持；同班的博士王安兴、张瑞、孟景舟、陈玺名、史卉、所静也给予我莫大的生活关照；教育学院的博士余秀琴、陈明昆、王全旺、宫雪、聂伟、闫智勇、王军红、宋晶、董显辉、马燕、徐颖、李文静、杨彩菊、张弛等也为我增添了学术内外的支持与乐趣。此外，在毕业论文的写作过程中，还得到过北京师范大学苑春永博士的热心相助，他以其研究方法的深厚功底为我的论文给予了专业上的指导；在外语翻译的过程中，得到过天津外国语大学赵钧杰同学的专业援助，他在百忙之中的无私奉献感动着我。在学习之余，还有那些志同道合的朋友为我排除心灵上的空虚。在这里，我对诸位道一声，"谢谢你们"。

博士毕业之时，也是书稿修改伊始之日。从博士论文的"杀青"到书稿的修改完成，离不开江苏师范大学营造的宽松、浓厚的学术氛围。江苏师范大学近年非常注重人才的引进、学术平台的支持和教师的培养培训，先后实施153人才工程、331人才工程，积极申报省高校优势学科建设工程，尤其是2014年获得了省部共建高校的殊荣，为每一位教师尤其是青年学人开展教学、科研等工作提供了良好的平台支撑。而我有幸于2012年7月成为江苏师范大学教职工的一员。其间，专著的修改完成得益于江苏师范大学优越的学术环境、丰厚的政策支持以及广大领导和同事们的支持与相助。感谢江苏师范大学教育学部段作章教授、陈琳教授、贾林祥教授、胡仁东教授、汪颖教授、代建军教授，他们对我工作与生活的细心指导和大力支持，是专著完成必不可少的条件。此外，还要感谢教育科学学院的每一位同事。

感谢江苏师范大学科技与产业部，使我的专著成功遴选为"江苏师范大学哲学社会科学文库"，能够有幸在中国社会科学出版社成功出版。为此，也要感谢中国社会科学出版社卢小生编审等编辑朋友，他们一丝不苟、兢兢业业，认真做好书稿的审核与校对，使得专著能够及时与读者见面。

最后，要感谢我的家人，没有他们的支持，也没有我的今天，更没有本专著的修改完成。尤其是我的女儿，在不满一岁、牙牙学语之时，或许不知学术为何物、书稿为何生。在很多时候，当她"咚咚咚"敲门来访时，我都"残忍"地将其拒之于门外，剥夺了她的求父情之心切。为了工作，为了生活，陪伴她的时间太少，因而也亏欠太多。此时写致谢之时，她又来找我，我干脆让她盘坐我膝，一边写作，一边感受父女之情。而她似乎也懂得父亲的辛苦，将其手拿的橙子不时地送到我的嘴边犒劳我。这就是幸福！

学术之道有始未有终，生活之路缓缓行，唯有持之以恒方成功，此乃最好之报答。以后的路还很长，我定当谨记导师的谆谆教诲，珍惜单位领导、同事以及家人提供的温馨环境，用我的实际行动报答他们的厚爱。

陈　鹏

2015 年 1 月 16 日于江苏徐州